SCHMUTZ- UND FLECKENALMANACH

Jean Pütz · Rudolf Weber

SCHMUTZ
UND
FLECKEN
ALMANACH

Die Deutsche Bibliothek – CIP-Einheitsaufnahme
Hobbythek / ARD, WDR. – Köln : vgs.
   Früher u.d.T.: Das Hobbythek-Buch
NE: Westdeutscher Rundfunk <Köln>
Pütz, Jean: Schmutz- und Fleckenalmanach. – 1. Aufl. – 1995
Pütz, Jean:
Schmutz- und Fleckenalmanach / Jean Pütz/Rudolf Weber. –
1. Aufl. – Köln : vgs, 1995
   (Hobbythek)
   ISBN 3-8025-6195-3
NE: Weber, Rudolf:

Bildquellen

HEA-Bilderdienst Frankfurt: S. 12, Abb. 3
Rudolf Weber, Düsseldorf: S.15, Abb. 6a+b; S. 28, Abb. 22; S. 50, Abb. 37; S. 69, Abb. 50a+b; S. 70, Abb. 51a+b; S. 71, Abb. 52
Fa. Henkel, Düsseldorf: S. 17, Abb. 7, 8; S. 18, Abb. 9, 10; S. 19, Abb. 12; S. 24, Abb. 15; S. 25, Abb. 16a+b; S. 26, Abb. 17, 18; S. 39, Abb. 31;
S. 52, Abb. 38a–c, S. 53, Abb. 39; S. 57, Abb. 41; S. 58, Abb. 42; S. 59, Abb. 43a+b; S. 83, Abb. 2; S. 104, Abb. 5; S. 73, Abb. 53, 54
Hoechst AG, Frankfurt: S. 19, Abb. 11; S. 35, Abb. 26
Forschungsinstitute Hohenstein, Bönningheim: S. 22, Abb. 13; S. 101, Abb. 2; S. 102, Abb. 3
Huschard Filmtrickatelier, Hilden: S. 27, Abb. 19; S. 28, Abb. 21a–c; S. 33, Abb. 26a+b; S. 34, Abb. 27a–c; S. 38, Abb. 30a–c;
S. 39, Abb. 32
Klett Verlag, Stuttgart: S. 31, Abb. 24a+b;
Verband für Leinenwerbung, Bielefeld; Verband der Deutschen Seiden- und Samtindustrie, Krefeld; Cotton Service Büro, Frankfurt;
Industrievereinigung Chemiefaser, Frankfurt: S. 41, Abb. 33
Internationales Woll-Sekretariat (IWS) Düsseldorf: S. 41, Abb. 33; S. 59, Abb. 44
Arbeitsgemeinschaft Pflegekennzeichen für Textilien, Frankfurt: S. 42, Abb. 34
Fa. Müko, Hof: S. 91, Abb. 9
Fa. WIKO, Bocholt: S. 94, Abb. 11
Alle übrigen Abbildungen: Cornelis Gollhardt/Stephan Wieland/Jörg Zaber, Köln/Düsseldorf
Alle übrigen Grafiken: Designbureau Jochen Kremer/Gabi Mahler, Köln

Die Vorschläge zur Pflege und Entfleckung von Textilien in diesem Buch sind von Autoren und Verlag nach bestem Wissen und
Gewissen erwogen und geprüft. Für die Pflege und Entfleckung von Kleidungsstücken aus empfindlichen Stoffen sollten Sie
aus Sicherheitsgründen Fachleute bei Textilreinigungsbetrieben befragen. Autoren und Verlag und ihre Beauftragten übernehmen
keine Haftung für etwaige Personen-, Sach- und Vermögensschäden, die sich aus dem Gebrauch oder Mißbrauch der in diesem
Buch dargestellten Behandlungsmethoden ergeben.

1. Auflage 1995
© vgs verlagsgesellschaft, Köln 1995

Umschlaggestaltung: Papen Werbeagentur, Köln
Produktion und Layout: Wolfgang Arntz
Gesamtherstellung: Universitätsdruckerei H. Stürtz AG, Würzburg
Gedruckt auf chlorfrei gebleichtem Papier
Printed in Germany
ISBN 3-8025-6195-3

INHALT

6

Die Fleckentfernung und ihre Wirkung auf Textilien

Das Fleckenalphabet der Hobbythek

Liebe Leserinnen und Leser,

mit unserem Schmutz- und Flecken-almanach möchten wir Ihnen einen umfassenden Überblick über alles bieten, was mit dem landläufigen Begriff „Dreck" verbunden ist. Im Mittelpunkt steht selbstverständlich seine Beseitigung mit möglichst praktischen und umweltverträglichen Mitteln.

Wenn ich im folgenden häufiger persönliche Erlebnisse einfließen lasse, dann deswegen, weil ich an diesem eigentlich alltäglichen Thema durchaus erheblich emotional beteiligt bin. Es ist, wenn Sie so wollen, eine Reise zurück zu meinen Wurzeln, denn meine Großmutter und später meine Mutter hatten in Luxemburg einen kleinen Laden, in dem vieles von dem angeboten wurde, was dem Entfernen oder Verhindern von Schmutz diente – angefangen von der Bodenreinigung über die Reinigung von Teppichen und Möbeln bis zum Säubern von Stoffen, Wäsche usw. Das heißt, wir verkauften Waschpulver, Bleichmittel, Lösungsmittel, Bodenbeläge, Farben, Tapeten, Kleister, Besen und Putzlappen ebenso wie Fleckenmittel, Klebstoffe und vieles andere mehr. Ich würde es heute eine Art Drugstore nennen.

Rückwirkend betrachtet, möchte ich sagen, daß man zu der damaligen Zeit, das heißt in den 50er Jahren, nicht besonders freundlich mit der Natur umging. Härteste Chemie gab es damals schon, zum Beispiel Chlorbleichmittel und vielerlei chemische Säuren, und auch das Waschpulver, meist aus Amerika und England importiert, war nach heutigen ökologischen Gesichtspunkten katastrophal.

Vielleicht ist das einer der Gründe, daß ich mich schon sehr früh mit Themen aus dem Schmutz- und Putzbereich beschäftigt habe. Sie durchsetzen jedenfalls viele Hobbythekbücher, unter anderem auch ein sehr erfolgreiches mit dem Titel „Wäsche waschen – sanft und sauber". Darin haben wir Ihnen damals als erste ein äußerst praktisches und umweltfreundliches Waschmittel-Baukastenkonzept vorgestellt, das auf der Basis von flüssigen Waschmitteln aufbaute. Hunderttausende nutzten und nutzen diesen Waschmittelbaukasten immer noch, war es doch mit ihm möglich, Abstand zu nehmen von den ökologisch auch heute noch bedenklichen Universalwaschmitteln. Dabei werden häufig Stoffe eingesetzt,

die für den speziellen Waschzweck gar nicht nötig sind und somit unnötig das Abwasser belasten.

Andererseits wollten wir Ihnen auch mehr Wahlmöglichkeiten lassen, denn Wäsche, die beispielsweise mit Enzymen gewaschen wurde, die in diesen Universalwaschmitteln enthalten sind, kann nicht jeder vertragen. Bei unserem Konzept haben Sie jederzeit die Möglichkeit, diese wegzulassen, und dafür eine andere Waschmittelsubstanz zu verstärken.

Ich denke auch, daß seinerzeit die Begriffe, die ich mir für die einzelnen Zutaten habe einfallen lassen – wie beispielsweise Bawa, das Basiswaschmittel, oder Proweiß, wenn die Wäsche gebleicht werden sollte, oder Prosyn, wenn synthetische Fasern, oder Probunt, wenn bunte Fasern beteiligt waren, oder Biozym, wenn Enzyme angebracht waren –, erheblich zur Beliebtheit des Hobbythek-Waschmittelbaukastens beigetragen haben, kann man sie doch sehr einfach behalten. Ich habe sie bewußt so ausgewählt, daß sie den Verwendungszweck im Begriff bereits beinhalten.

Dieses System ist heute noch sehr effektiv und kann ohne weiteres beibehalten werden. Nur ist, wie wir häufig gehört haben, die Handhabung doch etwas kompliziert, denn Flüssigkeiten lassen sich nicht immer einfach dosieren, und man neigt dazu, überzudosieren. Deshalb haben wir lange darüber nachgedacht, wie wir das verbessern könnten, und weil die meisten Menschen gewohnt sind, Wasch*pulver* zu nehmen, haben wir einen ähnlichen Waschmittelbaukasten entwickelt, diesmal aber auf der Basis von weitgehend festen Substanzen.

Da gab es natürlich auch wieder das Problem der Dosierung. Irgendwann kam mir dann die zündende Idee, die Zutaten entweder in Tablettenform pressen oder in kleinen Beutelchen abfüllen zu lassen, die sich im Wasser selbst auflösen. Nach etwa dreimonatiger Entwicklungszeit ist es uns dann tatsächlich gelungen, dieses System zu verwirklichen. Wir haben vorsorglich dafür ein Patent angemeldet, damit nicht irgendwelche Großkonzerne uns die Idee stehlen können.

Ich möchte aber dazu sagen, daß wir an diesem Patent keinerlei finanziellen Gewinn haben wollen. Das gilt sowohl für mich als auch für meinen Koautor Rudolf Weber. Wir möchten hier auch noch einmal deutlich machen, daß wir an dem Erlös der in unserem Buch genannten Produkte in keiner Weise beteiligt sind, ebenso wie uns auch keiner der vielen Läden gehört – auch nicht als stillem oder offenem Gesellschafter –, die sich bereitgefunden haben, Ihnen als Verbraucher diese Substanzen zugänglich zu machen. Wir sind jederzeit bereit, dies zu beeiden. Wenn Sie uns fragen, warum wir all dies dann machen, dann ist die Antwort sehr einfach: Wir sind daran interessiert, umweltfreundliche Produkte zu initiieren und Ihnen natürlich auch so manches zu erzählen, was Sie von der Industrie nicht erfahren.

Im übrigen würden wir uns freuen, wenn viele Läden unsere Baukästen in ihr Sortiment aufnehmen würden. Die Rezepte legen wir jederzeit offen, und es können auch andere Produzenten die Substanzen herstellen, vorausgesetzt, sie verpflichten sich, die Originalrezepte einzuhalten, schon allein damit die Verbraucher wissen, daß es sich tatsächlich um originale Vorschläge von uns handelt.

In dem Zusammenhang möchte ich mich nochmal herzlich bei Herrn Rudolf Weber bedanken für die außergewöhnlich qualifizierte Mitarbeit. Herr Weber war jahrzehntelang bei einem großen Waschmittel-Konzern beschäftigt. Zunächst war er für Waschmittelprüfungen verantwortlich und lange Jahre damit beschäftigt, das Waschverhalten neu entwickelter Textilien zu prüfen und Kundenfragen zu beantworten. Er ist studierter Textilfachmann und hat sich sein Berufsleben lang mit Waschen befaßt. Deshalb war er besonders prädestiniert, bei diesem Buch rund um den Schmutz und seine Beseitigung mitzuwirken. Er hat vor allen Dingen seinen Sachverstand bei der Auswahl von intelligenten Reinigungs- und Putzlappen eingebracht und einen effektiven Fleckentfernungsbaukasten entwickelt.

Alles in allem hoffe ich, daß Ihnen das, was aus der Zusammenarbeit mit ihm entstanden ist, viel Nutzen bereiten wird. Ich wünsche Ihnen zwar keinen Spaß beim Putzen und Reinigen, aber trotzdem Freude durch Erleichterung und Befriedigung nach dem getanen Werk!

Ihr

Jean Pütz

Wäsche und Waschen

arbeitet. Das geschah in der Regel in Waschkisten. In diese knieten sich die Hausfrauen, und dann wurde kräftig geschrubbt oder mit dem Waschflegel geschlagen.

Mechanische Bearbeitung ist zum Waschen auch heute noch notwendig, aber dafür haben wir jetzt, Gott sei Dank, die Waschmaschine.

Anschließend wurde die Wäsche im Moselwasser ausgespült und naß auf den nahen Wiesen zum Bleichen ausgebreitet. Dann wurde sie nochmals

Wäschewaschen war früher Schwerstarbeit

Diesen Abschnitt möchte ich all denen widmen, die so oft von den guten alten Zeiten schwärmen. Ich, Jean Pütz, wurde kurz vor Ausbruch des Zweiten Weltkriegs geboren, stamme aus dem kleinen luxemburgischen Moselstädtchen Remich, und das Bild der Wäscherinnen an der Mosel habe ich noch lebendig vor Augen. Als Kinder mochten wir den Waschtag gar nicht. Gott sei Dank fand er bestenfalls nur einmal im Monat statt.

Die Wäsche wurde zunächst eine Nacht in Sodalauge eingeweicht. Zusätzlich kam noch sogenanntes Eau de Javel hinein, ein Bleichwasser auf Chlorwasserbasis, dessen penetranter Geruch mir heute noch in der Nase steckt. In einem großen, mit Holz und Briketts geheizten Waschkessel wurde sie dann erhitzt und nach erneutem Aufkochen im noch heißen Zustand auf einem Leiterkarren in einer Waschbütte an die Mosel kutschiert und dort, direkt am Ufer, im Flußwasser weiterbe-

Abb. 1: Noch im ersten Drittel unseres Jahrhunderts wurde an der Mosel Wäsche so gewaschen, wie hier in Remich.

Abb. 2: In einer solchen Wäschekiste kniend, konnten sich die Frauen vor dem Wasser schützen. Auf dem Brett davor wurde die Wäsche geschlagen.

Feinwäsche damit gewaschen wurde. Die Hände meiner Großmutter und Mutter sahen entsprechend aus.

Vor 100 Jahren gab es noch nicht einmal diese Hilfsmittel. Da wurde die Wäsche, ähnlich wie bei den alten Sumerern, noch mit Holzasche (Pottasche) gewaschen. Man füllte die Asche in Leinensäckchen und legte sie in den Waschbottich, packte die trockene Wäsche hinein und goß von oben heißes Wasser darauf. Wurde das Wasser zu kalt, dann zapfte man es unten wieder ab und erhitzte die Lauge erneut im Waschkessel. Der Begriff „Lauge" stammt übrigens von diesem Auslaugen der Holzasche.

Da stellt sich die Frage, ob denn dieses anstrengende langwierige Waschen wenigstens umweltfreundlicher gewesen ist. Das war leider nicht der Fall. Aber das fiel deshalb kaum ins

im Wasser gespült und vor dem Trocknen ausgewrungen. Auch das war Schwerstarbeit.

Übrigens gab es auch damals schon eine Art optischen Aufheller, und zwar ein blaues Pulver, von dem ich heute weiß, daß es ein Ultramarinfarbstoff war, der die Teile leicht blau färbte, was zusammen mit dem im Lauf der Zeit nicht zu vermeidenden Gelbschleier in Farbaddition ein ganz leichtes Grau ergab. Die gelbstichige Wäsche erschien so weißer.

Glücklicherweise war meine Familie privilegiert: Für die empfindlichsten Wäschestücke hatten wir schon Schmier- und Kernseife zur Verfügung, denn meine Großmutter besaß einen Seifen- und Farbenladen. Aber diese Seifen waren so teuer, daß nur die

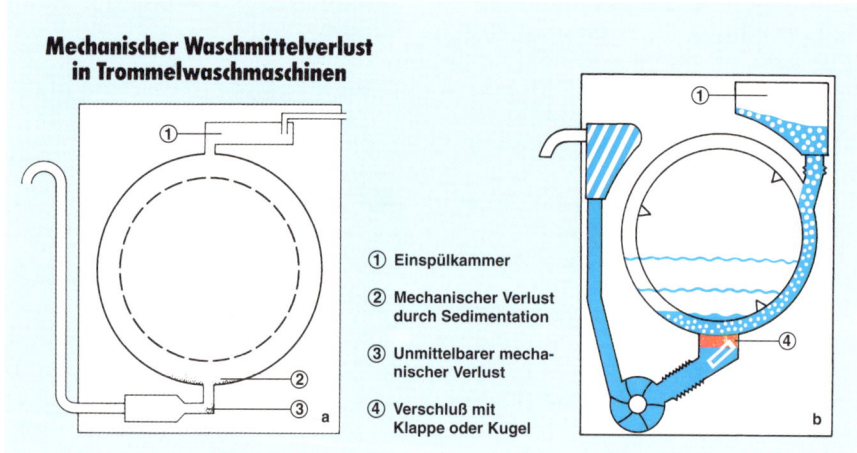

Mechanischer Waschmittelverlust in Trommelwaschmaschinen

① Einspülkammer
② Mechanischer Verlust durch Sedimentation
③ Unmittelbarer mechanischer Verlust
④ Verschluß mit Klappe oder Kugel

Abb. 3: a) Bei älteren Waschmaschinen verschwindet bei jedem Waschgang ein Teil des Waschpulvers im sogenannten Sumpf und wird ungenutzt in die Kanalisation gepumpt. b) Dies wird bei neueren Maschinen z. B. durch eine Ökoschleuse verhindert.

Gewicht, weil die Leute viel seltener wuschen. Wenn wir heute unsere Wäsche so selten reinigen würden, wie es damals üblich war, kämen wir mit den modernen Waschmitteln auf eine weitaus bessere Umweltbilanz als mit den früher gebräuchlichen wie Pottasche, Eau de Javel, Soda und Seife.

Von modernen Waschmaschinen sind wir gewohnt, daß sie mit wenig Wasser, Energie und Waschmitteln alle Arten von Wäsche perfekt sauber waschen. Dabei soll die Wäsche möglichst schonend behandelt werden. Sie muß beim Waschen zwar bewegt werden, aber nicht unbedingt gerubbelt, wie früher auf dem Waschbrett. Das ist heute perfektioniert. In einer modernen Maschine werden die Textilien im normalen Waschgang intensiv untereinander verschoben, sie scheuern aber nur leicht. Wichtig ist dabei, daß die Maschine nie über das angegebene Maß vollgepackt wird, es lohnt also, sich an die Angaben des Herstellers zu halten.

Trotz dieses Lobes gibt es bei vielen älteren Waschmaschinen einen bösen Konstruktionsfehler, der praktisch von den ersten Trommelmaschinen an existiert hat. Wenn man Pulverwaschmittel, insbesondere die modernen Kompaktwaschmittel verwendet, dann fallen diese beim Einspülen in den unteren Teil der Waschmaschinenaußentrommel. Dort befindet sich an der tiefsten Stelle die Öffnung für das Abflußsystem, der „Sumpf", in dem sich ein Teil des Waschmittels „verstecken" kann und deshalb am Waschprozeß nicht teilnimmt. Beim Abpumpen werden dann diese Reste ungenutzt in die Kanalisation gespült.

In dieser Nische verschwindet schon seit langem ein beträchtlicher Teil der waschaktiven Substanzen, und erst seit kurzem geht man diesem Skandal an die Wurzel. Dabei ist die Lösung denkbar simpel und primitiv: In den neuen Waschmaschinen wurde eine sogenannte Ökoschleuse eingebaut. (vgl. *Abbildung 3*). Sie besteht aus einer Klappe oder Kugel, die den Abflußstutzen so lange verschließt, bis der Waschvorgang abgeschlossen ist. Sollten Sie allerdings vorhaben, sich eine neue Waschmaschine anzuschaffen, dann sollten Sie unbedingt darauf achten, daß diese eine Ökoschleuse hat sowie einen separaten Kalt- und Warmwasseranschluß (vgl. *Seite 20f.*).

Textilien: Herstellung und Gebrauch

Waschbare Textilien werden aus Natur- oder Chemiefasern hergestellt. Aus Fasern gesponnene Fäden werden zu Geweben oder Gewirken verarbeitet. Diese noch nicht gebrauchsfertigen Stoffe sehen recht unansehnlich aus und müssen „veredelt" werden. Dies erfolgt in Textilveredelungsbetrieben, die aus den Stoffen durch Waschen, Bleichen, Färben und Bedrucken modische Stoffe machen.

Vielfach ist zusätzlich ein „Hochveredeln" notwendig, das heißt, die Stoffe werden knitterarm, formbeständig, einlauffest, kurz: pflegeleicht gemacht. Jetzt erst sind die Gewebe oder Gewirke zur Herstellung von Gebrauchstextilien geeignet.

Nach vorgegebenen Modellen oder Schnittvorlagen werden nun Hemden, Blusen, Kleider usw. genäht. Der Fachmann nennt diese Fertigungsstufe

Konfektionieren. Dabei kommen die verschiedensten Stoffe und Nähzutaten zusammen. Bei einem Hemd zum Beispiel werden – neben dem Oberstoff – die Einlagestoffe für Kragen und Manschetten sowie Knöpfe und Nähgarn zu einem Kleidungsstück vereinigt.

Eigentlich müßte es in allen Fachgeschäften beim Kauf eine fachliche Beratung über die Gebrauchseigenschaften und die richtige Pflege geben. Doch leider gibt es da erhebliche Defizite. Deshalb wollen wir hier einmal zusammenfassen, welche Wasch- und Säuberungsbehandlungen bei den einzelnen Textilien beachtet werden sollten, und wie getrocknet oder gebügelt werden darf.

Mit dem ersten Tragen beginnt für die Textilien der „Kreislauf der Wäsche": Benutzen – Verschmutzen – Säubern. Das Säubern geschieht durch Waschen, aber auch durch Ausbürsten, Ausklopfen, Auslüften, Chemisch Reinigen oder örtliche Fleckentfernungen. Dabei gibt es unterschiedliche Gebrauchszyklen. Ein Frottiertuch kann zum Beispiel bis zum Verschleiß mehr als 300mal, ein Baumwolloberhemd 80- bis 120mal gewaschen werden.

Eine viele Male wiederholte schonende Säuberung bei weitgehender Erhaltung der textilen Eigenschaften stellt das entscheidende Problem beim Waschen dar. Der „Wiederveredelungsprozeß unter Haushaltsbedingungen" umfaßt jedoch nicht nur die Entfernung von Schmutz durch Waschen und Bleichen, er kann z. B. auch durch farbschützende Zusätze zur Erhaltung der Farben beitragen. Im letzten Spülbad können mit Hilfe textilspezifischer Behandlungen verlorengegangene Eigenschaften aufgefrischt werden. So ergibt sich

z.B. durch den Einsatz von Weichspül-
mitteln ein weicher, angenehmer Griff
bei Baumwoll- und Chemiefasertextili-
en. Leider führten die Weichspüler
häufig zu einer starken Umweltbela-
stung. Wir werden beweisen, daß es
auch anders geht. Weichspüler, z.B.
unsere neue Hobbythek-Weichspülmit-
telkomponente Proweich, sind auch
deshalb so beliebt, weil sie Synthesefasern antistatisch machen und damit
abgewaschene Appreturen, die bei der
Produktion aufgebracht worden waren,
ergänzen. So behandelte Synthesefasern schmutzen nicht so schnell
wieder an. Die Verwendung von Stärke
(z.B. Reisstärke) im letzten Spülbad
kann z.B. bei Stoffen aus Zellulosefasern die gewünschten Appretur- und
Stärkeeffekte bringen. Durch Duftstoffe
wird außerdem ein angenehmer Wäschegeruch erzielt. Wir von der Hobbythek legen Wert darauf, daß die Duft-
komponente erst im letzten Spülgang
eingebracht wird. Deshalb sind unsere
Komponenten für den Hauptwaschgang unparfümiert (vgl. *Seite 40*).

Partner beim Waschprozeß

Alle Bemühungen, den Schmutz zu
entfernen, dürfen das Aussehen und
die Gebrauchseigenschaften der Stoffe
nicht verändern. Farben und Druck-
muster sollen in Art und Farbigkeit
erhalten bleiben. Um Textilien richtig
pflegen zu können, muß man ihre
Eigenschaften und Eigenheiten kennen.
Aktive Partner in diesem Prozeß sind
das als Lösungsmittel wirkende Wasser, die schmutz- und textilspezifisch
notwendigen Wirkstoffe im Waschmit-

Abb. 4: Aktive Partner im Waschprozeß.

tel, die Waschtemperatur und die zur
Verfügung stehenden Waschgeräte
(vgl. *Abbildung 4*). Die Wahl des richtigen Waschverfahrens ist entscheidend für die allgemeine Sauberkeit sowie die schonende und pflegende
Wirkung auf die gewaschenen Textili-
en. Der Waschkreis nach Sinner zeigt
das Zusammenspiel der Faktoren *Chemie* (*Waschmittel*), *Biologie* (Enzyme),
Temperatur und *Mechanik* (Waschmaschine oder von Hand) sowie *Zeit* (vgl.
Abbildung 5).
Die Chemie kommt durch die im Wasser gelösten Waschmittelbestandteile
ins Spiel. Zur Auswahl steht dafür die

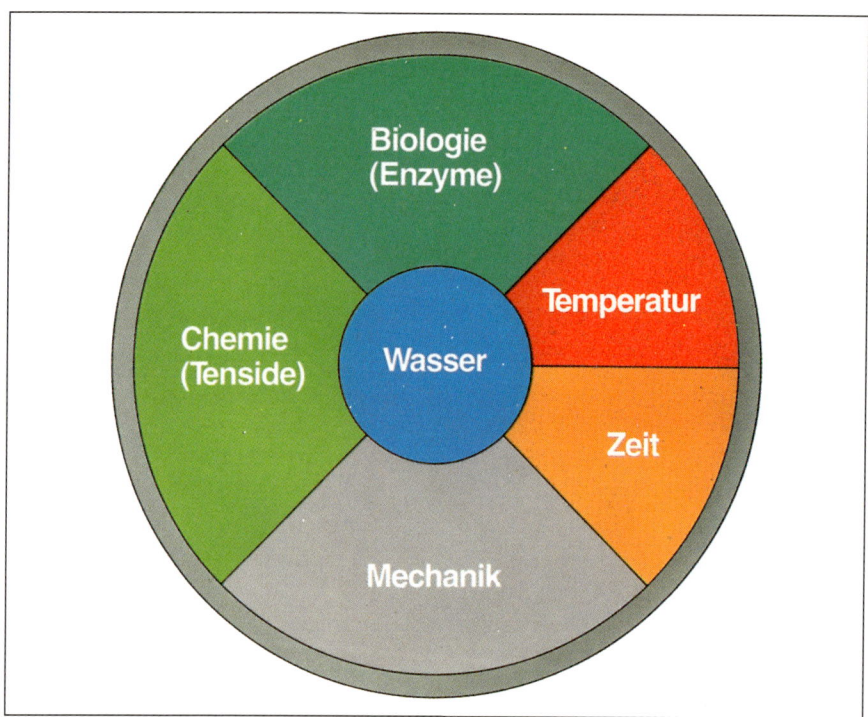

Abb. 5: Der Waschkreis nach Sinner.

gesamte Waschmittelpalette der Hobbythek, deren einzelne Bestandteile gezielt auf den Verschmutzungsgrad und die Empfindlichkeit der Wäschestücke abgestimmt werden können. Mit unserem Waschmittelbaukasten haben Sie die Möglichkeit, auch ohne Enzyme zu waschen. Dann werden allerdings mehr Waschtenside und höhere Waschtemperaturen benötigt. Aus Gründen des Umweltschutzes sind wir daher in der Regel für Enzyme (vgl. *Seite 37*).

Die Waschtemperatur ist textilabhängig und richtet sich nach dem Waschverhalten der Fasermaterialien und der Waschechtheit der Farbe. Je nach Empfindlichkeit sind 30, 40 oder maximal 60 °C zu wählen. Höhere Waschtemperaturen lehnen wir ab, denn Wärme stellt wegen der benötigten hohen Energie einen der größten umweltbelastenden Faktoren beim Waschen dar.

Die Faktoren *Zeit* und *Mechanik* richten sich nach der Verschmutzungsstärke und der Art des Wäschestücks. Leicht verschmutzte, pflegeleichte Teile brauchen eine weniger intensive Behandlung als stark verschmutzte Küchenwäsche.

Wäsche waschen kann man mit der Hand oder einer automatisch gesteuerten Waschmaschine. Je nach Textilempfindlichkeit und Pflegesymbol wird in Waschmaschinen mit normaler Mechanik bei normaler Beladung oder mit schonender Mechanik bei verminderter Beladung mit der jeweils vorgeschriebenen Waschtemperatur gewaschen.

Waschbare Textilien – Entwicklung zur bequemen Pflege

Vor 1950 kannte man die klassischen Naturfasern wie Baumwolle, Leinen, Wolle und Seide sowie Chemiefasern auf Zellulosebasis wie Viskose-, Kupfer- und Acetatfäden und -fasern. Daneben waren Textilien aus Fasermischungen von Baumwolle mit Leinen und Wolle mit Zellwolle im Textilhandel zu finden. Da die Stoffe aus Zellwollfasern bei Wassereinwirkung stark einliefen (um 8–14 %), wurde versucht, sie durch Einlagern von Kunstharzen maß- und formbeständig herzustellen.

Mit der Erfindung von Nylon und Perlon begann ein neuer Zeitabschnitt für waschbare Textilien. Nach dem Zweiten Weltkrieg kamen – von Amerika – aus Nylon gefertigte Damenstrümpfe auf den Markt. Die damals revolutionäre Pflegeanleitung für getragene, schmutzige Nylonstrümpfe lautete: „Am Abend durchwaschen und über Nacht trocknen lassen". Der Gedanke pflegeleichter Textilien war geboren und beflügelte alle folgenden Entwicklungen auf dem Textilsektor.

Ab Mitte der 50er Jahre setzte ein intensiver Wettbewerb um die Herstellung pflegeleichter Textilien ein. Es

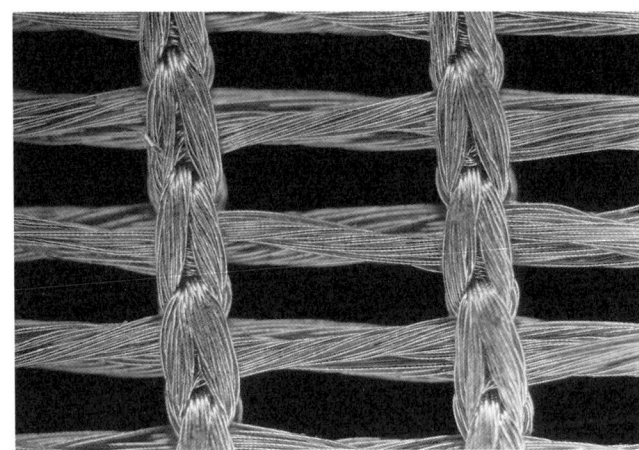

Abb. 6a: Gewirkter Gardinenstoff.

Abb. 6b: Gewebter Stoff.

begann mit Gardinen aus Polyester-Fäden (Diolen, Trevira, Dacron) oder Polyacryl-Fäden (Dralon, Orlon). Polyester-Gardinen fanden schnell große Verbreitung, denn sie waren einfach und schnell bei 40 °C zu waschen, blieben dabei knitterfrei und maßstabil und konnten noch feucht ans Fenster zum Trocknen aufgehängt werden. Es entfiel das bei Baumwollgardinen notwendige, sehr arbeitsintensive Spannen bzw. Glätten mit dem Bügeleisen.

Fast zeitgleich wurden nach den guten Erfahrungen mit den pflegeleichten Damenstrümpfen aus Nylon und Perlon Oberhemden aus diesen Fasern hergestellt. Die Textilindustrie bediente sich anfangs der klassischen Fertigungsmethoden, das heißt, aus den drahtähnlichen, glatten Synthesefasern wurden Stoffe in Popeline-Konstruktionen gefertigt, die zwar eine gute Pflegeleichtigkeit und Knitterfreiheit zeigten, die aber aufgrund der unangenehmen Trageeigenschaften Fehlkonstruktionen waren.

Was war passiert? Wenn man glatte, drahtähnliche Perlon- oder Nylonfäden zu dicht geschlagenen Popeline-Geweben verarbeitet, entstehen Stoffe, die kaum Poren zwischen den einzelnen Fäden und Fasern aufweisen. Beim Tragen stellt sich ein sehr ungünstiges Körperklima ein, denn Körperwärme und -feuchtigkeit können sich nicht der Umwelt anpassen, man fühlt sich einfach nicht wohl. Das Gefühl ist ähnlich wie beim Tragen von folienartigen Bekleidungsstücken, Sie kennen es vielleicht von den sogenannten Ostfriesennerzen (Öljacken). Bei solcher Folienkleidung kondensiert das Wasser an der Innenseite des Kleidungsstückes.

Das Ende der Entwicklung dieser pflegeleichten Hemden- und Blusenstoffe aus Perlon- und Nylonfasern war vorgezeichnet. Es half auch nicht, daß diese Stoffe leichter und damit transparenter gemacht wurden.

Parallel zu diesen Webwaren waren bei der Damenunterwäsche mit gewirkten Stoffen aus denselben Fasern positive Erfahrungen gemacht worden. Gewirkte Stoffe sind im Unterschied zu Geweben allein durch die offeneren Maschen wesentlich poröser (vgl. *Abbildung 6a+b*), so daß Feuchtigkeits- und Wärmestauungen nicht auftraten. Die Stoffe waren außerdem extrem knitterarm. Die Textilfachleute entschlossen sich, diese Erfahrung für einen neuen Artikel zu nutzen. Und so entstanden pflegeleichte Oberhemden aus gewirkten Polyamidstoffen, die unter dem Markennamen Nyltest- bzw. Perlon-porös-Hemden auf den Markt kamen. Allen Unkenrufen zum Trotz trugen bald viele Männer Oberhemden aus gewirkten „Unterrockstoffen". Die Pflegeleichtigkeit hatte gesiegt.

Fast zeitgleich kamen mit Hilfe von Kunstharzen knitterarm veredelte Baumwollstoffe auf den Markt. Auch hier gab es zuerst Fehlentwicklungen, denn die Kunstharzeinlagerungen in den Baumwollfasern veränderten diese saugfähige und im nassen Zustand äußerst feste Naturfaser negativ. Die Faser wurde durch die Kunstharze scheuerempfindlich. Hemden aus derartig „hochveredelten" Baumwollfasern waren zwar absolut knitterfrei, und dies sowohl beim Tragen als auch nach dem Waschen, aber die geringe Scheuerfestigkeit führte dazu, daß nach zwei bis drei Maschinenwäschen die Kragen- und Manschettenkanten

durchgescheuert waren. Heute gibt es hochveredelte Oberhemden aus Baumwollfasern mit guter Haltbarkeit und guter Pflegeleichtigkeit.

Parallel dazu gibt es Oberhemden aus Fasermischungen von Baumwolle mit Polyester-Fasern, die gute Trageeigenschaften und eine gute Pflegeleichtigkeit haben. Oft ist dabei der Baumwollanteil noch zusätzlich knitterarm ausgerüstet.

Schon sehr bald hat man Synthesefasern mit dem Ziel entwickelt, sie im bekleidungsphysiologischen Sinn positiver zu gestalten. Dies wurde vor allem durch Kräuseln der Fasern erreicht, wodurch sie voluminöser und poröser wurden und in den Trageeigenschaften deutlich besser. Dieses Kräuseln nennt der Fachmann „texturieren". Man stellt also aus glatten, drahtähnlichen Synthesefasern gekräuselte, mehr oder weniger elastische Fäden mit mehr Lufteinschlüssen her (vgl. *Abbildung 7*). Bei Textilien aus diesen Fäden ist der Austausch von Luft und Feuchtigkeit nicht gestört, und es treten keine Wärmestauungen auf. Außerdem ist durch die Elastizität dieser Fäden eine Verarbeitung zu längs- bzw. querelastischen Stoffen möglich. Sie liegen körpereng an und machen alle Körperbewegungen mit.

Neue Eigenschaften bei Synthesefasern wurden außerdem durch die Herstellung unterschiedlicher Faserquerschnitte für Glanz- und Matteffekte erreicht. Außerdem werden Hohlfasern für wärmehaltende und leichte Stoffe wie Decken verwendet.

Fast zeitgleich wurden elastische Fasern auf Polyurethan-Basis entwickelt. Diese als Elastomerfasern bezeichneten endlosen, sehr elastischen Kapillar-

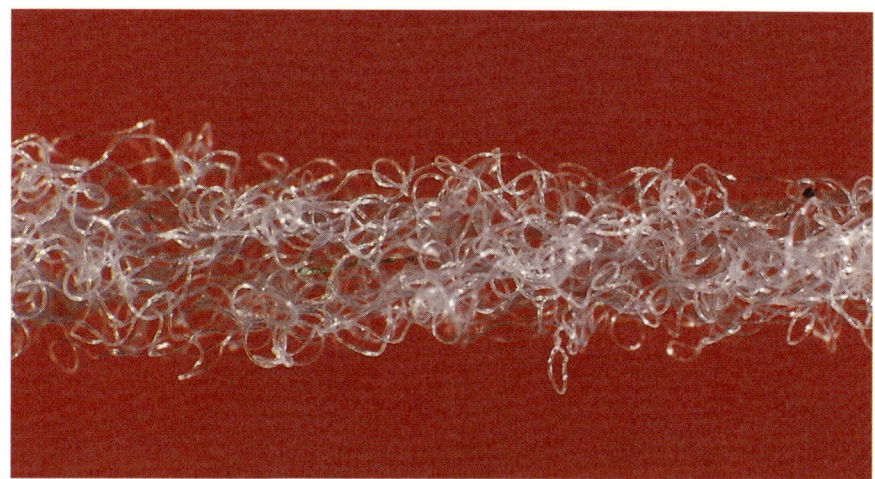

Abb. 7: Durch die starke Kräuselung haben texturierte Fasern sehr viel Lufteinschlüsse. Dadurch ermöglichen aus ihnen gefertigte Stoffe den Austausch von Luft und Feuchtigkeit.

durch, daß die Wäschestücke auf der hautzugewandten Seite aus schweißtransportierenden, feinen Synthesefasern bestehen, die die Feuchtigkeit schnell in eine darüberliegende, sehr feuchtigkeitsfreundliche, stark saugende Baumwollfaserschicht weitergeben. Die Hautoberfläche bleibt dadurch trocken und es wird ein angenehmes Körperklima erzielt.

Funktionelle Oberbekleidung muß in der Lage sein, das vom Körper verdampfte Wasser als Wasserdampf durchzulassen, zugleich darf von außen weder Wind noch Feuchtigkeit eindringen und das Körperklima stören. So aufgebaute funktionelle Oberbekleidung enthält eine Membranschicht, die die Feuchtigkeits- und Wärmeregulie-

fäden werden relativ fein ausgesponnen. Sie lassen sich besser verarbeiten als die vorher üblichen ziemlich dicken Kautschukfäden. Man näht daraus elastische und formgebende Mieder- und Unterwäscheteile sowie längs- oder querelastische, der Körperbewegung angepaßte Bekleidungsstücke, und sie finden für medizinische Zwecke, zum Beispiel bei Stützstrümpfen, Fuß- und Kniebandagen Verwendung. Selbstverständlich sind diese elastischen Textilien auch pflegeleicht.

Eine relativ junge Gruppe waschbarer Textilien sind die sogenannten „funktionellen" Wäsche- und Kleidungsstücke. Die dafür benutzten Stoffe sind so konstruiert, daß sie die vom Körper über die Haut abgegebene Feuchtigkeit als Wasserdampf oder Schweißtropfen schnell von der Haut entfernen und durch einzelne Textilschichten nach außen leiten. Das erreicht man da-

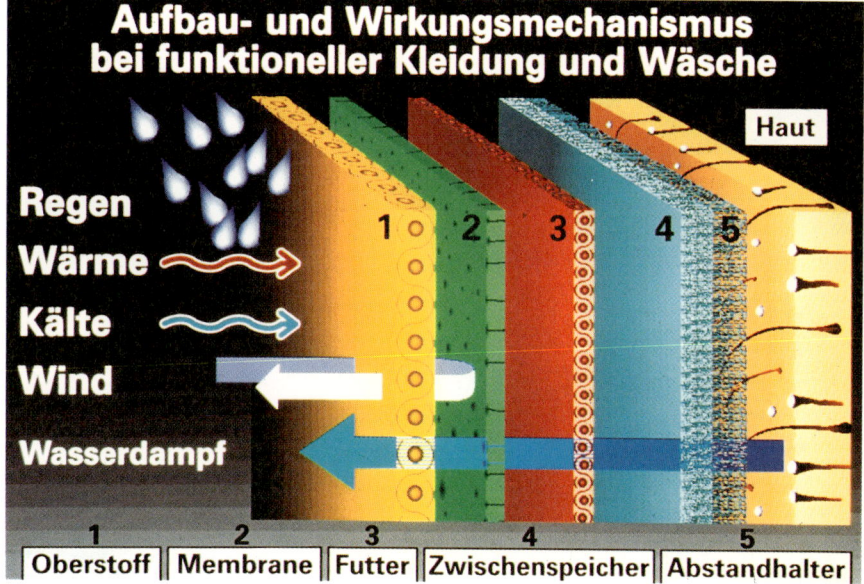

Abb. 8: Nach diesem Schema ist z. B. die moderne Kleidung mit Goretex- oder Sympatexmembranen aufgebaut.

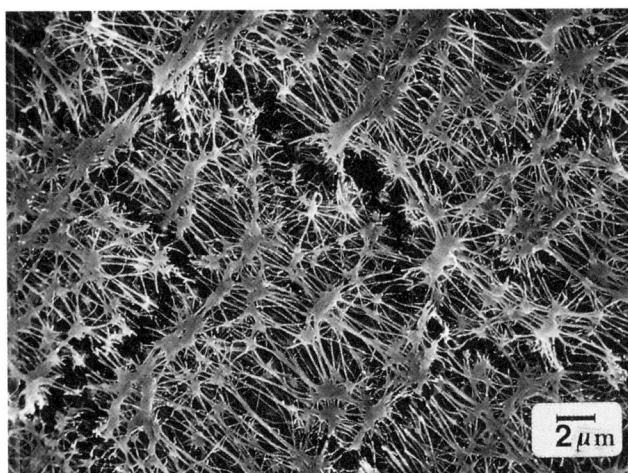
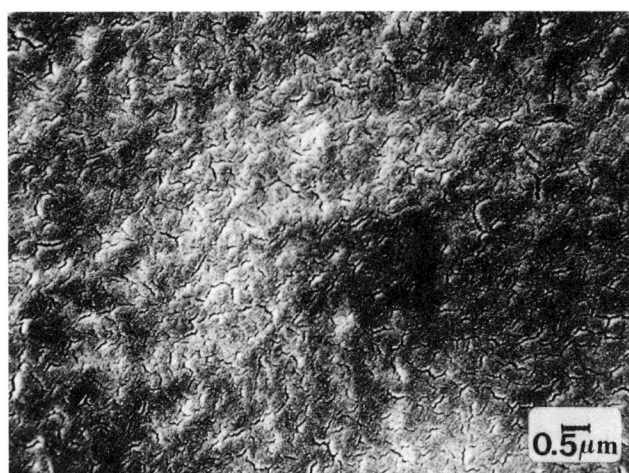

Abb. 9: Goretex-Membran unter dem Elektronenmikroskop.

Abb. 10: Sympatex-Membran unter dem Elektronenmikroskop.

rung sowie die Winddichtheit bewirkt und so ein angenehmes Körperklima schafft.

Die bekanntesten Membranen laufen unter dem Markennamen Goretex, Sympatex und Thinsulate.

Man unterscheidet:

1. *Mikroporöse Membranen:* Dazu gehört Goretex. Wie die *Abbildung 9* zeigt, ist die Membran porös. Durch die mikroskopisch feinen Öffnungen kann Wasserdampf durchdringen, Wassertropfen und Wind jedoch nicht. Nachteil ist hier die Entsorgung, denn Goretex besteht aus einem Fluorkunststoff, der nicht verrottet, und beim Verbrennen entstehen außerdem giftige Rückstände, z. B. aggressive Flußsäure.

2. *Hydrophile Membran:* Zum Beispiel Sympatex. Bei dieser Membran wird die Feuchtigkeit durch hydrophile (wassertransportierende) Moleküleinlagerungen nach außen geleitet.

Die in Kleidungsstücken verarbeiteten Membranen werden als Folien auf Gewirke oder mehr oder weniger voluminöse Faservliese aufgebracht und entweder als loser Liner zwischen Oberstoff und Futterstoff verarbeitet, oder die Membran wird direkt auf die Innenseite des Oberstoffes oder die körperabgewandte Seite des Futterstoffes aufgebracht und verklebt.

Die Anordnung der Stoff-Membran-Kombination ist immer so gewählt, daß die gegen mechanische Einwirkung empfindlichen Membranen durch robustere Stoffe geschützt werden. Achtung: Die Membranen sind gegen Stichverletzungen durch Steck- und Schmucknadeln empfindlich. Solche Verletzungen machen sie undicht. Dies gilt auch für die Nähte. Daher werden die durch die Nähnadeln entstandenen Durchstiche an den Nähten mit Nahtbändern verschweißt und damit abgedichtet.

Als wasserabweisende Oberstoffe haben sich Textilkonstruktionen aus Mikrofasern (Polyamid- oder Polyester-Fasern) bewährt. Polyamid-Fasern sind Perlon und Nylon, Polyester-Fasern heißen Diolen oder Trevira. Diese Stoffe sind oft durch Schmirgeln leicht aufgerauht und haben dann einen seidigen pfirsich- bis wildlederartigen Griff. Als Futter dienen auch Stoffe aus mehr oder weniger texturierten Polyamid- oder Polyester-Fäden.

Erläutert werden soll hier noch der Begriff Mikrofaser. Hierbei handelt es sich um außergewöhnlich feine Polyamid- oder Polyester-Filamente, aus denen Stoffe gewebt oder gewirkt werden. Mikrofasern sind synthetische Endlosfasern, die als einzelnes Filament dünner als Seide und andere Naturfasern sind. Es sind Fasern, die feiner als ein Decitex sind (1 dtex heißt, 10 000 Meter Garn wiegen 1 Gramm) und unter dem Namen Trevira Micronesse, Meryl-, Diolen- oder Tactel-Mikro o. a. im Handel angeboten werden.

Bei sogenannter funktioneller, d. h. besonders dampfdurchlässiger Sportwäsche muß die Feuchtigkeit durch eine Schicht aus nichtquellenden Mikrofasern und -folien in eine feuchtigkeitsaufnehmende Faserschicht, z. B. aus Baumwolle, weitergeleitet werden. Dadurch bleibt das auf der Haut aufliegende Fasermaterial trocken. Die Stoffe für diese Art Sportwäsche müssen die Vorgaben der Bekleidungsphysiologen erfüllen, die fordern, daß saugfähige, quellende und den Schweiß festhaltende Fasern die schweißabgebende Haut nicht berühren. Dadurch wird vermieden, daß durchfeuchtete Stoffe auf der Haut ankleben und man durch die Verdunstungskälte friert.

Um solche Textileigenschaften auch nach langem Tragen zu erhalten, sind besondere Wasch- und Pflegebedingungen erforderlich, die wir in einem besonderen Abschnitt ab *Seite 20* beschreiben werden.

Wie man sich das Waschen erleichtert

Welche Arbeitserleichterung die moderne pflegeleichte Wäsche für die Hausfrau oder den Hausmann bringt, zeigt die *Abbildung 12* sehr anschaulich. Früher folgte auf jeden Waschtag ein Bügel-, Plätt- oder Mangeltag. Die gewaschene Wäsche mußte durch Glätten in Form gebracht werden. So begann zum Beispiel die Glättarbeit an einem klassisch gefertigten Baumwolloberhemd mit dem Stärken von Kragen und Manschetten. Es folgte das Einsprengen mit Wasser und das Durchziehenlassen der Feuchtigkeit. Das Oberhemd durfte dabei nicht naß sein, sondern nur eine Feuchtigkeit haben, die zwischen 15 und 20 % des Oberhemdengewichtes lag. Das darauffolgende Bügeln dauerte – je nach Geschicklichkeit und Übung – unterschiedlich lange.

Damit moderne pflegeleichte Wäsche- und Kleidungsstücke beim Waschen richtig sauber werden und knitterfrei bleiben, sind eine Reihe von Bedingungen zu beachten. Als Grundregel gilt:

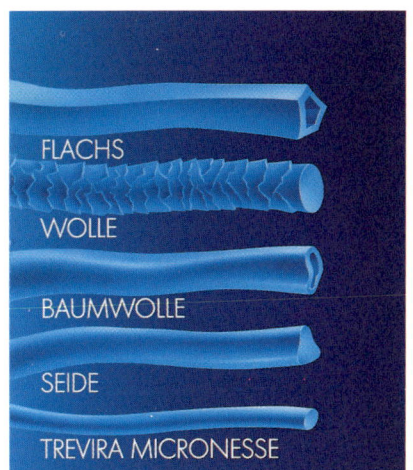

Abb. 11: Als Mikrofasern bezeichnete Chemiefasern (hier: Trevira Micronesse) sind deutlich feiner als alle Naturfasern.

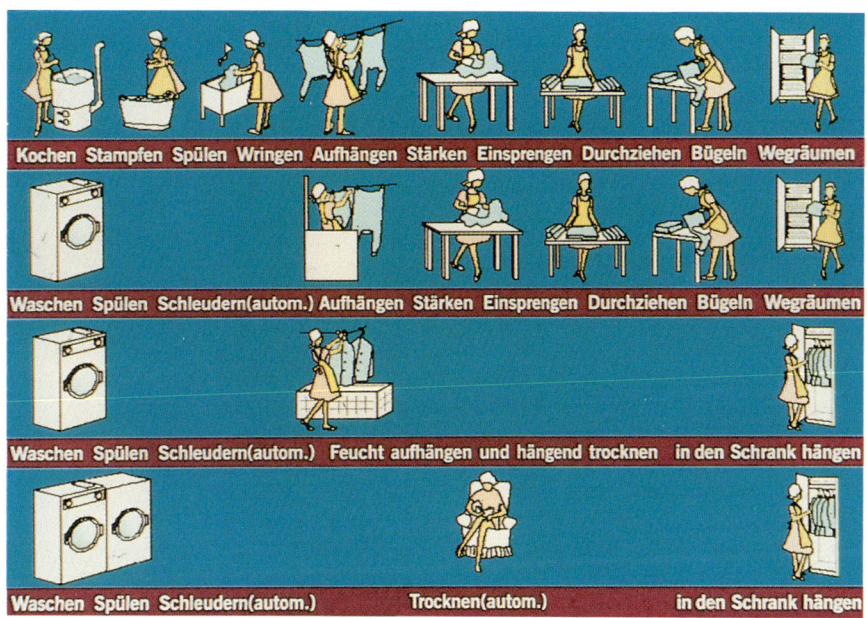

Abb. 12: Diese Grafik zeigt sehr anschaulich, wie viel einfacher die Wäschepflege in den letzten 50 Jahren geworden ist.

Knittern vermeiden!

- **Nicht geknüllt lagern!** Denn eingedrückte Knitterfalten verschwinden beim Waschen oft nicht vollständig.
- **Locker schwimmend waschen!** Bei Handwäsche mit reichlich Waschlauge arbeiten, so daß die Teile locker in dem Waschbad liegen. Bei Waschmaschinen wird das Pflegeleicht-Programm mit erhöhtem Wasserstand und verminderter Beladung benutzt. Darauf weisen auch die Pflegekennzeichen hin, wenn unter dem Waschbottich mit der Temperaturzahl ein Balken angebracht ist. Faustregel: Pro Kilogramm Waschmaschinenfüllung etwa 1 Oberhemd, d.h. eine Waschmaschine mit 4 kg Füllung faßt 4–5 Oberhemden.
- **Richtige Waschtemperatur einhalten!** Wenn das Pflegekennzeichen auf 40 °C hinweist, darf diese Temperatur beim Waschen nicht überschritten werden. Synthesefasern sind temperaturempfindlich und reagieren auf zu hohe Waschtemperaturen mit Knitterbildung.
- **Nach warmem Waschen nicht sofort mit kaltem Wasser spülen!** Die Temperatur über lauwarmes zu kaltem Wasser senken! Die meisten Waschmaschinen mit Pflegeleicht-Programmen haben eine Temperatursteuerung für die Spülbäder, deren stufenweises Abkühlen Knitterbildung verhindert.
- **Nicht wringen und nicht schleudern!** Das Spülwasser muß nach dem Spülen mit der Hand von dem Wäschstück abgestreift werden. Mit der Maschine läßt sich das anhaftende Wasser durch kurzes Anschleudern beseitigen. Auch hierauf

sind die Pflegeleicht-Programme von Waschmaschinen programmiert.

- **Knitterfalten nicht antrocknen lassen!** Die gespülten Hemden und Blusen sofort auf einen Bügel hängen, in Form ziehen und trocknen lassen. Angetrocknete Knitterfalten lassen sich nur durch mühsames Bügeln beseitigen.

Wenn Sie sich an diese Vorgaben halten, machen pflegeleichte, moderne Wäschestücke wenig Arbeit. Um schon einmal kurz auf die Waschmittel hinzuweisen: Als spezielle Waschmittel und Waschkraftverstärker dienen z.B. Bawa flüssig oder Bawa Pulver und Proweiß. Für die antistatische Präparation dient Proweich, und als Appreturmittel können Reis- oder Maisstärke Anwendung finden: Ca. 1–2 g pro Liter – d.h. ca. 20–40 g pro Waschmaschinenfüllung – in wenig Wasser klümpchenfrei aufschlemmen und ins letzte Spülwasser geben.

Ein typisches Beispiel für pflegeleichte, großflächige Textilien sind Gardinen aus Polyesterfäden. Das bei Baumwollgardinen früher übliche mühsame Spannen oder Bügeln entfällt hier vollständig. Die gewaschenen Gardinen werden noch feucht ans Fenster gehängt, das Tropfwasser unter den Gardinen wird durch darunter gelegte Frottiertücher aufgenommen. Die bereits richtig in Falten gelegten Gardinen trocknen am Fenster. Eine weitere Arbeitserleichterung brachte der elektrische Trockner, auch Tumbler genannt. Vor allem Blusen, Hemden und Kittel, die thermoplastische Synthesefasern enthalten, lassen sich in diesen Trocknern faltenfrei glätten. Allerdings haben wir von der Hobbythek gegen solche Trockner Vorbehalte, denn sie verbrauchen viel Energie.

Waschmaschinen und Trockner können Energieverschwender sein

Obgleich das Waschen mit Waschmaschinen nach heutigem Standard jeder anderen Waschmethode vorzuziehen ist, schon weil die Textilien optimal geschont werden, gibt es doch einige Kritikpunkte anzumerken.

Eigentlich sind Waschmaschinen Energieverschwender, weil sie ausschließlich mit elektrischem Strom beheizbar sind. Elektrischer Strom ist nicht nur teuer (20–25 Pfennig pro Kilowattstunde), sondern auch zur Erzeugung von Wärme viel zu schade. Um 1 Kilowattstunde elektrischer Energie zu erzeugen, müssen in Großkraftwerken 3 Kilowattstunden an Brennstoffenergie aus Öl, Gas oder Kohle, d.h. fossiler Primärenergie verfeuert werden. Daß dabei unser Globus mit dem sich beim Abbrennen bildenden Kohlendioxid mittlerweile überfordert wird, ist allenthalben bekannt. Bei Kernenergie ist es sogar noch schlimmer, da kann bestenfalls ein Viertel der durch den Kernprozeß freigesetzten Energie ausgenutzt werden. Dabei entsteht zwar kein Kohlendioxid, aber die strahlende Hinterlassenschaft, die wir unseren Kindern und Kindeskindern zumuten, ist noch weniger zu verantworten. Einfache Waschmaschinen kann man nicht anders heizen als mit Strom, und deshalb akzeptieren wir dies mit einem gewissen bitteren Beigeschmack. Trotzdem, jede Kilowattstunde, die Sie sparen, indem Sie die Waschtemperatur senken, ist ein Gewinn für die Umwelt. Es gibt mittlerweile aber auch Waschmaschinen, die einen separaten Kalt-

und Warmwasseranschluß haben. Dies lohnt sich immer dann, wenn Ihr Warmwasser von einer Gas-, Öl-, Fernheizungs- oder von einer Solaranlage erwärmt wird. Der äußerst schlechte thermodynamische Wirkungsgrad der Stromerzeugung kommt dann nicht zur Geltung. Sie erhitzen nur die benötigte Wassermenge direkt und sparen dadurch auch so manche Mark, denn eine Kilowattstunde der angesprochenen Wärmequellen kostet Sie bestenfalls 4 bis 7 Pfennig, während die Kilowattstunde bei reiner elektrischer Heizung der Waschmaschine Ihnen derzeit inklusive Pauschalkosten mit mehr als 20–30 Pfennig in Rechnung gestellt wird. Das ist immerhin mehr als viermal so teuer.

Und noch etwas: Während Waschmaschinen mit separatem Kalt- und Warmwasseranschluß in Japan und Amerika gang und gäbe sind, werden sie in Deutschland leider kaum angeboten. Viele Verkäufer meinen, der Warmwasseranschluß sei überflüssig, weil die Waschmaschine ja eine eigene Heizanlage, d. h. Heizstäbe besitzt.

Sie werden jetzt verstehen, daß wir aus derselben Überlegung auch von Wäschetrocknern abraten, denn um Wasser zu verdampfen, wird eine hohe Verdampfungswärme benötigt, die in keinem Verhältnis zum Nutzen steht. Zum Trocknen auf der Leine brauchen Sie schließlich keine Energie.

Farbige Textilien

Die Mode bestimmt die Farbgestaltung der Stoffe. Allgemein sind mit den Waschsymbolen versehene, bunte Textilien ausreichend bis gut waschfest.

Probleme kann es allerdings bei der Anwendung von bleichend und/oder optisch aufhellend wirkenden Waschmitteln geben. Als Folge der Bleichempfindlichkeit von manchen Farbstoffen, wie Indigoblau bei Jeans oder Naturfarbstoffen, wie Krapprot, kann es zu flächigen oder partiellen Farbschädigungen kommen. Dies ist bei manchen Jeans sogar gewünscht (stonewashed), aber die meiste Kleidung soll nicht fleckig aus dem Waschbad kommen. Solche farbempfindlichen Teile müssen ohne Bleichmittel gewaschen werden. Dies ist bei Verwendung der Hobbythekwaschmittel sehr leicht: Lassen Sie einfach das Proweiß weg.

Eine weitere Farbbeeinflussung entsteht durch optische Aufheller im Waschpulver. Diese für die Verbesserung des Weißeindruckes vorgesehenen Aufheller können bei pastellig gefärbten Stoffen starke Farbtonänderungen hervorrufen. Optische Aufheller ergeben mit dem UV-Anteil des Tageslichts eine leicht bläuliche Fluoreszenz und überdecken damit den Gelbanteil von Färbungen. Störende Farbtonverschiebungen sind die Folge. So wird zum Beispiel aus einem Türkis ein blaustichiges Hellgrün und aus einem Altrosa ein bonbonfarbenes, leuchtendes Hellrosa.

Apropos Aufheller: Grundsätzlich meinen wir, daß man bei der Wäsche auf sie verzichten kann, denn viele dieser Aufheller bilden ein ökologisches Problem: sie sind nur sehr schwer abbaubar. Trotzdem bieten wir im Waschmittelbaukasten der Hobbythek ein solches Produkt an (Prohell), denn wir möchten Ihnen einen vollen Wäscheservice bieten, Ihnen aber gleichzeitig auch die freie Wahl lassen. Deshalb

haben wir uns bemüht, eine chemische Substanz als Aufheller zu finden, die man als das kleinste mögliche Übel bezeichnen kann.

Das oben angesprochene Problem der Farbveränderung durch optische Aufheller kann in der Regel nur dadurch gelöst werden, daß man den Aufheller wegläßt. Waschen Sie ein Wäschestück zusammen mit anderen Textilien, welche vorher mit einem aufhellerhaltigen Universalwaschmittel gewaschen wurden, löst sich der Aufheller aus diesen Stoffen und wirkt automatisch auch auf das unbehandelte Wäschestück, und es kann zu Verfärbungen kommen. Ein derartiger Aufheller-Austausch beim Waschen kann unterbunden werden, indem man dem aufhellerfreien Waschmittel – z. B. Bawa – einen Farbinhibitor zusetzt, wie er in Probunt enthalten ist. Diese farbschützenden Stoffe auf Polyvinylpyrrolidon-Basis (kurz: PVP) binden auch optische Aufheller, so daß die Verfärbungen durch Aufheller-Austausch nahezu unterbleiben.

Also, beim Waschen pastelliger Textilien Bawa kombiniert mit Probunt verwenden! Das Probunt stabilisiert auch ausblutende Färbungen und verhindert, daß der an das Waschbad abgegebene Farbstoff auf andere Wäscheteile aufzieht. Probunt hat also einen zweifachen Nutzen: einmal gegenüber den optischen Aufhellern und zum anderen gegenüber Farbausblutungen.

Eine Sonderstellung nehmen farbige Textilien ein, die aus Niedriglohnländern importiert werden. Dort wird bei Farbechtheiten nicht immer der in Deutschland gewohnte Echtheitsstandard angewendet, so daß es zu extremen Farbausblutungen kommt, die dann auch durch verfärbungshemmende Verbindungen, wie sie im Probunt enthalten sind, nicht vollständig unterbunden werden können. Je höher in diesem Fall die Probunt-Menge, desto besser der Schutz gegen Verfärbungen.

Mit Naturfasern zurück zur Natur

Der im vorhergehenden Abschnitt geschilderte Weg der Entwicklung zu pflegeleichten Textilien war zugleich eine Geschichte der Chemiefasern und der Anwendung von Kunstharzausrüstungen bei Naturfasern, also der Chemie in der Textilindustrie. Wer darauf verzichten will, sollte Textilien aus Naturfasern, möglichst aus ökologischem Anbau, kaufen.

Es gibt heute Baumwollstoffe aus Baumwollfasern, welche aus kontrollierten Anbaugebieten stammen. Solche Baumwollfasern zeigen eine deutlich bessere ökologische Bilanz als die in Massenproduktion gezogene Baumwolle. Die Pflanzen werden nicht oder in sehr geringem Umfang mit Insektiziden und Pestiziden behandelt (ein Drittel aller Pestizidausbringungen auf unserem Globus gehen in den Baumwollanbau!). Auch alle Wachstums- und Erntebedingungen sind im ökologischen Anbau auf Umweltschonung ausgerichtet. Solche Baumwolle hat natürlich ihren Preis.

Ähnliches gilt für Stoffe aus Flachs und Hanf. Wenn dazu noch mit Naturfarben gefärbt wird, sind die Textilien weitgehend umweltschonend und hautverträglich.

Leider stehen dem aber erhebliche Nachteile gegenüber:
– Das Waschen ist komplizierter (separates Waschen, keine optischen Aufheller)
– mühsamere Arbeit beim Glätten (es muß wieder mehr gebügelt werden)
– geringere Farbechtheit (Ausbluten beim Waschen, schlechtere Reib- sowie Lichtechtheit)
– Probleme der Maßhaltigkeit (stärkeres Einlaufen);
– größere Knitteranfälligkeit beim Gebrauch.

Textilien mit Öko-Tex-Zeichen

Das Öko-Tex-Zeichen tragen Textilien, die auf ihren Schadstoffgehalt hin geprüft wurden. Eine freiwillige Vereinigung von textilherstellenden Firmen – zusammengeschlossen im DTB (Dialog-Textil-Bekleidung) – hat sich entschlossen, ein Prüfzeichen zu schaffen, das die Verbraucher auf schadstoffgeprüfte Textilien hinweist. Das

Abb. 13: Textilien, die dieses Zeichen tragen, enthalten mit Sicherheit keine Schadstoffe.

Öko-Tex-Zeichen soll wieder „textiles Vertrauen" schaffen. Geprüft wird nach dem **Öko-Tex-Standard 100:** Prüfbedingungen, die international abgestimmt sind. Das Forschungsinstitut Hohenstein und das Österreichische Textilforschungsinstitut haben den Öko-Standard bereits 1991 geschaffen. Dieser prüfbare Standard gibt dem Verbraucher die Gewähr, daß er Textilien erwirbt, die auch bei Hautkontakt unbedenklich sind.

Der Prüfung unterliegen Kleidung und Wäsche, aber auch textiles Zubehör wie Matratzen, Autositze, Polster, Möbelstoffe, Heimtextilien und Leder. Besonders strenge Grenzwerte gelten für Babykleidung.

Schadstoffgeprüfte Textilien bilden ein neues positives Verkaufsargument. In Europa haben sich bereits in 15 Ländern Prüfinstitute der Öko-Initiative angeschlossen.

Streng geprüft wird auf:
● Freiheit bzw. zulässige Mengen entsprechend internationaler Gesetzgebung von Formaldehyd
● Pestizidgehalt mit Grenzwerten wie für Obst und Gemüse
● Freiheit von krebserregenden oder -verdächtigen sowie allergieauslösenden Farbstoffen
● hautneutralen pH-Wert
● Gehalt an schweißlöslichen Schwermetallen (Grenzwert wie für Trinkwasser)
● Freiheit von bedenklichen Färbehilfsmitteln oder hautverfügbaren (= schweißlöslichen) Farbstoffresten
● Speichel- und Schweißechtheit bei Säuglingsbekleidung, damit diese Textilien auch für den Kindermund unbedenklich sind.

Schmutz und Schmutziges

Schmutz ist eigentlich nichts anderes als Materie am falschen Platz. Er muß aus Textilien vollständig entfernt werden, damit sie wieder sauber aussehen, einen frischen Wäschegeruch aufweisen und hygienisch einwandfrei sind. Folgende Schmutzarten werden beim Waschen entfernt:

1. Wasserlöslicher Schmutz

Er besteht aus den Salzen, die mit dem Schweiß ausgeschieden werden, oder er entsteht durch Verschmutzung mit Lebensmitteln wie Zucker, Honig usw. Diese Schmutzbestandteile lösen sich im Wasser und lassen sich leicht entfernen.

2. Enzymspezifische Verschmutzungen

Hierzu gehören Blut, Hautfett, Speisefette und Öle, Eiweiß, Milch, Kakao, Mehl und Stärke. Mit den Waschmittelenzymen Protease als Eiweiß abbauendes Enzym, Amylase als Stärke abbauendes und Lipase als Fett abbauendes Enzym können diese Substanzen entfernt werden. Im Waschmittelbaukasten der Hobbythek sind Waschmittelenzyme in *Biozym SE* und *Biozym F* enthalten.

3. Wasserunlöslicher Schmutz

Dazu zählen Mineralöle und -fette, Wachse, Kosmetika, Straßenstaub, Ruß, Asche usw. Um diesen wasserunlöslichen Schmutz zu beseitigen, sind Tenside und Alkalien notwendig. Im Waschmittelbaukasten ist *Bawa Pulver* damit ausgestattet.

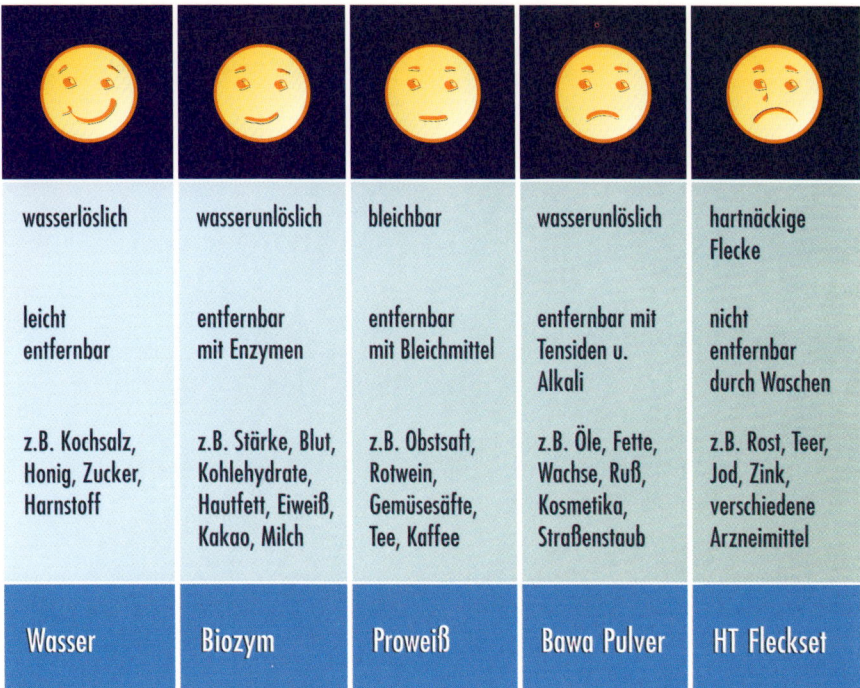

wasserlöslich	wasserunlöslich	bleichbar	wasserunlöslich	hartnäckige Flecke
leicht entfernbar	entfernbar mit Enzymen	entfernbar mit Bleichmittel	entfernbar mit Tensiden u. Alkali	nicht entfernbar durch Waschen
z.B. Kochsalz, Honig, Zucker, Harnstoff	z.B. Stärke, Blut, Kohlehydrate, Hautfett, Eiweiß, Kakao, Milch	z.B. Obstsaft, Rotwein, Gemüsesäfte, Tee, Kaffee	z.B. Öle, Fette, Wachse, Ruß, Kosmetika, Straßenstaub	z.B. Rost, Teer, Jod, Zink, verschiedene Arzneimittel
Wasser	Biozym	Proweiß	Bawa Pulver	HT Fleckset

Abb. 14: Mit unserem Hobbythek-Waschmittelbaukasten gehen Sie fast jedem Schmutz an den Kragen.

4. Bleichbarer Schmutz

Das sind Verschmutzungen durch farbige Gemüsesäfte, Rotwein, Obst, Tee, Kaffee, Coca-Cola, Likör, Fruchtsäfte, Gerbstoffe usw. Für die Entfernung dieses farbigen Schmutzes brauchen Sie ein möglichst umweltverträgliches Sauerstoffbleichmittel wie Percarbonat, das in *Proweiß* enthalten ist. Chlor- und borhaltige Bleichmittel lehnen wir von der Hobbythek strikt ab.

Sauerstoffbleichmittel werden normalerweise mit dem umweltverträglichen, ungiftigen Bleichaktivator TAED (Tetraacetylethylendiamin) kombiniert. TAED ist in *Proweiß super* enthalten, zusätzlich ist in unserem *Proweiß* als Puffer und Ionenaustauscher ein tensidschonendes, wasserlösliches Schichtsilikat (SKS 6) zur Bindung der Wasserhärte als außergewöhnlich umweltfreundliche Komponente enthalten.

5. Nicht auswaschbare Flecke

Dazu gehören Flecke von Rost, Zink, Jod und verschiedenen Arzneimitteln, aber auch Teer und Bitumen. Bei diesen Schmutzarten helfen nur besondere Fleckentfernungsverfahren, die

Abb. 15: Wenn Sie Rostflecke nicht vor dem Waschen entfernen, können – wie hier – Löcher entstehen.

im Abschnitt „Fleckentfernung" (vgl. *Seite 109 ff.*) beschrieben sind.
Metallflecke – zum Beispiel Rostflecke – sollten Sie *vor* dem Waschen entfernen, denn Metalle wirken gegenüber der Sauerstoffbleiche katalytisch, d. h., sie machen den Sauerstoff besonders aggressiv. Dies bedeutet, daß an einem Rostfleck der aktive Sauerstoff der Bleiche bevorzugt freigesetzt wird und dadurch die Textilfasern geschädigt werden. Im Extremfall führt dies zu einem Loch.

Ein wichtiger Tip: Durch langes Liegenlassen von schmutziger Wäsche kommt es zu Schmutzalterungen. Gealterter Schmutz ist schwer entfernbar. Deshalb sollten Sie schmutzige Wäsche nicht zu lange liegenlassen. Besonders Blut- und Eiweißflecke sollten möglichst bald kalt ausgewaschen oder das Wäschestück eingeweicht werden. Zu heißes Waschen läßt Blut und Eiweiß festbrennen!

Tragegewohnheiten und Verschmutzungsstärke

In diesem Zusammenhang ist es interessant, welche Schmutzmengen für einzelne Wäschestücke in der Praxis auftreten.
Mit steigender Farbigkeit der Textilien nimmt der Verschmutzungsgrad zu. Während z. B. weiße Oberhemden eine mittlere Tragedauer von einem Tag haben, steigt die Tragedauer bei pastellfarbigen Oberhemden auf zwei Tage und bei kräftig buntgefärbten auf drei Tage im Mittel an, wobei es bei kräftig gefärbten Oberhemden bis zu sieben Tagen kommen kann.
Die Tragegewohnheiten von waschbaren Textilien haben sich im Laufe der Zeit sehr verändert. Wäsche wurde noch vor 50 Jahren durchschnittlich mindestens eine Woche getragen. Weltmeister in der Tragedauer von Unterwäsche sind die deutschen Männer. Im Mittel liegt hier die Benutzung bei 3,5 Tagen. In den USA dagegen sind es die Frauen, die ihre Slips 2,5 Tage tragen. So muß Ökologie nicht verstanden werden, auch aus hygienischen Gründen nicht.
Farben verdecken den Schmutz. Deshalb sind kräftig gefärbte Textilien in der Regel intensiver verschmutzt. Nun darf man sie nicht, um die Farben zu schonen, mit einem weniger waschkräftigen Feinwaschmittel waschen, sondern muß ein kräftig waschendes Buntwaschmittel verwenden.

Schmutzmenge
Aus normal verschmutzter Haushaltswäsche konnten bei Versuchen pro 100 kg Wäsche 1,8 bis 4 kg Schmutz isoliert werden. Dies bedeutet: immerhin 1,8 bis 4 % Schmutz enthält normal verschmutzte Haushaltswäsche. Das ist auch die Menge, die durch Waschmittel und Waschverfahren aus der Wäsche beseitigt werden muß.

Wasser und Wasserhärte

Trinkwasser ist unser wichtigstes Lebensmittel. Ohne einwandfreies Trinkwasser könnten wir nicht existieren. Wofür wird nun das aufwendig aufbereitete Trinkwasser in den Haushalten verbraucht? Nur 3 % werden zum Kochen und Trinken benutzt, die übrigen 97 % werden für Toilettenspülungen, zum Baden und Duschen sowie Waschen und Putzen verbraucht.
Dabei ist Wasser nicht gleich Wasser. Aus jedem Wassernetz fließen regional unterschiedliche Trinkwasserarten. Die für das Waschen wichtigen Wassereigenschaften sind im folgenden aufgezeigt.

- *Wasserhärte*
  Kalk und Magnesium führen zu Ablagerungen auf Wäsche und Waschgeräten, wasserhärteabhängige Dosierung beachten.
- *Schwermetalle*
  Eisen, Mangan und Kupfer stören den Bleichvorgang.
- *Oberflächenspannung*
  behindert Benetzung von Schmutz und Fasern.

Gemeinsam ist allen Wasserarten die relativ hohe **Grenzflächenspannung,**

Abb. 16a: Wasser ohne Tensid. Das Wasser bleibt als Tropfen auf dem Gewebe stehen.

Abb. 16b: Wasser mit Tensid. Die Grenzflächenspannung wird vermindert, das Wasser dringt in das Gewebe ein.

landläufig auch Oberflächenspannung genannt. Wasser dient als Lösungsmittel für Waschmittel und für lösliche Salze aus dem Schmutz. Es schafft die Voraussetzung für das Ablösen und Fortschwemmen des Schmutzes beim Waschen. Die Grenzflächenspannung beeinträchtigt die Benetzung der Wäsche. Wasser bleibt als Tropfen z.B. auf Baumwollnessel stehen und dringt nicht in das Gewebe und in die Fasern ein. Diese Tropfenform ist eine Auswirkung der Grenzflächenspannung. Sie bewirkt, daß das Wasser immer die kleinstmögliche Oberfläche – die Kugel – anstrebt. Durch waschaktive Substanzen – sogenannte Tenside – läßt sich die Grenzflächenspannung herabsetzen. Erst dann benetzt das Wasser

die Textilfasern und den Schmutz – der Waschprozeß kann beginnen.

Hartes Wasser ist als Trinkwasser zwar sehr gesund, Mineralwasser z.B. ist extrem hartes Wasser, beim Waschen bringt es aber Probleme. Der natürliche Gehalt an Calcium- und Magnesiumsalzen, die die **Wasserhärte** ausmachen, kann sich auf die Waschwirkung, die gewaschenen Textilien und die Waschgeräte nachteilig auswirken. Die Calcium- und Magnesiumverbindungen verbrauchen einen Teil der waschwirksamen Substanzen und führen unter Umständen zu kalkartigen Ausfällungen, die sich als störende Ablagerungen auf der Wäsche zeigen. Schlechte Saugfähigkeit, verblassende Farben und ein vor-

zeitiger Wäscheverschleiß sind die Folge. Außerdem machen Ausfällungen auf den elektrischen Heizstäben und Bauteilen der Waschmaschine aufwendige Reparaturen notwendig und führen zu erheblichen Kosten (vgl. *Abbildung 17* und *18*).

Die Wasserhärte wird bei uns in **Grad Deutsche Härte (°d = 10 mg/l CaO)** angegeben. Man teilt die Wasserhärte in Deutschland in 4 Bereiche ein:

I = 0 bis 7 °d = weich
II = 7 bis 14 °d = mittelhart
III = 14 bis 21 °d = hart
IV = 21 bis 28 °d = sehr hart.

Selbst Härtegrade bis zu 60 °d sind möglich. Mineralwasser kann noch härter sein, deshalb auf keinen Fall Haare mit Mineralwasser waschen!

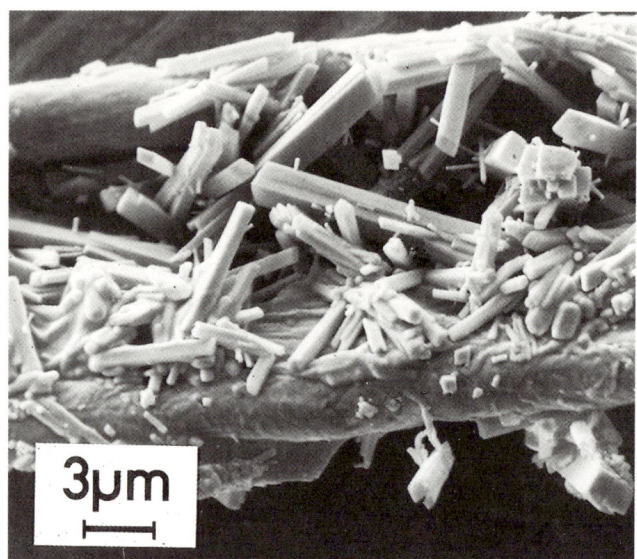

Abb. 17: Durch Waschen mit hartem Wasser entstandene Kalkablagerungen auf einer Baumwollfaser unter einem Elektronenmikroskop.

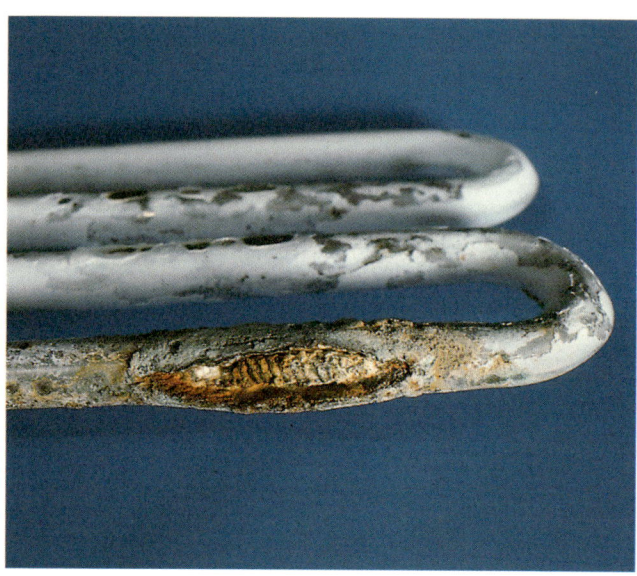

Abb. 18: Auch die Heizstäbe Ihrer Waschmaschine leiden unter hartem Wasser und können durchbrennen.

Waschmittel – was ist das?

Zunächst ein wenig Historie:
Der erste und wesentliche Schritt in Richtung moderner Waschmethoden war 1907 die Einführung des Waschmittels Persil, einer Wortschöpfung aus *Per*borat und *Sili*kat, das erste bleichende Waschmittel der Firma Henkel. Dieses Produkt ersparte der Hausfrau die aufwendige Rasenbleiche. Die Wäsche wurde mit Seifen-Persil in enthärtetem Wasser im Kessel gewaschen und gebleicht, das Bleichmittel Perborat übernahm die Aufgabe der Rasenbleiche.

Mit zunehmender Industrialisierung zogen immer mehr Menschen vom Land in die Städte. Aus Platzmangel und wegen der wachsenden Luftverschmutzung durch die Fabriken war die Rasenbleiche im Freien kaum noch möglich. Das Bleichen beim Waschen im Kessel war somit eine zeitgemäße, arbeitssparende Entwicklung. Allerdings ist heutzutage borhaltige Bleiche nicht mehr umweltakzeptabel, und auch Seife ist problematisch.

Tenside = Waschaktive Substanzen

Das älteste Tensid ist die Seife. Sie ist die erste von Menschen hergestellte waschaktive Substanz. Der Ursprung der Seife ist allerdings unbekannt. Bereits die Sumerer sollen rund 2500 v. Chr. Seife aus Öl und Holzkohlenasche hergestellt haben. Sie lebten im Gebiet des heutigen Irak zwischen Euphrat und Tigris. Auf Tontäfelchen haben sie ihre Aufzeichnung eingraviert. Die Herstellung von Seife aus Öl ist dort sogar mit Mengenangaben beschrieben.

Die Ägypter konnten bereits 600 v. Chr. Seife herstellen. Als Rohstoff benutzten sie tierische und pflanzliche Fette und die im Niltal vorkommende natürliche Soda. Die Seife wurde zunächst als Kosmetikum und als Heilmittel verwendet und erst viel später als Waschmittel angewandt. Sie galt lange als Luxusartikel.

Erst als gegen Ende des 18. Jahrhunderts die technische Herstellung von Soda gelang, wurde die Seife zum allgemein erschwinglichen Konsumgut.

Wie entstand der Name „Tensid"?

Tenside sind grenzflächenaktiv. Sie reichern sich an Grenzflächen an und setzen die Grenzflächenspannung des Wassers herab. Das lateinische Wort für Spannung ist „Tensio". Davon ist die heute gebräuchliche Kurzbezeichnung „Tensid" für grenzflächenaktive Stoffe abgeleitet.

Wie wirken Tenside?

Der unsymmetrische Bau des Tensidmoleküls ist Voraussetzung für seine Grenzflächenaktivität. So ein Molekül besteht aus einem fettliebenden, wasserabweisenden – hydrophoben – und einem wasserliebenden, wasserfreundlichen – hydrophilen – Teil. Der wasserliebende Teil ist für die Wasserlöslichkeit verantwortlich.

Wie hoch die Grenzflächenspannung des Wassers ist, können Sie selbst anhand eines Experiments ausprobieren. Legen Sie behutsam eine Rasierklinge so auf eine Wasseroberfläche, daß sie

Abb. 19: Tensidmoleküle bestehen aus einem wasserfreundlichen und einem ölfreundlichen Teil.

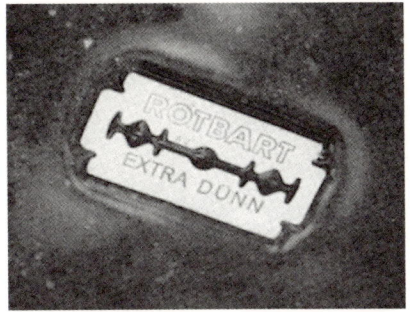

Abb. 20: Durch die Grenzflächenspannung des Wassers schwimmt eine Rasierklinge, wenn man sie vorsichtig auflegt, auf der Wasseroberfläche.

nicht untersinkt. Wie auf einer Folie liegt die Rasierklinge auf dem Wasser. Auf derselben Gesetzmäßigkeit beruht auch die Fähigkeit der Wasserläufer, auf Wasser zu gehen. Erst die Tenside in einem Tropfen Spülmittel oder Bawa, welchen Sie am Rand in das Glas laufen lassen, verändern die Grenzflächenspannung und die Rasierklinge sinkt sofort unter. Den Wasserläufern würde es ähnlich ergehen: ihre Beine würden einsinken.
Ein weiteres Experiment (vgl. *Abbildung 21a–c*) veranschaulicht die Veränderung der Grenzflächenspannung noch deutlicher:
Sie nehmen ein Fläschchen mit engem Hals und füllen es randvoll mit Speiseöl. Nun stellen sie es in ein hohes, mit kaltem Wasser gefülltes Gefäß, z.B. eine Glasvase. Das mit Öl gefüllte Fläschchen wird in die mit Wasser gefüllte Vase gegeben (am Rand entlang gleiten lassen), es sinkt langsam nach unten, ohne daß Öl ausläuft, obwohl Öl leichter als Wasser ist und an die Oberfläche will, wie die Fettaugen auf der

Suppe zeigen. Doch die Grenzflächenspannung verschließt den Flaschenhals des Fläschchens und verhindert das Ausfließen des Öls.
Nun fügen Sie dem Wasser mit einigen Tropfen Bawa oder Spülmittel Tenside bei, und siehe da, die Grenzflächenspannung wird herabgesetzt, das Ölfläschchen läuft aus.

Wird die Grenzflächenspannung des Wassers durch Tenside gesenkt, werden Wäsche und Schmutz benetzt. Das Waschen beginnt, und der Fett- und Pigmentschmutz wird von den Fasern abgehoben. Bei Fetten und Ölen nennt man dieses Verteilen in Form feiner Fett-Tröpfchen *emulgieren,* bei Pigmentschmutz nennt man es *dispergieren.* Der in die Tensidlösung überführte Schmutz wird dort fein verteilt und in der Schwebe gehalten, so daß er nicht mehr auf die Textilien zurückfällt.
Diese Fähigkeit des Waschmittels heißt *Schmutztragevermögen.* Wird es gestört, „bricht" die Waschlauge und der Schmutz „fällt" wieder auf die Wäsche zurück, wodurch diese „vergraut". Das kann Ihnen bei sehr stark verschmutzten Gardinen passieren oder bei mit viel Fett verschmutzter Wäsche, wie Küchenwäsche oder mit Penatencreme verschmutzte Windeln. Fällt das Fett, meist mit Pigmentschmutz vermischt, wieder auf die Wäsche, so bilden sich kleine schmutzige Fettklümpchen, die der Fachmann „Fettläuse" nennt (vgl. *Abbildung 22*). Sie entstehen besonders leicht bei seifenhaltigen Waschmitteln.
Kommen wir noch einmal zum Schmutztragevermögen der Seife und zum Brechen der Waschlauge. Seife ist sehr wasserhärteempfindlich. Sie bildet

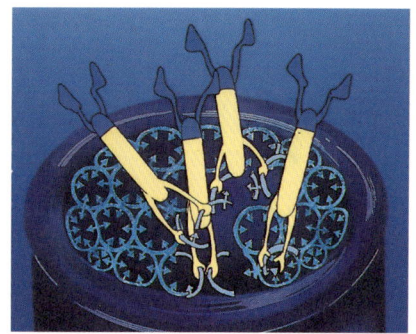

Abb. 21a–c: Tensidmoleküle brechen die Grenzflächenspannung des Wassers auf.

mit dem Calcium der Wasserhärte „Kalkseife". Dies können Sie beobachten, wenn Sie sich mit Seife und hartem Wasser die Hände waschen. Dabei bilden sich flockige Abscheidungen von Kalkseife. Sie sind durch den Schmutz dunkel gefärbt und setzen sich am Waschbeckenrand ab. Die Seife schäumt auch in hartem Wasser nicht, so lange noch ein Überschuß an Calcium vorhanden ist. Daher sagt man auch „der Kalk frißt Seife".

1 g Kalk (CaO) verbraucht ohne wasserenthärtende Maßnahmen 10,9 g Seife (Na-Stearatseife) zur Kalkseifenbildung und enthärtet damit auf sehr unwirtschaftliche Weise hartes Wasser. 100 Liter Wasser von 20°d Härte enthalten 20 g Kalk. Zur Enthärtung wären dafür 218 g Seife (!) notwendig. Verlustfrei läßt sich Seife also nur in weichem Wasser anwenden.

Kalkseife hat viele Nachteile. Nicht nur die häßlichen Kalkränder an Waschbecken oder Badewanne stören, auch die mit Kalkseife verkalkte Wäsche ist verdorben. Verkalkte Fasern saugen kein Wasser mehr auf, die Wäsche ist wie imprägniert. Kalkseife wird beim

Lagern ranzig und beginnt unangenehm zu riechen. Außerdem wird sie gelb und damit vergilben auch die gewaschenen Wäschestücke. Deshalb ist Seife als Waschmittel, auch in Form von sogenanntem Öko-Waschmittel,

kaum akzeptabel. Außerdem verbraucht man etwa zwei- bis dreimal mehr Rohstoffsubstanzen wie Fett oder Natron- und Kalilauge als bei modernen synthetischen, gut abbaubaren Tensiden. Das gilt insbesondere dann,

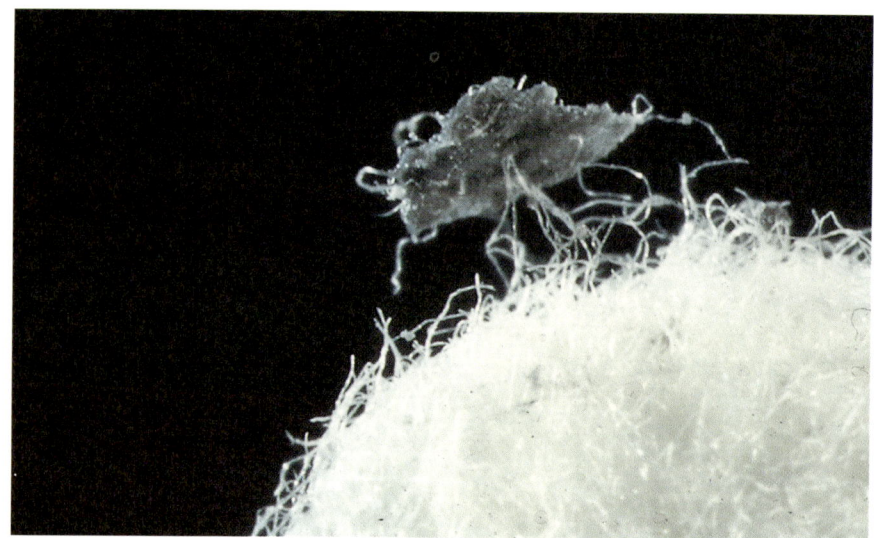

Abb. 22: „Fettlaus" mit einem Körper aus Fett- bzw. Pigmentschmutz und Füßchen sowie Fühlern aus Textilfasern. Sie entstehen besonders leicht bei seifenhaltigen Waschmitteln.

wenn sie aus nachwachsenden Rohstoffen (Pflanzenfette, Stärke, Zucker) hergestellt werden. Diese haben heutzutage auch die Eigenschaft, wasserhärteun-empfindlich zu sein, was ein zusätzlicher großer ökologischer Vorteil ist, nicht nur deshalb, weil sie keine „Läuse" bilden.

Das Patent für wasserhärteunempfindliche Fettalkoholsulfate, wie sie später in Feinwaschmitteln eingesetzt wurden, stammt aus dem Jahre 1928. Erst 1932 kam Fettalkoholsulfat als zerstäubtes Pulver in Fewa (Abkürzung von *Feinwa*schmittel) auf den Markt. Fewa wurde zum Waschen von Wolle empfohlen, denn die Fewa-Lösung war neutral und schäumte auch in hartem Wasser, im Gegensatz zu alkasicher Seife, dem damals üblichen Wollwaschmittel. Wolle verträgt aber keine alkalischen Lösungen. Sie quillt dann stark auf, wird teilweise angelöst und damit geschädigt. Sie wird hart und verfilzt stark.

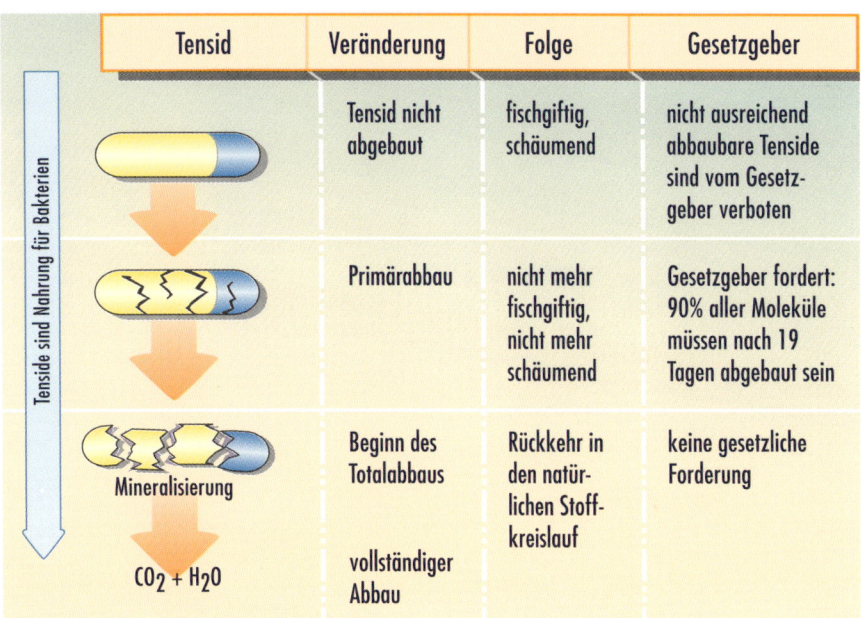

Abb. 23: Biologischer Abbau von Tensiden.

Tensid	Veränderung	Folge	Gesetzgeber
Tensid nicht abgebaut	fischgiftig, schäumend	nicht ausreichend abbaubare Tenside sind vom Gesetzgeber verboten
Primärabbau	nicht mehr fischgiftig, nicht mehr schäumend	Gesetzgeber fordert: 90% aller Moleküle müssen nach 19 Tagen abgebaut sein
Beginn des Totalabbaus	Rückkehr in den natürlichen Stoffkreislauf	keine gesetzliche Forderung
$CO_2 + H_2O$	vollständiger Abbau	

(Mineralisierung)

Tenside sind Nahrung für Bakterien

Synthetische Tenside

Wenn wir synthetische Tenside hier weitgehend positiv darstellen, so darf dennoch nicht verschwiegen werden, daß die Waschmittelkonzerne lange Zeit mit schwer abbaubaren Tensiden und anderen Zusätzen im Waschpulver gearbeitet haben. Wenn sie sich heute allmählich besinnen und auf nachwachsende Rohstoffe wie Zucker-, Stärketenside und aus nachwachsenden Rohstoffen gewonnene Fettalkoholsulfate (FAS) zurückgreifen, um so besser. Leider stellen aber immer noch einige der führenden Weltkonzerne ihre Produkte aus Erdöl her. Vor allem in Amerika und England scheint man die Notwendigkeit umzudenken, noch nicht begriffen zu haben.

Ein Übel sind auch die Universalwaschmittel. Beim Gebrauch dieser Produkte verpulvert man zwangsläufig Stoffe, die für bestimmte Waschanwendungen gar nicht benötigt werden. Wir haben deshalb als Alternative unseren Waschmittelbaukasten entwickelt.

Entwicklung und Wirkung einiger synthetischer Waschmittel

Das folgende Kapitel ist vor allem für jene Leser gedacht, die den wissenschaftlichen Hintergrund unseres Themas genauer kennenlernen wollen. Wenn Sie eher an der Anwendung interessiert sind, springen Sie einfach auf *Seite 54*; dort wird es ganz praktisch.

Zu den Inhaltsstoffen:
Fettalkoholsulfate (FAS) werden aus Fettalkoholen mit einer Kohlenstoffkette von 8 bis 22 Kohlenstoffatomen durch Sulfatierung, einer Reaktion mit Schwefelsäure, gewonnen. Die Rohstoffbasis sind pflanzliche Öle und Fette, aus denen die Fettalkohole in den gewünschten C-Kettenlängen gewonnen werden. Tensidverbindungen dieser Art sind im Abwasser sehr gut abbaubar.

Was heißt „Abbau von Tensiden"?

Der sogenannte biologische Primärabbau bei Tensiden, d.h. der von Bakterien durchgeführte Abbau, muß laut gesetzlicher Vorschrift nach 19 Tagen bei 90 % aller Tensidmoleküle erfolgt sein. Das Ziel ist ein schneller Abbau der Tenside, so daß die Abbauprodukte wieder in den natürlichen Stoffkreislauf zurückkehren können. Für den Totalabbau sind leider noch keine gesetzlichen Auflagen erlassen worden, bei unserem Bawa gibt es damit aber keinerlei Probleme.

Für die Prüfung des biologischen Primärabbaus gibt es allgemein anerkannte und vom Gesetz vorgeschriebene Testmethoden, die das Verhalten der Tenside im Flußwasser (OECD-Screening-Test) und in Kläranlagen (OECD-Confirmatory-Test) realitätsnah simulieren.

Auch für die Untersuchung der sogenannten aquatischen Toxizität (Giftigkeit im Wasser) werden Prüfungen auf Fischgiftigkeit (akute Toxizität) und der Giftigkeit gegenüber Kleinstlebewesen und Algen (chronische Toxizität) durchgeführt.

Die im Hobbythek-Baukasten benutzten Tenside Fettalkoholsulfat (FAS) und Alkylpolyclukosid (APG) sind mit Sauerstoff (aerob) sowie bei Abwesenheit von Sauerstoff (anaerob) im Abwasser schnell und gut abbaubar (vgl. *Abbildung 23*).

Kläranlage für Abwasser – Was geschieht dort?

Der Wasserverbrauch je Einwohner und Tag liegt derzeit in Deutschland etwa bei 145 Liter pro Person. Von diesem hochwertig aufbereiteten Trinkwasser werden allein 47 Liter für die Toilettenspülung, 44 Liter zum Baden und Duschen, 18 Liter zum Wäschewaschen und 9 Liter zum Geschirrspülen benutzt. Für die Ernährung, d. h. zum Kochen und Trinken, brauchen wir lediglich 3 Liter. Das verbrauchte Trinkwasser kommt als Abwasser in das Kanalnetz und wird zum überwiegenden Teil einer Kläranlage zugeführt.

In der ersten Klärstufe werden aus dem Abwasser durch *die mechanische Reinigung (1) (2) (3)* mit einem *Rechen (1)*, die groben Schmutzbestandteile, z. B. Toilettenpapier, Papiertaschentücher usw., entfernt. Dann gelangt das Abwasser in den *Sandfang (2),* in dem sich alle im Wasser verteilten schweren Anteile, wie z. B. Sand, auf dem Boden absetzen. Im darauf folgenden Vorklärbecken *(3)* setzt sich dann der im Abwasser befindliche Schlamm ab.

Das vorgeklärte Abwasser kommt jetzt in die *biologische Reinigung (4), (5)*. In diesem sogenannten Belebt-Schlammbecken befinden sich Abwasserbakterien in großen Mengen. Diese Bakterien können leicht abbaubare Kohlenwasserstoffverbindungen mineralisieren. Sie wandeln diese Stoffe in Kohlendioxyd (CO_2) und Wasser um. Dazu ist Sauerstoff notwendig, daher wird das Belebt-Schlammbecken *(4)* mit Luft intensiv durchmischt. Diese Bakterien binden auch einen Teil des Stickstoffes und der Phosphate aus dem Abwasser.

Bei der Wasserreinigung vermehrt sich der Belebt-Schlamm, ein Teil davon muß also immer wieder entfernt werden. Zusammen mit dem Schlamm aus dem Vorklärbecken wird er in den *Faulraum (8)* gepumpt.

Nach der biologischen Reinigungsstufe kommt das Abwasser in das *Nachklärbecken (6)*. Dort setzt sich der noch vorhandene Belebt-Schlamm ab, der entweder wiederverwendet wird oder ebenfalls in den *Faulraum (8)* kommt.

Diese beiden Reinigungsstufen werden in allen Kläranlagen durchlaufen, bevor das Wasser seinem natürlichen Kreislauf in einen Fluß oder Bach wieder zugeführt wird.

Die dritte Reinigungsstufe ist die *chemische Stufe*. Sie folgt in den dafür ausgestatteten Kläranlagen im Anschluß an die biologische Stufe. In der chemischen Stufe werden im *Flockungsbecken (7)* mit Fällmitteln (Eisen- und Aluminiumsalze) die Phosphat- und Stickstoffanteile ausgeflockt. Erst nach dem Absetzen dieser ausgefällten Flocken kann das geklärte Abwasser dann seinem natürlichen Kreislauf zugeführt werden.

Die Einführung dieser dritten Reinigungsstufe ist ein vordringliches Anliegen für die Abwassersäuberung und damit für den Umweltschutz. Dadurch werden alle Phosphate und Stickstoffverbindungen aus dem Abwasser beseitigt – auch die, die durch tierische und menschliche Fäkalien ins Abwasser gelangen.

Die unlöslichen Bestandteile des in den einzelnen Reinigungsstufen anfallenden Klärschlamms werden im Schlammfaulraum gesammelt. Im Faulraum entstehen aus den kohlenstoffhaltigen Schlammanteilen durch Abbau unter Sauerstoffausschluß (anaerober Abbau) große Mengen von Methan. Dies beim Fäulnisprozeß entstehende Methan ist ein brennbares Gas, das in

Abb. 24a: Blick auf eine Kläranlage.

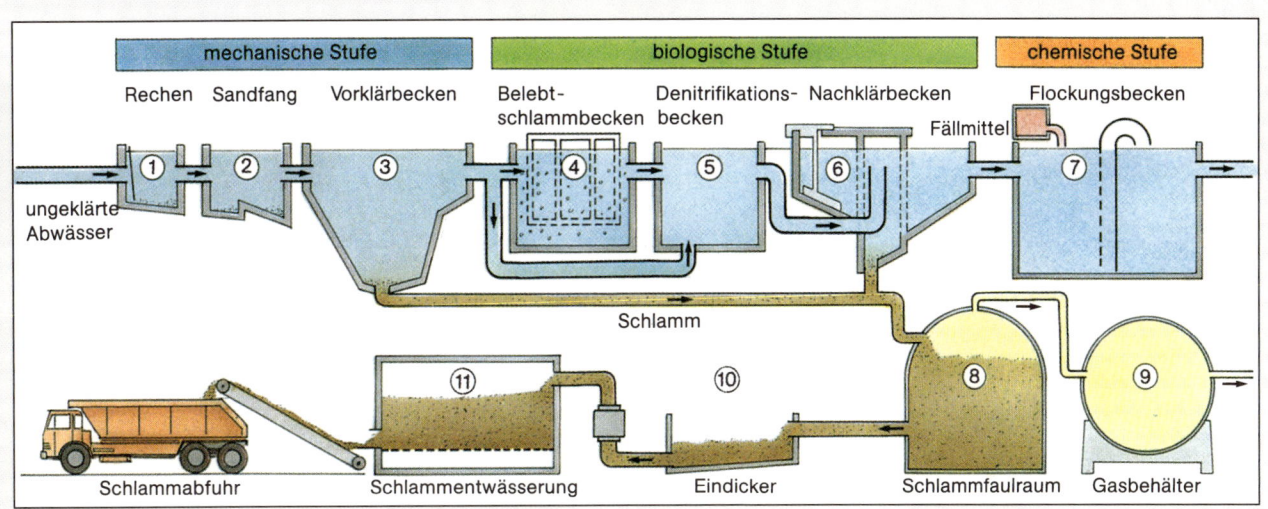

Abb. 24b: Schema einer Kläranlage.

Gasbehältern (9) gesammelt und der Energiegewinnung zugeführt wird. Der Faulraumschlamm wird durch Wasserentzug im *Eindicker (10)* konzentriert und einer weiteren *Schlammentwässerung (11)* zugeführt. Der entwässerte Klärschlamm wird auf Deponien gelagert oder verbrannt. Ein nicht mit Schwermetallen belasteter Teil kann zur Weiterverwendung als Dünger in der Landwirtschaft gebraucht werden.

Bei den Fettalkoholsulfaten als Aniontensiden ist der wasserliebende oder hydrophile Teil negativ, der hydrophobe, wasserabweisende, positiv geladen. Solche Verbindungen werden als **Aniontenside** bezeichnet, weil diese Teilchen in wäßrigen Lösungen zur positiv geladenen Elektrode, der sogenannten Anode, dem Pluspol wandern. Durch diesen Aufbau mit ausgeprägt negativer Ladung und ihrer Fähigkeit, sich an gegensätzlich geladenen Grenzflächen anzulagern, sind sie in der Lage, negativ geladenen Schmutz, der auf der gleichfalls negativ geladenen Faser sitzt, gleichnamig stark aufzuladen. Dadurch erfolgt eine Abstoßung dieser elektrisch gleichartig geladenen Partner.

Den Gegensatz zu anionischen Tensiden bilden die kationaktiven Verbindungen, auch **Kationtenside** genannt. Bei diesen Tensiden gibt es auch den langen, kettenförmigen, wasserfeindlichen und den wasserliebenden Teil, der hier allerdings positiv geladen ist. Aus diesem Grunde werden sie von der negativ geladenen Faser angezogen, sie wirken sogar als eine Art weichmachende Appretur. Sie sollten daher im letzten Spülbad der gewaschenen Wäsche eingesetzt werden. Sie sind in handelsüblichen Weichspülern zu finden.

Auch sie sind teilweise noch problematisch, was ihre Abbaubarkeit betrifft. Deshalb hatten wir in unserem ersten Waschmittel-Baukasten ganz auf Weichspüler verzichtet. Inzwischen können wir auf bessere kationische Tenside zurückgreifen und haben unseren Waschmittel-Baukasten um Proweich erweitert (vgl. *Seite 52f.*), denn die kationischen Tenside haben durchaus einige Vorteile. So verhindern sie z.B. elektrostatische Aufladungen bei Synthesefasern. Manche kationischen Tenside hemmen außerdem das Wachstum von Bakterien, eine Eigenschaft, die großtechnisch ausgenutzt wird.

Anders als die vorstehend beschriebenen ionischen Tenside verhalten sich die nichtionischen Tenside, allgemein als **Niotenside** bezeichnet. Sie haben keine aktiven Ionen. Hier wandert also nichts zur Anode oder Katode. Sie sind praktisch elektrisch neutral. Bei Niotensiden ist der wasserliebende hydrophi-

 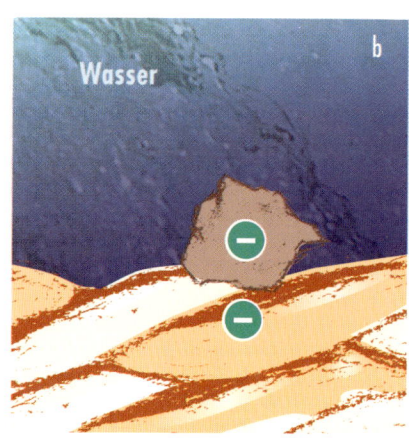 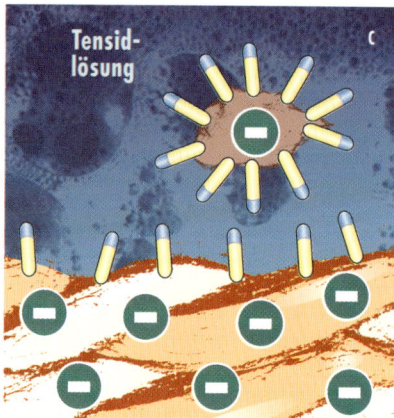

Abb. 25: *a)* Der Schmutz haftet an den Textilfasern. *b)* In Wasser sind sowohl der Schmutz als auch die Fasern schwach negativ geladen. *c)* In einer alkalischen Aniontensidlösung (Wasser mit Bawa-Pulver) wird die abstoßende Ladung von Schmutz und Textilien verstärkt. Es erfolgt die Schmutzabhebung von der Faser in die wäßrige Lösung.

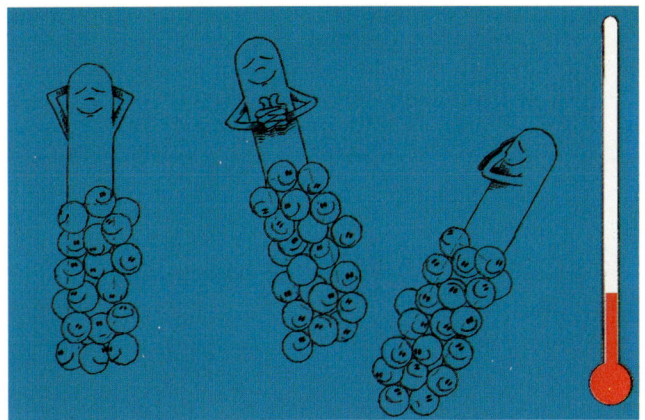

Abb. 26a + b: Niotenside vor und nach dem Überschreiten des Trübungspunktes. Bei einer bestimmten Temperatur verlieren die Moleküle ihre Wasserhüllen und werden sichtbar, die Lösung trübt sich.

le Teil sehr langkettig und bindet viele Wassermoleküle, die Ionencharakter haben. Dadurch verhalten sich Niotenside ähnlich wie andere Tenside, d. h. sie orientieren sich wasserabweisend in Richtung Schmutz und wasserfreundlich durch die Ionencharakter zeigenden Wassermoleküle in Richtung Wasser. Beim Schmutzablösen gibt es daher bei Niotensiden keine Ladungserhöhungen.

Charakteristisch für Niotenside ist der sogenannte „Trübungspunkt". Er ist temperaturgebunden und vom jeweiligen Molekülaufbau abhängig. Bei Temperaturen unterhalb des Trübungspunktes sind Niotenside ohne Trübung löslich. Bei Überschreiten des Trübungspunktes trübt sich die Lösung, d. h. die Moleküle verlieren ihre Wasserhüllen und werden sichtbar. Besonders gut waschen Niotenside im Bereich dieses Trübungspunktes. Als Niotensid wurde von uns ein **Alkylpolyglucosid-Molekül (APG)** gewählt,

bei dem ein Fettalkoholmolekül und ein Glukosemolekül miteinander verbunden sind. Diese aus nachwachsenden Rohstoffen gewonnenen Verbindungen bauen sich im Abwasser völlig giftfrei ab. Sie zerfallen in Wasser und Kohlendioxid.

Das war nun alles sehr theoretisch. Wir sollten uns jetzt wieder mehr der praktischen Seite des Waschens zuwenden. Zur Veranschaulichung zunächst ein paar Versuche:

Tensiden auf die Finger geschaut

Beginnen wir mit dem Nachweis des Ausbreitungsvermögens der Tenside. Tenside reichern sich an der Grenzfläche Wasser/Luft an, also an der Wasseroberfläche. Sie breiten sich im Wasser blitzschnell aus (sie „spreiten" sich, Fachleute sprechen vom „Spreitungsvermögen der Tenside").

Nehmen Sie für diesen Versuch eine Schale oder einen tiefen Teller mit Wasser. Auf die Wasseroberfläche streuen

Sie gemahlenen Pfeffer oder getrocknete Dillspitzen.

Jetzt geben Sie einen Tropfen Tensid (Bawa oder Spülmittel) dazu. Es reicht, wenn Sie ein Holzstäbchen oder eine Stecknadel in die Tensidlösung eintauchen und dann damit die Wasseroberfläche berühren. Schlagartig werden die leichten auf der Wasseroberfläche schwimmenden Gewürzteilchen auf die Seite gedrückt.

Die Tenside, die Sie ins Wasser gebracht haben, spreiten sich und schieben die Gewürzteilchen zur Seite. Ein Beweis, daß Tenside bei Wasserkontakt sofort „grenzflächenaktiv" werden. Der nächste Versuch gilt der Benetzung: Nehmen Sie ein Trinkglas und füllen Sie es mit Wasser. Dann legen Sie ein etwa briefmarkengroßes Stück schlecht netzendes Baumwollnesselgewebe oder einen Naturwollfaden darauf. Das baumwollwachshaltige Nesselgewebe schwimmt auf der Wasseroberfläche. Jetzt werden dem Wasser einige Tropfen Tensid zugefügt. Es beginnt der Benetzungsvorgang, bei dem Wasser bis in jede Faser eindringt. Das Stoffstück geht in dem tensidhaltigen Wasser unter. Derartige Gewebebenetzung leitet den Waschprozeß ein.

Daß beim Waschen Schmutz in der Waschlauge fein verteilt wird, sehen wir bei folgendem Experiment:

Geben Sie in einen Papier-Kaffeefilter eine reichliche Messerspitze gemahlenen Zimt. Den Papierfilter mit dem Zimt stellen wir in einen Kaffee-Filtertrichter und setzen alles zusammen auf ein Wasserglas. Nun gießen Sie Wasser auf das im Filter liegende Zimtpulver. Das Pulver schwimmt auf der Wasseroberfläche und wird nicht benetzt, und das Wasser läuft klar durch den Filter.

Jetzt geben Sie ein Tensid (z.B. Bawa) auf das Zimtpulver, verrühren es, und sofort beginnt die Verteilung des Zimtpulvers durch das Tensid im Wasser. Wir sprechen vom Dispergieren, also von einer feinen Verteilung der Zimtteilchen in der Tensidlösung. Die Verteilung ist so fein, daß das dispergierte Zimtpulver durch die Filterporen läuft und das durchlaufende Wasser sich trübt.

Wichtig: Beim Waschen soll zwischen Wasser und abgelöstem Fett eine Emulsion entstehen. Auf diese Weise werden Fett und Öl aus der Wäsche entfernt. Entscheidend ist, daß der Schmutz nicht wieder auf die Wäsche zurückfällt. Dafür sorgt im Waschmittelbaukasten der Hobbythek das Softin.

Was gehört noch zum Waschmittel?

Enthärter oder Gerüststoffe

Zum Waschen wird weiches Wasser benötigt. Diese alte Regel gilt heute noch, auch wenn die Tenside weniger bis gar nicht wasserhärte-empfindlich sind. Leider gibt es nur wenige Gegenden mit naturweichem Wasser. Es gibt jedoch mehrere Möglichkeiten, hartes Wasser weich zu machen. Das älteste Verfahren ist die Enthärtung mit Soda. Diese kalkfällende Enthärtung dauert relativ lange, und die Wäsche sollte währenddessen möglichst noch nicht in der Lauge liegen. Daher ist diese Anwendung bei Waschmaschinen problematisch.

Auf den ersten Blick fortschrittlich erschien die Verwendung von calciumbindenden Stoffen, die löslich blieben, sogenannte Komplexbildner (Phosphate). Die gedankenlose Anwendung von Natriumtripolyphoshat über viele Jahre hinweg führte jedoch zu dem Ergebnis, daß die Umwelt wegen der Überdüngung der Gewässer geschunden zurückblieb.

Dann folgte die Methode, Calcium und Magnesium durch Ionenaustausch mit Hilfe von wasserunlöslichen Zeolithen (Sasil) zu entfernen. Dabei wandern die Calcium- und Magnesiumsalze der Wasserhärte in das siebartige Kristallgitter des unlöslichen Zeoliths, werden dort festgehalten und gegen Natrium ausgetauscht. Wir erhalten anstelle der Wasserhärte wasserlösliche, den Waschprozeß nicht störende Natriumsalze. Aber auch dieses Verfahren hatte Nachteile. Die unlöslichen Zeolithe überdüngen die Teich- und Flußböden zwar nicht, erzeugen jedoch große Mengen von Schlamm in der Kläranlage.

Um die Enthärtung mit Zeolithen zu beschleunigen und die Waschwirkung zu erhöhen, wurden zusätzlich Stoffe ein-

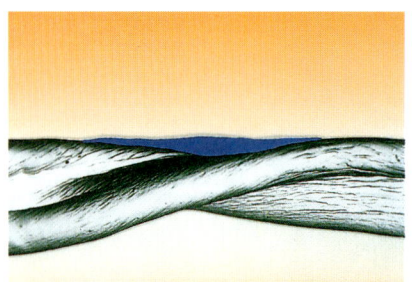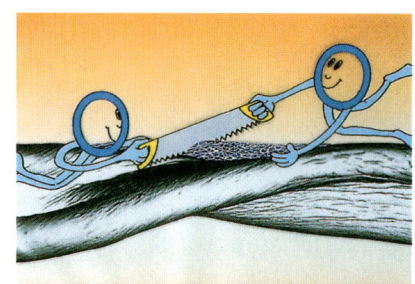

Abb. 27a–c: Wirkung eines Sauerstoffbleichmittels: Der aktive Sauerstoff greift den störenden Farbstoff an und beseitigt ihn. Faserschutzstoffe verhindern eine Schädigung der Textilfasern.

gesetzt, die die Wasserhärte scheinbar binden und die Waschkraft verstärken. Besser jedoch sind moderne wasserlösliche Silikate, wie wir sie im Waschmittelbaukasten der Hobbythek empfehlen (siehe Waweich, *Seite 53,* und Proweiß, *Seite 36*).

Bleichmittel für die Fleckentfernung

Wir erwähnten schon, wie wichtig das Bleichmittel beim Waschen und bei der Fleckentfernung ist. Früher wurden vor allem Chlor und in neuerer Zeit das Perborat verwendet. Chlor ist für die Umwelt völlig unakzeptabel, aber auch Bor wird in Kläranlagen nicht abgebaut und geht direkt ins Flußwasser, wo es für manche Pflanzen, vor allem für Obstbäume schädlich werden kann, wenn Bauern diese mit Flußwasser berieseln. In Verbindung mit Perborat wurde häufig auch eine Substanz mit Namen EDTA (Ethylen-Diamin-Tetra-Acetat) als Zusatz verwendet. Dieses EDTA, das auch wasserenthärtend wirkt, ist aber mittlerweile ebenfalls zu einem Teufelszeug geworden, denn man findet es wegen des massenhaften Einsatzes bereits im Grundwasser wieder, besonders im Uferfiltrat der Wasserwerke. Deswegen fordern wir von der Hobbythek, es vollständig aus den Waschmitteln zu verbannen.

Aus diesen Gründen haben wir uns in unserem Waschmittel-Baukasten für ein reines Sauerstoffbleichmittel entschieden. Es ist Wasserstoffperoxid (H_2O_2), bei dem ein Atom Sauerstoff abgespalten wird und dieser sogenannte „aktive Sauerstoff" im Entstehungszustand die Farbstoffe vehement angreift, sie oxidiert und damit entfernt. Das Problem dabei ist, daß dies eine flüssige Lösung ist, die unter Umstän-

den als Chemikalie aggressiv werden könnte. Deshalb haben wir uns für ein Peroxid entschieden, das an Soda kristallin gebunden ist. Dieses Natrium-Perkarbonat setzt das Wasserstoffperoxid im Wasser frei und beginnt erst dann seinen Bleichprozeß.

Wenn wir allerdings mit dieser Soda-Art allein waschen würden, würden Calcium- und Magnesiumsalze entsprechend der Wasserhärte durch Soda auf die Wäsche ausgefällt. Deshalb haben wir ein wasserlösliches sogenanntes Schichtsilikat (SKS 6, entwickelt von der Firma Hoechst) hinzugefügt. Dieses Schichtsilikat tauscht das Calcium der Wasserhärte gegen Natrium aus, ist bei der Wasserenthärtung wirksam und unterstützt die Waschwirkung

ganz allgemein. Darüber hinaus verhindert es mögliche Kalkablagerungen auf der Wäsche und an den Heizstäben der Waschmaschine. Beim Waschen und Spülen löst sich das Schichtsilikat SKS 6 langsam im Wasser auf, so daß es als gelöste, für das Abwasser unbedenkliche Verbindung vorliegt. Da es als SKS-6-Pulver kein Wasser anzieht, bleibt das feuchtigkeitsanfällige Percarbonat im Proweiß-Pulver stabil haltbar. Es ist das derzeit modernste Mittel, um solche Aufgaben zu erfüllen, und wir von der Hobbythek können sagen, daß wir es als erste ausfindig gemacht haben. Später wurde es von einem großen Waschmittelkonzern übernommen, der sein Waschmittel wegen dieses Zusatzes „Futur" nennt.

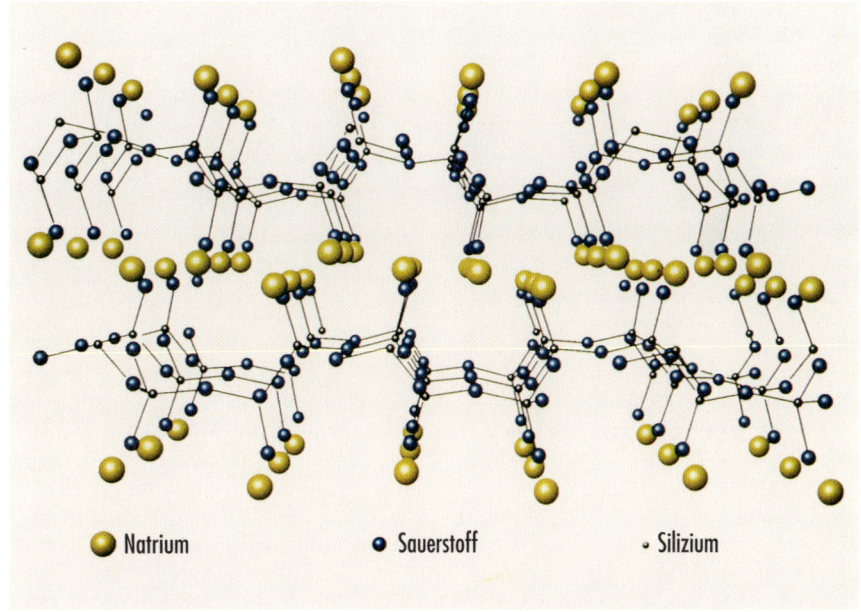

Abb. 28: Schichtsilikat SKS 6. Es tauscht das Calcium der Wasserhärte gegen Natrium aus.

Unser **Proweiß**, d. h. Natriumperkarbonat und Schichtsilikat SKS 6, hat sich außerordentlich bewährt, und nicht zuletzt auf dieses Mittel ist die Beachtung zurückzuführen, die unser Waschmittel-Baukasten in der Öffentlichkeit gefunden hat.

Inzwischen haben wir die Wirkung von Proweiß noch durch einen Zusatz steigern können. Es handelt es sich um völlig unbedenkliches TAED (Tetraacetylethylendiamin), das schon in geringen Mengen die Bleichwirkung verstärkt, und zwar auch bei niedrigen Wassertemperaturen, so daß wir unsere Wasch- und Bleicheffekte mit noch größerer Energieersparnis erzielen können. Diese Bleichmittelkombination haben wir **Proweiß super** genannt. Sie können nun selbst entscheiden, ob Sie das eine oder andere bevorzugen.

In jedem Fall ist wichtig zu wissen, daß Sauerstoff desinfizierend wirkt. Wenn Sie also mit Proweiß oder Proweiß super waschen, können Sie bereits bei Temperaturen von nur 60 °C den gleichen hygienischen Effekt erreichen, als wenn Sie die Wäsche kochen würden.

Der bleichende aktive Sauerstoff läßt sich durch ein einfaches Experiment nachweisen:

Nehmen Sie ein Glas mit Leitungswasser und geben Sie aus einer Füller-Tintenpatrone für Schüler, z. B. Pelikan 4001, Königsblau, einige Tropfen Tinte hinein. Die dabei entstehenden Schlieren sind schön anzusehen. Durch Umrühren verteilen Sie die Tinte, dann geben Sie einen halben Kaffeelöffel des Hobbythek-Bleichmittels Proweiß super dazu. Nach dem Umrühren verschwindet der blaue Farbton. Der Farbstoff wird durch den aktiven Sauerstoff zerstört, also gebleicht.

Sie können den Tintentropfen auch auf einen weißen Stoff aufbringen und eintrocknen lassen. Auch dieser Fleck wird durch Bleichen mit Proweiß-super-Lösung entfernt. Die Bleichmittellösung sollte dann 40 bis 60 °C heiß sein, damit der Bleichvorgang etwas schneller vonstatten geht und Sie das besser beobachten können.

Mit einem einfachen Versuch können Sie schließlich noch die bakterientötende Eigenschaft von Proweiß nachweisen: Weichen Sie schmutzige Wäsche über Nacht in einer bleichmittelfreien Feinwaschmittel- oder einer Tensidlösung (z. B. Bawa) ein. Parallel dazu geben Sie vergleichbar schmutzige Wäsche in eine bleichmittelhaltige Waschlauge oder besser eine Proweiß-haltige Bawa-Lösung. Am nächsten Morgen werden Sie feststellen, daß die bleichfreie Lösung und die darin befindliche Wäsche unangenehm riecht, die Wäsche in der bleichmittelhaltigen Lösung dagegen einen neutralen, nicht unangenehmen Geruch aufweist. Der aktive Sauerstoff hat im letzteren Fall ganze Arbeit geleistet und die geruchsbildenden Bakterien zerstört.

Die Silikate in Proweiß und Bawa haben im übrigen noch einen anderen Nebeneffekt: sie verhindern Metallkorrosion (z. B. Rosten), das ist bei Knöpfen, Schnallen, Metallösen und Reißverschlüssen sicherlich eine sehr nützliche Eigenschaft, Sie brauchen also nicht zu befürchten, daß die Metallteile in der Waschmaschine chemisch angegriffen werden.

Waschmittelenzyme

Das Wort Enzym kommt aus dem Griechischen und bedeutet Hefe. Bereits im Altertum nutzten unsere Vorfahren die Wirkung von Enzymen: Beim Sauerteig zum Brotbacken, beim Herstellen von Käse, bei der Gewinnung von Wein und Bier durch Gärung werden durch Bakterien (z. B. Milchsäurebakterien) oder Mikropilze (z. B. die Hefe) spezielle Enzyme erzeugt.

Unsere Großmütter benutzten auch gelegentlich Enzyme, allerdings ohne dies zu wissen, so z. B. die Gallseife. Sie wird aus der Leber von Rindern oder Schweinen gewonnen und enthält viele Enzyme, die bei der Verdauung, d. h. der Aufspaltung von Eiweiß, Fett und Stärke eine Rolle spielen.

Enzyme regeln viele biologische Vorgänge bei Pflanzen, Tieren und Menschen. Sie sind lebenswichtige Katalysatoren, oder zu Deutsch „Auslöser" von Stoffwechselprozessen. Auch Waschmittelenzyme sind Biokatalysatoren, die Verschmutzungen durch Eiweiß, Eigelb, Blut, Stärke, Kakao und Fett besonders gut entfernen. Der Biokatalysator „Enzym" spaltet das Eiweiß und macht es so löslich (vgl. *Abbildung 29*). Das Enzym selbst bleibt dabei häufig unverändert.

Wir haben in *Abbildung 30* die Wirkung der Enzyme in Waschmitteln als Comic dargestellt: Die beiden Männchen stellen die *Protease* mit der Schere und die *Amylase* mit einer Zange dar. Sie zerstören und beseitigen Eiweiß und Stärke, der darunterliegende Fettpigmentschmutz wird freigelegt und kann von den Tensiden entfernt werden.

Je nach Verschmutzung sind dafür spezielle Enzyme notwendig. Für Eiweiß, Eigelb, Blut, also Proteine, eignet sich die *Protease*, für Stärke und Kakao die *Amylase*, für Fett und Öl *Lipase*. Zur Beseitigung von reinen Zellulosefäserchen benutzt man *Cellulase*.

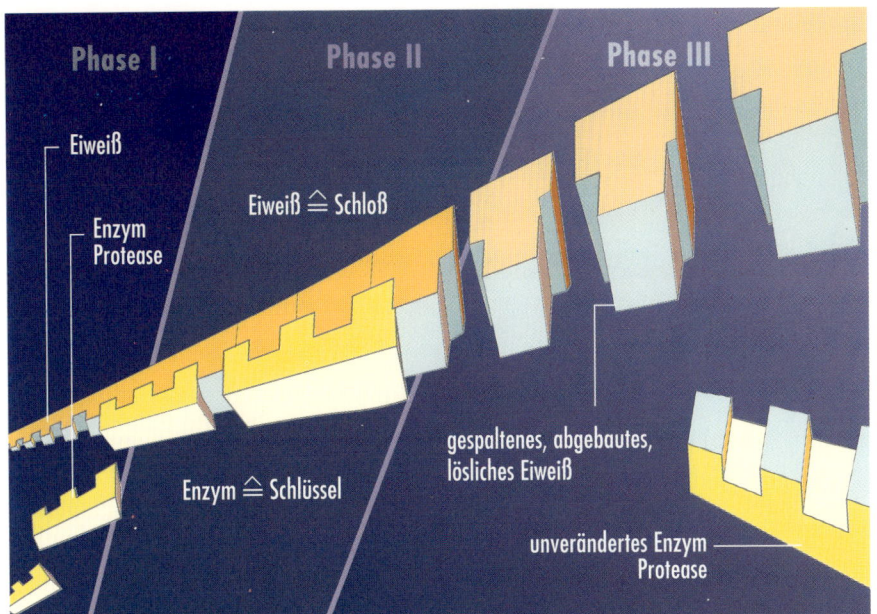

Phase I

Eiweiß

Enzym Protease

Enzym ≙ Schlüssel

Phase II

Eiweiß ≙ Schloß

gespaltenes, abgebautes, lösliches Eiweiß

Phase III

unverändertes Enzym Protease

Abb. 29: Eiweißabbau durch Enzyme nach dem Schlüssel- /Schloßprinzp. Das unlösliche Eiweiß ist das Schloß, der Schlüssel dafür das Enzym Protease. Dringt der Schlüssel in das Schloß, zerfällt das Eiweiß und wird löslich. Der Schlüssel – die Protease – bleibt unverändert.

Die Enzyme, die man heute in Waschmitteln einsetzt, werden von Mikroorganismen produziert. Spezielle Bakterien und/oder Mikropilze werden in sogenannten Großfermentern vermehrt. Anschließend werden ihre Stoffwechselprodukte, nämlich die Enzyme, vollständig von den Bakterien getrennt, getrocknet und zu Granulaten verarbeitet. Biochemiker haben dafür geeignete Mikroorganismen gezüchtet.

Die meisten der heutzutage in Waschmitteln eingesetzten Enzyme stammen von solchen Mikroorganismen. Bei einigen hat man allerdings auch schon die Gentechnik eingesetzt. So pflanzte man z. B. einem Kolibakterium einige Gene ein, die es befähigen, diese Enzyme außerordentlich effizient und ertragreich zu produzieren.

Auf alle derartigen Gen-Experimente sollten wir mit größter Skepsis reagieren, denn hier spielt sich der Mensch immer mehr als Schöpfer auf, und die Nebenwirkungen und Risiken werden meist heruntergespielt bzw. ignoriert. Trotzdem möchten wir differenzieren, denn die Gentechnologie kann im Rahmen strenger gesetzlicher Kontrollen durchaus segensreich für uns Menschen sein. Wir haben darauf geachtet, daß möglichst nur Waschmittelenzyme in unseren Waschmittelbaukasten eingesetzt werden, die aus gentechnisch

unbehandelten Mikroorganismen gewonnen wurden, und im Falle von **Biozym SE** (also stärke- und eiweißabbauendem Enzym) ist uns das auch gelungen.

Beim **Biozym F** (dem fettabbauenden Enzymträger) ist das etwas anders. Da wird auch von uns zur Produktion ein Bakterium verwendet, das gentechnisch manipuliert worden ist. Aber das Enzym, welches letztlich diesem Mikroorganismus entzogen wird, ist eines, das auch ohne Gentechnik in der Natur vorkommt. Der Vorteil: Die Ausbeute an Enzymen ist erheblich verbessert gegenüber allen anderen Mikroorganismen, die dieses produzieren. Selbstverständlich ist im Endprodukt, dem **Biozym F,** nichts mehr von dem Bakterium enthalten, mit Ausnahme des natürlichen Enzyms. Wir glaubten dies verantworten zu können, weil das Biozym F nicht so oft bei unserem Waschmittelbaukasten eingesetzt wird. Biozym F ist vorwiegend zum stoffschonenden Entfernen von Fettflecken vorgesehen. Sein Vorteil ist, daß wir mit seiner Hilfe Energie sparen können: Der Waschprozeß kann bei erheblich niedrigerer Wassertemperatur durchgeführt und gleichzeitig kann die Menge der Waschtenside verringert werden.

Während ein Fettfleck von den Tensidmolekülen nur dann entfernt wird, wenn die ganze Oberfläche mit den Tensidmolekülen gesättigt ist und man daher für eine bestimmte Menge Schmutz eine Mindestmenge an Tensiden benötigt, ist das bei den Enzymen grundlegend anders:

1. verändern sie den Schmutz chemisch, d.h. sie wandeln das Fett in seine Grundbausteine, z.B. die Fett-

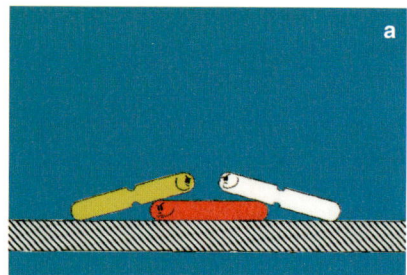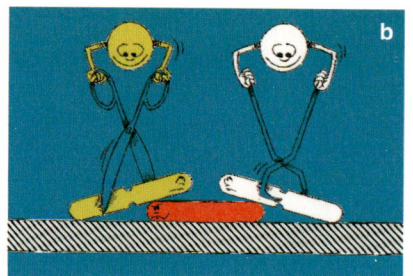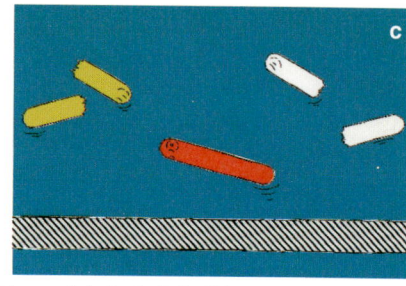

Abb. 30: a) Der Schmutz (rot) ist mit Eiweiß (gelb) und Stärke (weiß) auf den Fasern festgeklebt und kann sich deshalb im Wasser nicht lösen. b) Die Enzyme Protease (gelb) und Amylase (weiß) lösen Eiweiß und Stärke auf. c) Jetzt kann der Schmutz sich von der Faser lösen.

säuren um. Diese können dann in der Waschlauge verseifen und als solche sogar den Waschprozeß unterstützen.

2. können Enzyme extrem niedrig dosiert werden, weil ihr Wirkungsgrad theoretisch unbegrenzt ist. Sie wirken ja als Katalysator.

Um beispielsweise 10 Gramm Fett zu emulgieren, d.h. vom Gewebe zu entfernen, braucht man bei modernen Tensiden etwa 1 Gramm pures Tensid. Wenn mehr Fett auf der Wäsche ist, verbleibt ein Teil im Gewebe, da hilft auch kein Verlängern der Waschdauer. Trotzdem wäre es unsinnig, von vornherein immer die doppelte bis dreifache Menge von Tensiden einzusetzen. Da kann das Enzym erhebliche Abhilfe bringen. Ein einziges Enzymmolekül kann bis zu 5 Millionen Mal in der Minute Fette abbauen, oder im Falle von Biozym SE Eiweißmoleküle spalten und Stärke in Zucker umwandeln, ohne sich dabei zu verbrauchen.

Enzyme beteiligen sich im Abwasser sogar noch an der Zersetzung von Schmutzstoffen auf dem Weg zur Kläranlage. Deshalb spielen sie in unserem Waschmittelkonzept eine große Rolle.

Allerdings überlassen wir es Ihnen, ob Sie mit oder ohne bestimmte Enzyme waschen wollen. Diese Wahlfreiheit haben Sie bei keinem anderen Waschmittelkonzept.

Optische Aufheller (Weißer als weiß)

Optische Aufheller wandeln die unsichtbaren ultravioletten Anteile des Tageslichtes in weiß-blaues Licht um, dadurch erscheint die Wäsche weißer. Die Aufheller waren früher in der Regel sehr schwer abbaubar und nur bei Baumwolle und Mischgewebe wirksam. Bei bedenken- und grenzenloser Anwendung können sie problematisch für die Umwelt werden, indem sie z.B. bestimmte Organismen in Gewässern irritieren. Deshalb sollte auch ein optischer Aufheller so schnell wie möglich abgebaut werden.

In unserem Hobbythek-Waschmittelbaukasten bieten wir Ihnen deshalb den optischen Aufheller **Prohell** an, damit nicht der Eindruck entsteht, Sie könnten mit unserem System weniger weiß waschen. Allerdings haben wir uns besonders viel Mühe bei der Auswahl dieses Produkts gegeben. Es heißt *Tinopal-CBS X*. Es ist ein schnell

abbaubarer Aufheller, der durch Licht im Abwasser in ungiftige Einzelbestandteile zersetzt wird.

Die Entscheidung liegt also bei Ihnen. Wenn Sie „strahlend weiße" Kittel, Oberhemden oder Tischwäsche beispielsweise aus beruflichen Gründen brauchen, dann verwenden Sie bei dieser Wäsche den Aufheller. T-Shirts, Unterwäsche und synthetische Gewebe waschen Sie dann vielleicht ohne Aufheller.

Schaumsteuerung

Durch mechanische Bearbeitung der Wäsche in der Trommel wird viel Luft in die Waschlauge eingebracht. Dies bewirkt bei den meisten Tensiden verstärktes Schäumen. Schaumblasen entstehen, indem sich um Luftblasen Tensidhüllen bilden (wie z.B. bei Seifenblasen). So kann es zum Überschäumen kommen. Dies läßt sich durch eine Schaumsteuerung mit schaumregulierenden Substanzen verhindern, z.B. durch bestimmte Seifen, die in hartem Wasser schaumzerstörende Kalkseifen bilden. Noch wirksamer sind spezielle Silikon- und Paraffinöle, denn sie wirken unabhängig von der Wasserhärte.

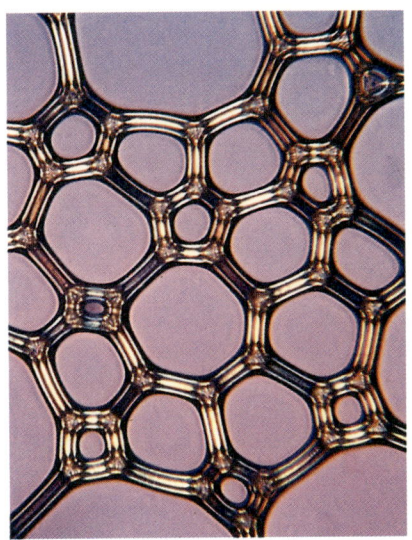

Abb. 31: Schaum entsteht, wenn sich Tensidhüllen um Luftblasen legen.

Unser Hobbythek-Waschmittelbaukasten enthielt früher einen speziellen Zusatz, den wir **Schaumex** genannt haben. Um das System zu vereinfachen, haben wir diese Substanz später in unsere Grundwaschmittel eingearbeitet und daraus das Basiswaschmittel Bawa gemacht. Zur Schaumstabilisation verwenden wir ein spezielles abbaubares und völlig ungiftiges Silikonöl.

Schaumex brauchen Sie als Zusatz eigentlich nur, wenn Sie z. B. Gardinen waschen, die sehr viel Schaum erzeugen, und wenn gleichzeitig Ihr Wasser extrem weich ist.

Wäsche darf nicht vergrauen

Wäsche vergraut, wenn sich bei Gebrauch von Seifenwaschmitteln „Fettläuse" (vgl. *Seite 27 f.*) im Gewebe absetzen. Bei anderen Tensiden kann es aber auch vorkommen, daß der in der Waschlauge verteilte Schmutz auf die Wäsche zurückfällt und sie dadurch vergraut. Dagegen setzen die meisten Waschmittelhersteller sogenannte „Vergrauungsschutzstoffe" ein, auch „Vergrauungsinhibitoren" genannt.

Früher war auch dies ein Tummelplatz für die Chemiker. Heute verwendet man in der Regel einfache natürliche Zelluloseverbindungen. Diese sehr leichten, quellenden Partikel (kolloidale Lösung) ziehen den Schmutz an und verhindern so ein Zurückfallen auf das Gewebe. Die Zellulose, die wir in unserem Baukasten verwenden, ist eine sogenannte *Carboxymethyl-Cellulose*. Sie ist absolut ungiftig, wird häufig sogar u. a. als Ballaststoff zum Stabilisieren und Binden von Lebensmitteln verwendet.

Verfärbung – wie läßt sie sich verhindern?

Die Hobbythek hat schon sehr früh Substanzen eingesetzt, welche das Verfärben von Buntwäsche zumindest erheblich vermindern. Wir waren praktisch die ersten, und nicht umsonst hat die Stiftung Warentest den Hobbythek-Waschbaukasten als in dieser Hinsicht absolut bestes Waschmittel ausgewiesen.

Verfärbungen können natürlich nur von Stoffen ausgehen, die nicht farbecht sind. Dies ist meist bei natürlichen Fasern der Fall. Synthetische Gewebe sind in dieser Hinsicht pflegeleichter, weil sie so gut wie keine Farbe von anderen Wäschestücken annehmen (mit Ausnahme von Polyamid). Wir haben

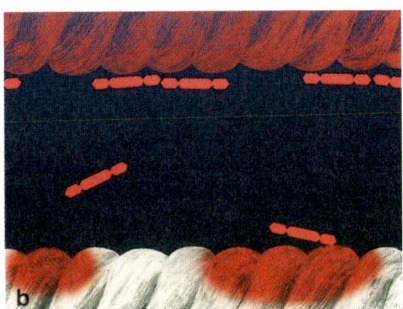

Abb. 32: Die Wirkung von Probunt: *a)* Auf farbigem Gewebe sitzen Farbstoffmoleküle (rot). *b)* Während des Waschprozesses können sich diese lösen und sich auf anderen Geweben (weiß) festsetzen, wodurch sich häßliche Verfärbungen ergeben. *c)* Durch den in Probunt enthaltenen Verfärbungsschutzstoff (gelb) werden die Farbstoffmoleküle gebunden und festgehalten.

von Anfang an ein wasserlösliches Harz, das sogenannte *Polyvinylpyrrolidon (PVP)* eingesetzt, das nicht nur in der Kosmetik als Haarspray Verwendung findet, sondern früher sogar bei hohem Blutverlust als kurzfristiger Blutersatzstoff eingesetzt worden ist.

PVP – wir nennen es **Probunt** – ist also eine echte Innovation auf dem Waschmittelmarkt. Es trägt unter anderem zur Ökologie bei, weil damit sogar Bunt- und Weißwäsche gemeinsam gewaschen werden können. Und zwar selbst dann, wenn sich darunter einmal ein nicht ganz farbechtes Wäscheteil befinden sollte. Bei ausfärbender Buntwäsche müssen Sie also einen speziellen Waschgang für die Buntwäsche mit Probunt einlegen. Außerdem haben Sie dann den Vorteil, daß auch Buntwäsche untereinander nicht so stark verläuft. Probunt wird als sich sprudend lösende Tablette angeboten (0,8 g PVP pro Tablette).

Frischer Duft in die Wäsche

Herkömmliche Universalwaschmittel enthalten in der Regel Duftstoffe in großen Mengen, um den etwas unangenehmen Laugengeruch zu überdecken. Da Menschen auch nach dem Duft kaufen, ist dies ein wichtiges Identitätsmerkmal von so manchem Waschmittel. Leider greifen die meisten Waschmittelproduzenten etwas zu kräftig in die künstliche Duftkiste. Außerdem ist zu fragen, ob es sinnvoll ist, den Hauptwaschgang zu parfümieren, da dieses Wasser ja ohnehin in der Kanalisation landet. Deshalb haben wir die Beduftung erst im abschließenden Spülgang vorgesehen. Das spart in jedem Fall Rohstoffe und hat einen besseren Effekt.

Garantiert hygienisch

Es war schon bei unserem ersten Waschmittelbaukasten unser erklärtes Ziel, daß Sie keinerlei Abstriche bei der Sauberkeit und vor allem bei der Hygiene Ihrer Wäsche machen müssen. Im Hinblick auf Hygiene meinen viele Menschen, sie müßten ihre Wäsche kochen. Das ist heutzutage nicht mehr nötig. Bereits ab 70 °C werden fast alle Krankheitskeime abgetötet, ja schon bei 40 bis 60 °C Wäsche wird die Mehrzahl der Bakterien beseitigt.

Außerdem ist nicht jeder Keim krankheitserregend, und zwischen den Familienmitgliedern besteht ohnehin ein intensiver Keimaustausch, so daß Sie an diese gemeinsame Keimflora angepaßt sind. Sie können also getrost und ohne Risiko Taschentücher, Handtücher, Bettwäsche, aber auch Unterwäsche bei Temperaturen von nur bei 40 bis 60 °C waschen, selbst dann, wenn jemand in der Familie Schnupfen oder Grippe hat. Die Viren, die diese Krankheiten verursachen, sind sehr wärmeempfindlich und überstehen außerdem den geballten Angriff der Tenside und Enzyme nicht.

Stark desinfizierend wirkt, wie gesagt, außerdem unser Proweiß, stärker noch Proweiß super, und zwar durch die Einwirkung des Sauerstoffs (vgl. *Seite 36*).

Anders ist es in Großwäschereien, in denen mit kontinuierlich arbeitenden Waschmaschinen gewaschen wird. Da große Mengen Wäsche aus unterschiedlichen Haushalten durchgeschleust werden, müssen ganz andere Hygienemaßnahmen ergriffen werden. Dazu gehört die Anwendung von chemischen Desinfektionsmitteln.

Falls Sie allerdings meinen, Ihre Wäsche käme aus der chemischen Reinigung keimfrei oder zumindest keimarm zurück, dann haben Sie sich geirrt. „Die übliche gewerbliche Chemiereinigung mit dem fragwürdigen Lösungsmittel Perchlorethylen (kurz Per genannt) und mit Reinigungsverstärkern führt nicht zur Desinfektion, sondern vielmehr zu der Verteilung der Keime auf das gesamte Reinigungsgut, das zudem von verschiedenen Personen stammt." Dieses Zitat stammt aus einer wissenschaftlichen Abhandlung zum Thema Hygiene, die von L. Grün vom Institut der Hygiene, Universität Düsseldorf vorgelegt wurde. Zu diesem Thema liegen auch noch andere wissenschaftliche Arbeiten vor.

Woraus bestehen Textilien und wie werden sie richtig behandelt?

Die Kennzeichnung der Textilien

Seit 1972 gibt es das Textilkennzeichnungsgesetz – kurz TKG genannt. Durch das TKG sind die Textilhersteller verpflichtet, dem Verbraucher die verarbeiteten Textilfasern in ihren Prozentanteilen zu nennen. Die Kennzeichnungspflicht gilt auch für aus dem Ausland eingeführte Textilien.

Die Kennzeichnung muß auf eingenähten Schildchen vermerkt sein.

Da steht z. B. in einem Lodenmantel ein Schild mit dem Hinweis „Oberstoff Schurwolle, Futterstoff Viskose". Stünde

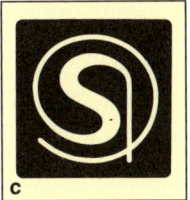

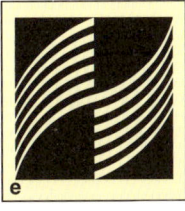

Abb. 33: Anhand dieser Zeichen können sie erkennen, aus welchen Fasern Ihre Kleidungsstücke bestehen: *a)* Leinen; *b)* Schurwolle, *c)* Seide, *d)* Baumwolle und *e)* Chemiefasern.

dort nur „Wolle", so kann auch Reißwolle verarbeitet sein. Die Bezeichnung „Schurwolle" garantiert, daß es sich um geschorene Wolle vom Schaf handelt. Sie darf aber auch bei Mischungen mit feinen Tierhaaren, z.B. „Alpaka" und „Lama", verwendet werden.

Der Futterstoff besteht im angeführten Beispiel aus „Viskose", einer Chemiefaser, die aus Holzzellstoff hergestellt worden ist. Die glatten, seidenähnlichen Viskosefäden eignen sich besonders gut für Futterstoffe.

Die Bezeichnung „Schurwolle" wird auch in Verbindung mit dem Wollsiegel verwendet. Das Wollsiegel wird vom internationalen Wollsekretariat (IWS) herausgegeben. Stoffe mit diesem Qualitätssiegel sind beim IWS geprüft worden.

Die Bezeichnung „Seide" und das Zeichen für Seide dürfen nur bei der Verwendung von Fasern, die von Seidenspinnerraupen stammen, gebraucht werden. Beim Übergang vom Raupenstadium zur Verpuppung spinnen sich die Raupen des Seidenspinners in eiförmige Kokons ein. Sie tun dies mit in Spinndrüsen erzeugten Seidenfäden, die miteinander verklebt sind. Der Seidenleim, auch Bast genannt, wird vor der Verarbeitung entfernt.

Nur wenn das mit „Seide" ausgezeichnete Textilteil aus solchen Fasern besteht, ist die Bezeichnung korrekt. Auch Wortverbindungen wie „Seidengriff", „Seidenglanz" usw. sind als Produktbezeichnung oder in der Werbung nur dann erlaubt, wenn ausschließlich Seide vorliegt.

Neben der gezüchteten oder realen „Seide" gibt es auch Wildseiden. Diese Seidenfäden stammen von den Kokons wildlebender Seidenraupen. Die Fäden von Wildseiden haben meist ein bräunliches Aussehen. Da die wildlebenden Schmetterlinge meist vor dem Einsammeln aus den Kokons ausschlüpfen, sind die endlos gesponne-

nen Kokonfäden an der Durchbruchstelle zerstört, so daß im Gegensatz zur echten Seide keine endlosen Fäden, sondern nur Seidenfadenstücke gewonnen werden können. Diese Seide wird ohne Entfernung des Seidenleims verarbeitet, die gesponnenen Fäden zeigen typische Unregelmäßigkeiten. Die Stoffe, die daraus hergestellt werden, tragen Bezeichnungen wie „Honan" oder „Shantung".

Auf Feldern angebaute Fasern wie Baumwolle, Flachs oder Leinen und Hanf, werden ebenfalls mit dem Fasernamen bezeichnet. Für Baumwolle gibt es als Symbol eine stilisierte Baumwollkapsel.

Bei Geweben aus Leinen werden für „Reinleinen" und „Halbleinen" Markenzeichen verwendet, für die entsprechende Güterichtlinien gelten. So liegt z.B. ein Halbleinengewebe vor, wenn die Kettfäden aus reiner Baumwolle und die Schußfäden aus reinem Leinen sind. Der Gewichtsanteil an Leinen muß mindestens 40% betragen.

Bei synthetischen Chemiefasern darf der früher übliche Sammelbegriff „Syntetics" nicht mehr gebraucht werden. Heute werden Gruppennamen der Fasern angegeben, wie Polyamid, Polyacryl, Polyester oder Polyurethan. Anstelle von Polyamid kann auch die Bezeichnung Nylon stehen.

Zu den zellulosischen Chemiefasern zählen z.B. Viskose oder Acetat. Es gibt viele Fasertypen, die in diese Gruppe gehören. Gemeinsam ist allen, daß sie aus Zellulose (Holz- oder Faserzellulose) hergestellt werden.

Bei Chemiefasern sind zusätzliche Angaben von Markennamen in der Nähe der Rohstoffbezeichnung zulässig. Die Chemiefaserhersteller Westeuropas haben sich 1982 entschlossen, mit einem einheitlichen Signet mit dem Oberbegriff „Chemiefaser" zu werben. Die Anteilangaben an Faserstoffen werden in Prozent vorgenommen, und zwar in absteigender Reihenfolge. So kann ein Kleiderstoff aus

60% Baumwolle
25% Polyester
15% Seide bestehen.

Faseranteile, die unter 10% Gewichtsanteil liegen, dürfen als „sonstige Fasern" bezeichnet werden. Allerdings ist dann der Gesamtgewichtsanteil dieser Fasern anzugeben. Besteht z.B. ein Erzeugnis aus 72% Baumwolle, 7% Polyester, 7% Polyacryl, 7% Viskose und 7% Acetat, so lautet die Kennzeichnung

72% Baumwolle
28% sonstige Fasern.

Als Verbraucher kann man durch das Textilkennzeichnungsgesetz einiges über die verarbeiteten Fasern erfahren. Nichts jedoch über die Faserveredlung – auch Ausrüstung genannt – oder die Gebrauchstauglichkeit von Färbungen und Textildrucken. Welche Probleme in diesem Zusammenhang auftauchen, werden wir bei den Ausführungen zum Waschverhalten und zur Fleckentfernung noch sehen.

Die Kennzeichnung der richtigen Pflege

Die Angaben zur Pflegeanleitung von Textilerzeugnissen sind durch freiwillige internationale Vereinbarungen geregelt. Die Verbraucher werden durch Symbole mit den richtigen Pflegebehandlungen vertraut gemacht.

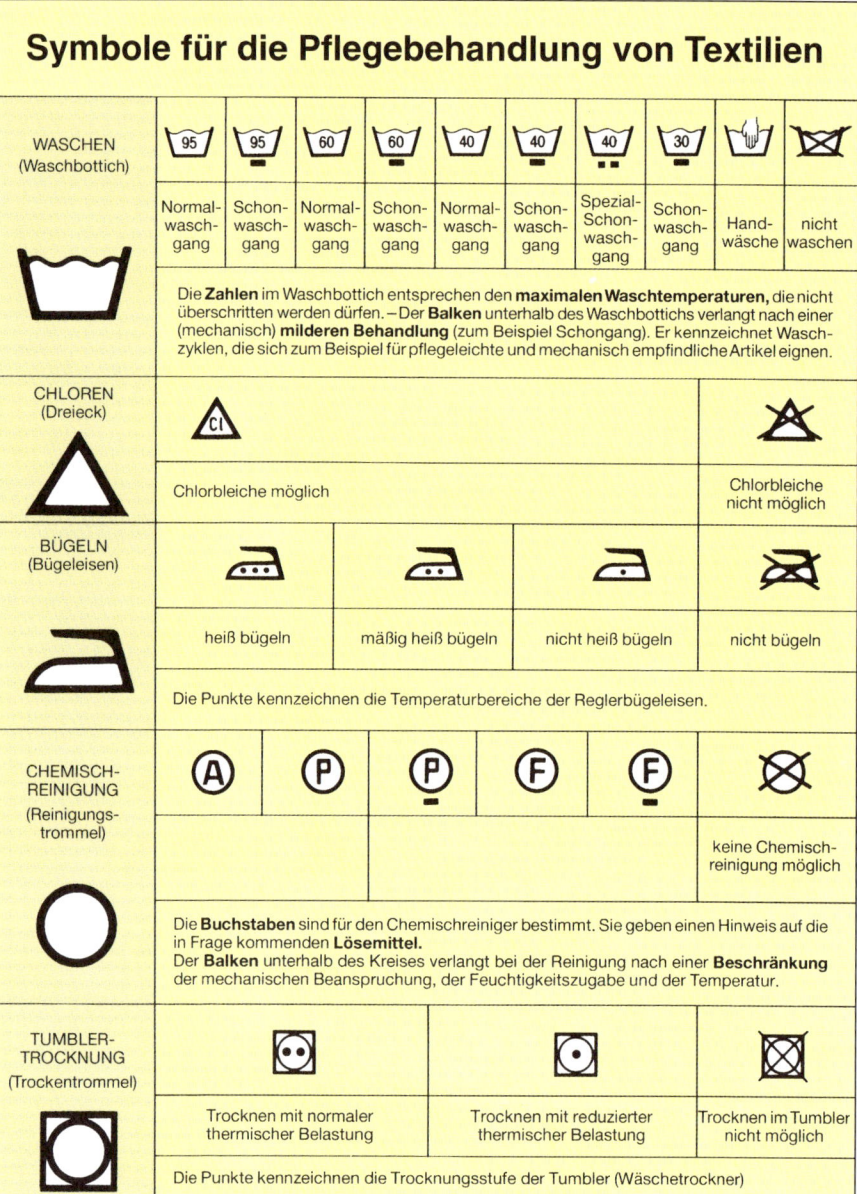

Abb. 34: International vereinbarte Pflegekennzeichen für Textilien.

Die Pflegehinweise umfassen das Waschen (Waschbottich), Chloren (Dreieck), Bügeln (Bügeleisen), Chemisch reinigen (Reinigungstrommel), Trocknen im Wäschetrockner (Trockentrommel).

Manchmal sind die Pflegehinweise der Textilindustrie übertrieben textilschonend angegeben. Zu milde Behandlung beim Waschen kann aber ungenügende Schmutzentfernung bedeuten, d. h. Flecke und Schmutzränder verschwinden nicht. Das gilt besonders für Unterwäsche.

Bei Reklamationen von Textilschäden sind die Pflegesymbole oft hilfreich. Deshalb sollten Sie Pflegesymbole nicht aus den Textilien entfernen. Wenn beispielsweise Waschen bei 40°C erlaubt ist und dabei die Farben ausbluten, so ist dies ein Herstellungsfehler und somit eine berechtigte Reklamation.

Zu den einzelnen Pflegebehandlungen gibt es für den praktischen Gebrauch folgendes anzumerken:

Waschen

Im Waschbottichsymbol sind die maximalen Waschtemperaturen in Grad Celsius angegeben, die nicht überschritten werden dürfen. Unter dem Waschbottich können sich in Form eines durchgehenden Balkens bzw. eines unterbrochenen Balkens Hinweise auf schonende Waschbehandlungen befinden. Dabei bedeutet der durchgezogene Balken „Spezialschonwaschgang" mit reduzierter Mechanik, der unterbrochene Balken weist auf einen Spezialschonwaschgang mit „noch weitergehend reduzierter Mechanik", z. B. für Wolltextilien hin.

Der Waschbottich mit eingetauchter Hand bedeutet Handwäsche. Ist der Waschbottich durchkreuzt, so bedeutet dies „nicht waschen". In so einem Fall ist jede Art des Waschens verboten.

Einige allgemeine Hinweise zum Thema „Waschen"

- Wäsche nicht zu stark verschmutzen lassen.
- Intensiv verfleckte Teile vorbehandeln (Bawa oder Biozym F).
- Schmutzige Wäsche luftig/trocken und nicht gepreßt lagern.
- Nach den Behandlungssymbolen sortieren.
- Farbige neue Textilien bei den ersten Wäschen separat und zügig waschen (Bawa und Probunt einsetzen).
- Waschmittel nach Dosieranleitung benutzen (vgl. *Seite 68 ff.*).
- Bei pflegeleichter Wäsche entsprechendes Schonwaschprogramm verwenden, Wäschebeladung wegen Knittergefahr verringern, aus demselben Grunde Vorsicht beim Schleudern.
- Nur filzarme Wollteile im Wollwaschprogramm der Maschine waschen.
- Woll- und Seidenwäsche von Hand zügig durchwaschen. Beim Waschen und Spülen nicht reiben und drücken, Entwässern durch vorsichtiges Ausdrücken sowie Ein- und Ausrollen in Frottiertüchern oder kurzes Anschleudern.
- Vorsicht beim Waschen mit der Hand. Sofern Sie Ihre Waschlauge mit einem Universalwaschpulver zubereiten, bedenken Sie, daß darin sowohl Enzyme als auch Bleichmittel enthalten sind, die die Haut angreifen können. Das gilt auch für

Laugen, in denen Sie unsere Zusätze Biozym F und Biozym SE und Proweiß verwenden. Handwäsche bedeutet daher immer: Gummihandschuhe anziehen! Dies gilt nicht unbedingt, wenn Sie mit den anderen Komponenten unseres Waschmittelbaukastens die Lauge zubereiten, z. B. mit Bawa, Probunt, Prosyn und Parfüm. Diese Substanzen sind relativ hautschonend.

- Wäsche nicht feucht liegenlassen, sofort zum Trocknen auslegen oder aufhängen.
- Bei bunter Wäsche hell- und dunkelfarbige Teile nach Farben sortieren, neue dunkelbunte Wäsche separat waschen (Bawa, Probunt).
- Besondere Hinweise der Textilhersteller und der Waschmaschinenhersteller beachten.
- Blusen, Pullover oder Westen mit empfindlichen Stickereien, Pailletten- und Perlenverzierungen, Applikationen usw. beim Waschen auf links drehen.

Chloren

Bei einem mit „Cl" im Dreieck ausgezeichneten Wäschestück ist eine kalte Chlorbleiche möglich. In Deutschland ist das Bleichen mit chlorhaltigen Mitteln allerdings nicht mehr üblich. Dagegen wird in Frankreich, Spanien und Amerika die Chlorbleiche heute noch eingesetzt. Eine Chlorbleiche ist eine sehr aggressive Bleiche, die der Beseitigung von farbigen Flecken dient. Selbstverständlich haben wir von der Hobbythek uns von Anbeginn von der Chlorchemie im allgemeinen, besonders aber im Haushalt verabschiedet. Trotzdem gibt's beim Waschen kein Problem:

Wäscheteile, die das Zeichen „Chlorbleiche möglich" haben, können ohne Abstriche mit Proweiß super gebleicht werden. Proweiß super entfernt bei 40 bis 60°C Flecke von Tee, Kaffee, Wein, Fruchtsäften, Schweiß, Urin und andere Flecke, die natürliche Farbstoffe enthalten.

„Chloren verboten!" (Das Symbol ist durchgestrichen.) Hier ist Chlorbleiche verboten.

Bügeln

Die Punkte im Bügeleisen kennzeichnen drei unterschiedliche Temperaturbereiche:

- **Heißbügeln** (Symbol mit 3 Punkten): Baumwolle, Leinen, Hanf.
  Derartige Wäschestücke sollten Sie feucht eingesprengt bügeln, empfindliche Teile mit feuchtem Zwischentuch dämpfen. Bei erhabenen Verzierungen, Applikationen u.ä. „von links" auf weicher Unterlage bügeln. Bügeln mit Dampfbügeleisen ist möglich.
- **Mäßig heiß bügeln** (Symbol mit 2 Punkten): Wolle, Seide, Polyester, Viskose.
  Unter feuchtem Zwischentuch dämpfen. Bügeln mit Dampfbügeleisen möglich. Teile vor dem Bügeln in Form ziehen. Empfindliches „von links" bügeln.
- **Nicht heiß bügeln** (Symbol mit 1 Punkt): Polyacryl, Polyamid, Acetat.
  Empfindliche Artikel mit trockenem Zwischentuch oder „von links" bügeln. Nicht mit Dampf bügeln.
- **Nicht bügeln!** (Symbol ist durchgestrichen.)
  So gekennzeichnete Textilien dürfen auf keinen Fall gebügelt werden.

Chemische Reinigung ◯

Das Kreissymbol, Stilisierung einer Reinigungstrommel, ist für Reinigungsfirmen bzw. den Textilreiniger bestimmt. Es zeigt an, ob eine chemische Reinigung möglich ist und mit welchen Lösungsmitteln gearbeitet werden darf.

A bedeutet: Alle für die chemische Reinigung üblichen Lösungsmittel. Handelsübliche Fleckentfernungsmittel auf Lösungsmittelbasis können verwendet werden. Für die Freunde der Hobbythek, die Flecke aus Textilien nach unseren Rezepten entfernen wollen, heißt dies, daß die in Fleckenkategorie I (vgl. *Seite 116*) empfohlenen Produkte Isopropanol, Orafleck und Oranex HT ohne Einschränkungen verwendet werden dürfen.

P Perchlorethylen, Kohlenwasserstoffe (Schwerbenzine) können verwendet werden. Handelsübliche Fleckentfernungsmittel auf Lösungsmittelbasis können mit Einschränkung verwendet werden.

F Kohlenwasserstoffe (Schwerbenzine) können verwendet werden. Fleckentfernungsmittel auf Lösungsmittelbasis (im Haushaltsbereich) dürfen nicht verwendet werden.

X „Durchgestrichenes Symbol": keine chemische Reinigung möglich. Keine lösungsmittelhaltigen Fleckenfernungsmittel verwenden.

Für die Fleckentfernung im Haushalt ergeben sich daraus wichtige Hinweise auf die Lösungsmittelverträglichkeit der Textilien.

Zusammenfassung:

Bei **A** können handelsübliche Fleckentfernungsmittel auf Lösungsmittelbasis verwendet werden. Hier können Sie z.B. Fettflecke mit Isopropanol,

mit Orafleck oder Oranex HT behandeln.

Bei **P** sind bei handelsüblichen Fleckentfernungsmitteln auf Lösungsmittelbasis Einschränkungen gegeben. Die Saumprobe zeigt Ihnen, ob Sie Orafleck oder Oranex HT anwenden können (vgl. *Seite 55*).

Bei **F** dürfen Fleckentfernungsmittel auf Lösungsmittelbasis nicht verwendet werden, Schwerbenzine sind möglich.

Bei **durchgestrichenem Symbol** dürfen Sie keine Fleckentfernungsmittel, die Lösungsmittel sind oder Lösungsmittel enthalten, verwenden.

Haushaltwäschetrockner (Tumblertrocknung)

Die im Symbol für die Trockentrommel enthaltenen Punkte geben die Trockentemperatur und Trockenbedingungen an:

- Normale Trocknung (zwei Punkte): Trocknen im Wäschetrockner mit normaler Trockentemperatur möglich
- Schonende Trocknung (ein Punkt): Vorsicht beim Trocknen im Wäschetrockner, schonende Behandlungsart mit verminderter Temperatur wählen
- Nicht im Wäschetrockner trocknen (Trocknersymbol ist durchgestrichen): Benutzung des Trockners ist verboten.

Bitte beachten Sie: Die Pflegehinweise auf dem Etikett sind nur Hinweise. Eine entsprechend durchgeführte Pflegebehandlung bietet Gewähr, daß das Wäschestück keinen Schaden nimmt. Sie garantiert jedoch nicht, daß eine Verschmutzung auch wirklich behoben wird. Mildere Behandlungsarten und

Temperaturen als die in den Symbolen angegebenen sind jederzeit gestattet und wünschenswert.

Der Waschmittelbau-kasten der Hobbythek

Waschmittel flüssig oder in Pulverform?

Als wir von der Hobbythek vor über fünf Jahren den ersten professionellen Waschmittelbaukasten entwickelten, setzten wir nicht ohne Grund auf Flüssigkomponenten. Damals gab es in vielen Waschpulvern neben so manch überflüssiger und umweltbelastender Wirksubstanz sogenannte „Stellmittel", die für Volumen und Gewicht sorgen sollten, möglicherweise nur, damit das Waschmittel auch 'was hergab".

Die Waschmittelindustrie macht inzwischen eine Kehrtwendung und wirbt mit „Kompaktwaschmitteln", die angeblich schon wegen der hohen Konzentration umweltfreundlich sein sollen, d.h. weil sie weniger Verpackungsmaterialien benötigen. Dies ist aber eine sehr einseitige Betrachtungsweise, besonders was die Granulate und Megaperls betrifft, die derzeit „in" sind. Wenn durch hohes spezifisches Gewicht ein großer Teil des Mittels im Waschmaschinensumpf landet und ungenutzt abgepumpt wird (vgl. *Seite 12f.*), dann ist der Vorteil schnell dahin. Nicht zuletzt wegen dieser Gefahr wählten wir seinerzeit bei unserem Waschmittelbaukasten Flüssigkomponenten und haben mit ihm so manchen

Waschmittelprofi zum Nachdenken gebracht. Leider wurden aber damit niemals mehr als 1 bis 2 Prozent Marktanteil erreicht, trotz exzellenter Waschleistung und guter Urteilsnoten von der Stiftung Warentest, Ökotest usw. Natürlich mag das auch an der fehlenden Werbung liegen, aber die kann und will die Hobbythek nicht leisten. Wir wollen nur anregen und informieren. Wir verdienen an diesen Produkten keinen Pfennig. Deshalb stehen uns auch nicht die Milliardenbeträge für Werbezwecke zur Verfügung, die die Waschmittelmultis in die Vermarktung ihrer Produkte stecken.

Wir fragten uns, ob der Grund für den relativ geringen Marktanteil in der Umständlichkeit bei der Dosierung unserer Komponenten mit Meßbecher, klebrigen Substanzen usw. zu suchen sein könnte. Das Ergebnis dieser Überlegungen ist, daß wir uns nun schon seit längerer Zeit bemühen, unser Waschmittelbaukasten-System zu erweitern. Der Baukasten auf flüssiger Basis bleibt selbstverständlich erhalten: Er bekommt nur einen „großen Bruder".

Zunächst hatten wir versucht, die Zusatzkomponenten, also Biozyme, Probunt, Prosyn usw., in Tablettenform pressen zu lassen, die sich selbstsprudelnd auflösen. Dies ist uns auch hervorragend gelungen. Aber es erschien uns dann doch als ökologisch unvorteilhaft, denn die Tabletten hätten in Plastikröhrchen abgepackt werden müssen, da sie sehr feuchtigkeitsempfindlich sind. Wir hatten sogar schon ein Patent angemeldet.

Doch dann kam uns die zündende Idee: Warum die Komponenten nicht in Materialien verpacken, die sich beim Waschprozeß auflösen. Also gingen wir

auf die Suche nach geeigneten Substanzen, und siehe da, wir hatten Erfolg. Es gibt eine Folie, die sich tatsächlich in Wasser bzw. in der Waschlauge umgehend auflöst. Es handelt sich hier um eine dünne Folie aus umweltneutralem Polyvinylalkohol (PVA), der gleichzeitig – ähnlich wie in unserem Probunt das Polyvinylpyrrolidon (PVP) – eine gewisse waschunterstützende Komponente, insbesondere Vergrauungsschutz abgibt. PVA wird im übrigen im Abwasser sehr rasch in CO_2 und Wasser abgebaut.

Damit waren zwei Fliegen mit einer Klappe geschlagen. Sie können in Zukunft wohldosierte kleine Beutelchen mit den jeweiligen Komponenten bekommen, die Sie dann einfach, Ihrem Waschprogramm entsprechend, mit in die Waschmaschine hineingeben. Umständliches Dosieren und Hantieren mit kleinen Flüssigkeitsmengen ist damit nicht mehr nötig. Gleichzeitig reduziert sich die Gefahr, daß Ihre Hände z.B. mit Enzymen, in Berührung kommen. *Noch ein Hinweis*: Gegen Luftfeuchtigkeit ist die Folie der Beutelchen nicht empfindlich. Aber Sie sollten sie nicht mit feuchten Händen anfassen.

Auf den Beutelchen ist der Name des jeweiligen Produkts in unverwechselbarer Abkürzung aufgedruckt, so daß keinerlei Verwechslung möglich ist. Wir haben derzeit noch das kleine Problem, daß es zur Drucklegung dieses Buches noch nicht ganz sicher ist, ob es uns gelingt, das Bawa Pulver mit ähnlichen Tensiden zu bekommen wie Bawa flüssig. Aber für Sie ist es kein Problem. Sie können in jedem Fall, so wie bisher, mit Bawa flüssig arbeiten. Die Dosierung dieser relativ großen Menge stellt ja keine Mühe dar. Sobald die Versuche abgeschlossen sind, werden Sie auch Bawa in Pulverform bekommen und nach unseren Rezepten einsetzen können.

Wir hoffen, daß wir damit dem Waschmittelbaukasten der Hobbythek eine noch größere Beachtung als bisher verschaffen können. Unserer Umwelt zuliebe.

Mit unserem Waschmittelbaukasten wissen Sie immer genau über die Inhaltsstoffe Bescheid, die Sie verwenden. In einem üblichen Universalwaschmittel sind z.B. bis zu zwanzig Komponenten enthalten.

Sie finden zwar auf allen Waschmittelpaketen die sogenannte UBA-Nummer (vom Umweltbundesamt) – manchmal steht da sogar: „Zugelassen vom Umweltbundesamt". Doch solche Angaben täuschen den Verbraucher über den wahren Sinn und Zweck dieser UBA-Nummern. Sie sagen nichts über die Umweltverträglichkeit aus. Das Umweltbundesamt hat uns gebeten, Ihnen dies hier ausdrücklich mitzuteilen. Im Prinzip dienen diese Nummern nur dazu, dem Amt die Möglichkeit zu geben, nachzuvollziehen, welche Stoffe in welchen Mengen ins Abwasser gelangen. Wären die Rezepturen ordentlich auf den Packungen verzeichnet, bräuchte man diese Geheimniskrämerei nicht.

Selbstverständlich haben wir – allerdings diesmal für jeden Inhaltsstoff – eine UBA-Nummer bekommen. Die UBA-Nummern haben den Vorteil, daß sie allen Vergiftungszentralen in der Bundesrepublik zur Verfügung stehen, so daß im Falle einer Vergiftung durch ein Wasch- oder Reinigungsmittel bei diesen Zentralen telefonisch Rat eingeholt werden kann.

Abb. 35: Diese Gefahrensymbole können Sie auf manchen Putz- und Waschmittelpackungen finden: *links:* ätzend; *rechts:* reizend bzw. mindergiftig.

Achten Sie außerdem stets auf die auf den Packungen aufgedruckten Gefahrensymbole (vgl. *Abbildung 35*).

Die Bausteine und Inhaltsstoffe unseres Waschmittelbaukastens im einzelnen:

Wir haben hier einen ähnlichen Ansatz gewählt wie seinerzeit bei der „Kosmetik zum Selbermachen" oder bei unserem mittlerweile äußerst erfolgreichen „Parfümbaukasten".

Bei unserem neuen Waschmittelbaukasten haben wir einen Nachteil des ersten Baukastens korrigiert: die schwierige Dosierung.

Zunächst zu den einzelnen Bezeichnungen: Da haben wir uns an die bewährten Kennzeichnungen der Komponenten des alten Waschmittelbaukastens gehalten, die ich, Jean Pütz, seinerzeit formuliert hatte. Diese haben den Vorteil, daß Sie sie sehr leicht behalten und bereits am Namen erkennen können, welche Aufgaben die jeweilige Komponente erfüllt.

Mit Ausnahme des Bawa, des Proweiß und Probunt (Tabletten) haben wir beim neuen Baukasten alle Zutaten in kleine Beutelchen aus Polyvinylalkohol (PVA) genau dosiert verpackt. Sie brauchen in Zukunft also nur noch die kleinen Beutelchen aus einer speziellen verschließbaren Mehrwegverpackungsdose zu nehmen und je nach Wäschetyp in die Waschmaschine geben. Wie erste wissenschaftliche, ausführliche Wasch-Untersuchungen belegt haben, sind die Produkte des neuen Waschmittelbaukastens noch wirksamer und vor allem bequemer anzuwenden als unsere Flüssigkomponenten. Damit können Sie sich ganz vom sogenannten Vollwaschmittel der Industrie verabschieden. Am Aufdruck erkennen Sie den Inhalt. Wir haben unverwechselbare Kurzbezeichnungen gewählt, z.B. Pr-sy = Prosyn, Pr-bu = Probunt, Bio SE = Biozym SE.

Die Grundbausteine:
Das System ist denkbar einfach.
Durch Vorbehandlung von stärkeren Flecken mit Enzymen (**Biozym SE** und **Biozym F**) können Sie in jedem Fall auf Kochwäsche verzichten und 70 % Ihrer normalerweise anfallenden Wäsche bei 30 bis 40 °C waschen. Die bisherige Einteilung der Wäsche nach Temperaturbereichen sollten Sie (auch wenn sie noch auf Ihrer Waschmaschine vermerkt ist) am besten vergessen. Die höchste Temperatur, die Sie in Zukunft wählen müssen, sind 60 °C, und dies schont nicht nur Ihre Wäsche, sondern auch die Umwelt, denn Sie sparen viel Energie und natürlich auch Geld.
Empfehlung für empfindliche Textilien: Natürlich haben wir auch daran gedacht, daß gelegentlich einmal ein Pullover oder eine empfindliche Bluse von Hand gewaschen werden müssen. Dies ist sehr gut und ganz einfach mit unserem **Bawa flüssig** oder **Bawos** möglich.

Bawa (Basiswaschmittel)
Die moderne Technologie hat es möglich gemacht, daß wir für alle Wäschearten nur noch ein einziges Basiswaschmittel benötigen. Es baut, wie gesagt, vollständig auf nachwachsenden Rohstoffen auf – die meist aus der Dritten Welt stammen – insbesondere auf Kokosfett. Und dazu gibt es einiges zu sagen:

Faire Preise für umweltfreundliche Naturprodukte aus der Dritten Welt
Für die fettliebenden Bestandteile des Tensidmoleküls sorgt außerordentlich ergiebig die Kokospalme. In letzter Zeit hat es da aber Auseinandersetzungen gegeben, und zwar nachdem man darauf hingewiesen hat, daß die Menschen, die diese Kokospalmen in der Dritten Welt anbauen, dabei ausgebeutet würden. Die Hobbythek kann über solche Problemstellungen nicht hinwegsehen, im Gegenteil, wir haben uns immer darum bemüht, daß moderne Technologie nicht zusätzlich zur Ausbeutung von Menschen beiträgt. Leider werden die Preise für die Produkte der Dritten Welt meist auf dem Weltmarkt gestaltet, und jeder weiß, daß der nicht nach sozialen Kategorien funktioniert.
Vor zwei Jahren gab es von Kollegen eine ausführliche Fernsehsendung über das Thema, in der unter anderem auch dargestellt wurde, in welchem hohen Maße die Bauern ausgebeutet wurden. Das können wir nur bestätigen, allerdings meinen wir, daß dieser Beitrag doch sehr unsachlich und einseitig war, weil er sich lediglich auf das Beispiel der Kokosfettgewinnung konzentrierte, das zur Herstellung von Waschmitteln verwendet wird. Das sind aber bestenfalls 15 % der Kokosfettproduktion. Der Rest geht vorwiegend in die Margarineproduktion. Hätte man also hier diesen Menschen helfen wollen, dann wäre es wichtiger gewesen, man hätte vor allem die Margarineproduzenten an den Pranger gestellt.
So traf es nur die Hersteller von bestimmten Waschmitteln, die auf – ökologisch wünschenswerte – nachwachsende Rohstoffe setzten. Prompt gab es dann in diesem Konzern (Henkel) auch die Überlegung, doch lieber auf die sozial weniger brisanten Erdölfette auszuweichen, was aber zur Folge gehabt hätte, daß die Menschen auf den Philippinen, in Malaysia und in einigen afrikanischen Staaten mit einer erheblichen Umsatzeinbuße rechnen müßten. Damit würde man diese Menschen erst recht treffen.
Aus solchen Überlegungen heraus wollen wir von der Hobbythek versuchen, wie es uns schon mit dem Transfair-Kaffee (Kaffee Forestal), mit Nüssen (Macadamia und Cashew) und Trockenfrüchten gelungen ist, auch auf dem Sektor des Kokosfettes zu erreichen. Schön wäre es, wenn dann auch die Margarineproduzenten mitmachen würden. Wir bemühen uns jedenfalls, dem Verbraucher ein Produkt anzubieten, das durch einen etwas höheren Preis einen Mehrerlös bringt, mit dem diesen Menschen geholfen wird. Aber nicht durch Almosen, sondern durch gezielte Hilfe zur Selbsthilfe. Wir beabsichtigen in Verbindung mit dem Diakonischen Werk der evangelischen Kirche Westfalen und eventuell auch mit der Gesellschaft für technische Zusammenarbeit (GTZ) die einlaufenden Gelder folgendermaßen einzusetzen:
1. Ca. 60 % sollen den kleinen Kokos-Kooperativen und -Arbeitern unmittelbar zugute kommen, indem sie für ihr Produkt einen etwas höheren Preis bekommen.
2. 20 % sollen in die Entwicklung von zusätzlichen Waren aus der Kokospalme gehen, denn die Kokospalme ist wirklich eine Universalpflanze, aus der man Fasern, Kokosflocken und -milch,

Holz u.v.a. mehr gewinnen kann, und

3. sollen 20% in eine Art integrierten Pflanzenschutz gehen. Wir stellen uns das so vor, daß ein spezieller „Pflanzendoktor" von den Geldern eingestellt wird, der nur dann Pflanzenschutzmittel kostenlos oder erheblich verbilligt verteilt, wenn tatsächlich Gefahr durch bestimmte Insekten im Verzuge ist.

Bei Drucklegung dieses Buches war dieser Denkprozeß noch nicht ganz abgeschlossen. Aber wir hoffen, daß dies vielleicht sogar unter Mitwirkung von ganz bestimmten Waschmittelkonzernen zustande kommt und daß Sie, liebe Verbraucher, dies dadurch würdigen, daß Sie bereit sind, vielleicht zehn Pfennig mehr pro Waschgang für soziale Zwecke auszugeben. Dies wäre dann gleichzeitig eine Art Friedenssicherung, denn Kriege, die bei rücksichtsloser Ausbeutung der Natur und der Menschen auf lange Sicht unausweichlich sind, stellen alles in Frage, was wir moderne Menschen als Lebensqualität bezeichnen.

Jetzt zurück zu den einzelnen Bestandteilen im Bawa:

Bawa ist das erste Pulverwaschmittel mit einem Anteil von ca. 46% FAS und 10% APG (vgl. *Seite 29/33*). Es weist also eine sehr hochwertige Rezeptur auf. Das Pulvergerüst wird z.T. durch Wasserglas (ein lösliches Silikat) und Soda gebildet. Damit keine nachteiligen Umsetzungsprodukte mit der Wasserhärte auftreten, ist als ausfällungshemmende Verbindung das Ihnen bereits bekannte Polyacrylat (Softin) eingearbeitet.

Die Schaumsteuerung übernimmt eine geringe Menge Silicon/Paraffin-Schaumbremse. Damit Sie weiches Wasser zum Waschen bekommen, müssen Sie je nach Wasserhärte (ab Härtebereich III = 14–21°d) das Wasser mit dem löslichen Schichtsilikat SKS 6, enthalten in Waweich, enthärten. (Genaue Dosierungsanleitung s. *Seite 64.*) Waweich ist in PVA-Beutel abgepackt, was die Dosierung vereinfacht.

Der Aufbau von SKS 6 ist auf *Seite 35* beschrieben und aus *Abbildung* 28 ersichtlich.

Die Dosierung von Bawa Pulver bei normal verschmutzter Wäsche liegt bei 40 g pro Waschmaschinenfüllung. Das Schüttgewicht, d.h. das Gewicht pro Liter von Bawa, liegt bei ca. 500 g. Eine Waschmaschinenfüllung à 4 kg benötigt also ca. 80 ml = 40 g Bawa Pulver aus dem Meßbecher.

Bawa flüssig besteht aus drei Komponenten: aus dem Tensid, aus einem Schaumbremser und aus dem bereits erwähnten **Softin**.

Chemisch gesehen ist Softin ein Polymer, und zwar ein Polyacrylat, das sparsam eingesetzt werden kann und maximal bis zu 0,5% in der Endrezeptur des Bawa ausmacht.

Softin sorgt dafür, daß sich die Schmutzpartikel, die mit Hilfe des Tensids von der Faser abgelöst worden sind, nicht wieder auf die Textilien niederschlagen können. Außerdem bewirkt es, daß Wäsche aus Naturfasern nicht so schnell vergraut.

Als Schaumbremse haben wir eine Substanz mit Namen **Schaumex** in Bawa verwendet. Es besteht aus der Emulsion eines Silikonöls.

Entscheidend wird Bawa aber durch das Tensid geprägt, und da haben

wir als erste auf dem Waschmittelmarkt ausschließlich Tenside eingesetzt, die auf der Basis eines sogenannten FAS, eines Fettalkoholsulfats und eines Alkylpolyglukosids APG aufbauen. Sie werden ausschließlich aus nachwachsenden Rohstoffen hergestellt.

Aber dies ist nicht ihr einziger Vorteil. Sie sind auch sehr effizient, so daß der Rohstoffeinsatz relativ gering ist, und gleichzeitig bauen sie sich in kürzester Zeit ab.

Sowohl das APG (ein Stärke- bzw. Zuckertensid) als auch das FAS (Fettalkoholsulfat) besitzen wohl die beste Ökobilanz, die man sich für ein Tensid wünschen kann. Weil sie aus reiner Biomasse mit Hilfe von Pflanzen erzeugt werden, erhält auch der Treibhauseffekt der Erdatmosphäre keine zusätzliche Belastung, was bei der Verwendung von Tensiden, die aus Erdöl gewonnen werden, nicht der Fall ist. Beim Abbau von 1 kg reinem Waschtensid (aus Erdöl oder nachwachsenden Rohstoffen) entstehen immerhin 3 kg Kohlenstoffdioxid, ein Ballon mit einem Inhalt von 1500 Litern! Zwar entsteht auch beim Abbau unserer Tenside Kohlendioxid, aber dieses wurde von den Pflanzen während des Wachstumsprozesses vollständig der Atmosphäre entzogen, denn die Pflanzen holen sich das Kohlendioxid aus der Luft, und in Verbindung mit dem Wasser, das sie dem Boden entziehen, bauen sie daraus letztlich ihre pflanzliche Substanz auf. Die Pflanze ist sozusagen die ideale natürliche Recyclingmaschine zum Aufbau von Biomasse und Abbau von Kohlendioxid. Dies nutzen wir beim APG und FAS.

Symbiose von Natur und High-Tech: APG und FAS

Aus Kokosfett wird sowohl beim FAS als auch beim APG der fettliebende Teil des Tensidmoleküls gewonnen. Bleibt die wasserliebende Komponente. Den Chemikern gelang beim APG, diese aus Stärke bzw. Zucker zu synthetisieren; eine Sensation, denn APG-Moleküle bauen sich absolut rückstandsfrei ab, und das sowohl unter Einfluß von Sauerstoff als auch unter Sauerstoffausschluß.

Bisherige Tenside bringen es laut gesetzlicher Vorschrift häufig nur auf Abbauraten bis zu 80%, während unsere Tenside zu 100% verschwinden. Dieses Verschwinden ist buchstäblich gemeint, denn im Prinzip bleiben nur Kohlendioxid und Wasser übrig. Dabei entstehen keinerlei giftige oder problematische Zwischenprodukte.

Das gilt übrigens auch für die andere Komponente, das FAS. Allerdings bleiben hier geringe Mengen von Natriumsulfatsalzen übrig. Aber dafür besitzt es eine ausgesprochen hohe Waschkraft. Sie ist übrigens entscheidend höher als bei dem bisher am meisten in Pulverwaschmitteln eingesetzten Tensid mit der chemischen Bezeichnung LAS (Lineares Alkylbenzolsulfonat). Im Klartext heißt das, daß die nötige Biomasse geringer ist als die vergleichbare Erdölmasse. Außerdem ist es mindestens doppelt so effektiv wie die von einigen unwissenden Umweltschützern so hochgelobte Kern- und Schmierseife.

Hinzu kommt noch, daß beide Tenside praktisch wasserhärteunabhängig sind. Wir benötigen also weder Wasserenthärter wie Phosphate noch Mittel, die diese ersetzen. Auch da sind mitt-

lerweile z.B. Substanzen wie das EDTA ins Gerede gekommen. Lediglich das zur Pulverherstellung notwendige Wasserglas und Soda reagieren mit der Wasserhärte und daher brauchen wir beim Bawapulver Polyacrylat und SKS 6 als Wasserenthärter.

Ein weiterer Vorteil des Bawa besteht darin, daß es auch in der flüssigen Form nicht mit einem künstlichen Konservierungsmittel versetzt ist.

Bawos

Dieses besonders milde Wollwaschmittel besteht aus einem Kokosfettalkoholethoxilat (FAEO), das aus dem nachwachsenden Rohstoff Kokosfett und einem Grundbaustein des Erdgases, dem Ethen bzw. dem Ethenoxid, hergestellt wird. Es gehört zu den gut ab-

baubaren Tensiden und wird von der Wasserhärte nicht beeinflußt. Dieses schonende Wollwaschmittel eignet sich für leicht und normal verschmutzte Wäsche. Neu ist, daß es 10% eines Kationtensids enthält, und zwar das auch als Weichspüler verwendete, gut abbaubare Esterquat. Dieser Zusatz ergibt Weichwirkung und antistatische Präparation schon beim Waschen. Vorteile, die Sie beim Waschen von Textilien aus Synthesefasern und solchen mit Faservliesen und Daunenfüllung ausnützen können.

Biozym SE – das Enzympräparat zum Stärke- und Eiweißabbau

Dies ist unser wichtigstes Enzympräparat. *S* deutet darauf hin, daß es Stärke abbaut, und *E*, daß zusätzlich Eiweiß

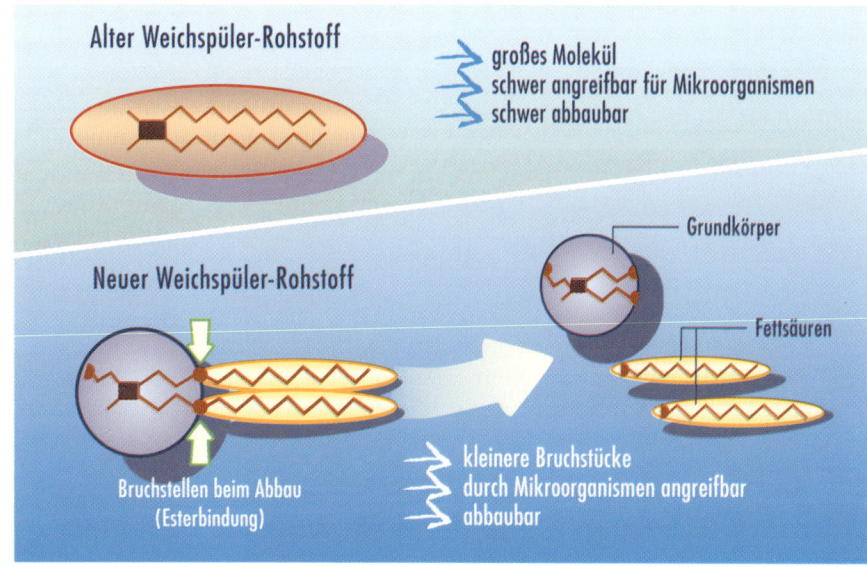

Abb. 36: Der neue Weichspüler-Rohstoff der Hobbythek (Esterquat) ist im Abwasser sehr viel leichter abbaubar als die meisten üblichen Weichspüler-Rohstoffe.

angegriffen wird. Die Enzyme, die wir in diesem Mittel verwenden, sind aus herkömmlichen Mikroorganismen gewonnen worden.

Die größte Wirksamkeit erzielt Biozym SE in leicht alkalischem Wasser bei einem pH-Wert von 9–10 und einer Temperatur von 40 bis 50 °C. Das Bawa Pulver ist darauf eingestellt, daß dieser pH-Wert erreicht wird. Ein paar Stunden Einweichen in kaltem Wasser mit Bawa- und Biozymzusatz sind genauso wirkungsvoll wie 20 Minuten bei 55 °C.

Biozym SE erhalten Sie flüssig und in selbstauflösenden PVA-Beutelchen. In letzteren befinden sich die aktiven Enzyme als kleine Kügelchen (Prills) im Verhältnis 1:1 (eiweiß- und stärkeabbauende Enzyme).

Biozym F – dem Fettfleck keine Chance

Das *F* deutet darauf hin, daß das Enzym Fettflecke beseitigen hilft. Da wir in unserem Waschmittelsystem mit Bawa bereits eine Sustanz haben, die sehr gut Fett löst, brauchen wir dieses Enzym nur in Ausnahmen. Aber zur Wäschevorbehandlung ist Biozym F besonders gut geeignet, insbesondere bei Synthesefasern, denn gerade in Synthesefasern hält sich Fett oft sehr hartnäckig, weil eine gewisse Verwandtschaft zwischen Fettmolekülen und den künstlichen Synthesefasern besteht. Auch Flecken wie Lippenstift und Schuhcreme sind durch eine Vorbehandlung mit Biozym F gut beizukommen. Gegen Motoröl ist es allerdings nicht wirksam, weil Mineralöl kein „biologisches Öl" ist.

Wie schon auf *Seite 37* erwähnt, werden die aktiven Bestandteile des Biozym F mit gentechnisch veränderten Mikroorganismen hergestellt, das Enzym selbst aber kommt in der gleichen Form auch in der Natur vor. Biozym F gibt es in flüssiger Form und in PVA-Beutelchen. Wir haben es bewußt als Einzelsubstanz gelassen, weil sonst seine Fettlösekraft bei Wolle und Seide nicht verwendet werden könnte – beide Stoffe bestehen ja aus Eiweißbausteinen, die von Biozym SE angegriffen werden könnten, nicht jedoch von Biozym F. Die starke fettlösende Eigenschaft ist also ohne Bedenken auch bei diesen Textilien zu nutzen.

Cot'nueva

Auch hier handelt es sich um ein Enzym. Es kann Zellulose abbauen. Cot'nueva ist ein wahrer Jungbrunnen für alle strapazierten Wäschestücke aus Baumwolle (siehe *Seite 66f.*). Beim langen Gebrauch spleißen sich die Fasern der Baumwolle immer mehr auf, und die Fasern bekommen „Härchen". Dadurch wird die Stoffstruktur stumpf und die Farben leuchten nicht mehr. Cot'nueva beseitigt diese feinen Härchen, während die eigentlichen Zellulosefasern (Baumwolle, Leinen) nicht angegriffen werden. Der Erfolg stellt sich langsam nach mehreren Wäschen

Abb. 37:   Das in Cot'nueva enthaltene Enzym Cellulase beseitigt die durch das Tragen entstandenen aufgesplissenen Fasern bei Baumwolle, Leinen, Viskose usw. *Links:* Wäschestück vor und *rechts:* nach der Behandlung mit Cot'nueva.

ein. Die Farben werden klarer und die Flusen und Noppen weniger.

Dieses Enzym ist absolut unschädlich für den Menschen, da unser Körper keinerlei Zellulosebestandteile enthält. Cot'nueva ist eine Kur für die Baumwollkleidung. Bei 40°C wird gewaschen. Allerdings können Sie damit keine dünn gewordenen oder abgewetzten Stellen reparieren. Zaubern geht also nicht.

Cot'nueva gibt's lose und in PVA-Beutelchen verpackt.

Alle Enzympräparate gibt es in den schon beschriebenen selbstauflösenden Beutelchen aus einem speziellen Kunststoff, sie kommen also nicht mit der Haut in Berührung. Biozym SE und F werden zusätzlich auch noch als Flüssigkeit angeboten, damit Sie es besser auf besonders verschmutzte Stellen wie Kragen oder Bündchen und auf Flecke auftragen können.

Probunt

Dieser Zusatzstoff soll das Abfärben von Buntwäsche vermindern oder vermeiden helfen und wird flüssig und als Tablette angeboten. Es ist wie schon auf *Seite 39f.* erwähnt das Polyvinylpyrrolidon (PVP).

Leider gibt es bei Importware Textilien, die man als Textilfarben verwenden könnte, so stark färben sie ab. Der Farbstoff ist dabei kaum an die Faser gebunden, so daß das beste Mittel nicht gegen Verfärben helfen kann. Deshalb machen Sie uns bitte nicht verantwortlich, wenn einmal etwas danebengehen sollte.

PVP-Pulver ist als Tablette verpackt (ca. 0,8 g pro Tablette), ausreichend für 20 Liter Waschlauge = 1 Waschmaschinenfüllung. Höhere Dosierung

schadet nicht und ist bei stark abfärbenden Stoffen sogar notwendig.

Prosyn

Dieses Mittel ist eine Pflegekomponente für synthetische Fasern. Synthetische Fasern – oft in Mischungen mit Baumwolle – haben mitunter die Eigenschaft, merklich zu vergilben. Da hilft kein Bleichen und Aufhellen. Deshalb ist es sehr wichtig, die Fasern von Anfang an bestmöglich zu schützen. Dazu ist Prosyn besonders geeignet. Als wir es seinerzeit einführten, war es ein völlig neues Mittel, das noch nicht in gängigen Waschmitteln zu finden war.

Prosyn besteht im wesentlichen aus einem nichtionischen Tensid, das in der Waschlauge die Synthesefasern mit einer dünnen Schutzschicht überzieht. Weil Prosyn gleichzeitig auch Emulgatoreigenschaften besitzt, bewirkt es zusätzlich, daß zukünftiger Schmutz nicht so fest an der Faser haften kann. Es beugt also gleichzeitig vor. Leider entfaltet es diese Wirkungen nicht auf Naturtextilien. (Für die Fachleute: Es ist ein nichtionisches Polykondensat, das aus verschiedenen fettlöslichen Fettalkoholen besteht, die entlang einer wasserlöslichen Polyglykolkette angeordnet sind.) Es ist in den löslichen PVA-Beutelchen verpackt (ein Beutel enthält ca. 1,2 g und reicht für eine Waschmaschinenfüllung).

Proweiß und Proweiß super

Proweiß ist ein Bleichmittel, das aus einem Gemisch von Natriumperkarbonat und einem Schichtsilikat (SKS6) besteht. Wie bereits beschrieben, wird der Sauerstoff aus der Substanz erst dann freigesetzt, wenn sie im Wasser

gelöst ist (vgl. *Seite 35*). Der atomare Sauerstoff greift den Farbstoff des Flecks an. Proweiß super haben wir durch den Bleichaktivator TAED (Tetraacetylethylendiamin) bleichaktiver gemacht. Dadurch kann es bereits bei 60°C eine Bleichwirkung entfalten, die sonst nur bei Kochtemperatur gegeben ist.

Proweiß und Proweiß super sind Pulver. Deshalb können sie es einfach in das Pulverfach für den Hauptwaschgang oder in den Dosierbeutel füllen.

Um die Einwirkungszeit für den Bleicheffekt zu nutzen, können Sie die zu entfleckenden Teile auch über Nacht in ein anfangs heißes Bleichbad mit Proweiß oder Proweiß super legen (bei farbigen Teilen Farbprobe machen!). Sie bereiten dafür in einem Kunststoffeimer oder einer Kunststoffwanne bei ca. 50 bis 60°C mit Proweiß ein Bleichbad (20 bis 40 ml Proweiß auf 10 Liter Wasser). Das Bleichmittel muß durch Umrühren gut gelöst sein. Dann erst die beim Waschen nicht sauber gewordene, noch zu entfleckende Wäsche einlegen, so daß die gesamte Wäsche im Bleichbad liegt und nicht teilweise aus dem Wasser herausschaut, denn an diesen Stellen wird nicht gebleicht.

Am nächsten Morgen gründlich spülen. Sie werden sehen, die Bleiche hat gewirkt.

Prohell

Prohell ist ein optischer Aufheller. Es läßt die Wäsche heller strahlen, als sie eigentlich ist. Wir meinen, daß die Substanz, die wir gefunden haben (Tinopal BS-X), die anfänglichen Nachteile der üblichen optischen Aufheller nicht mehr aufweist. Trotzdem sollten Sie Prohell nur in Ausnahmefällen einset-

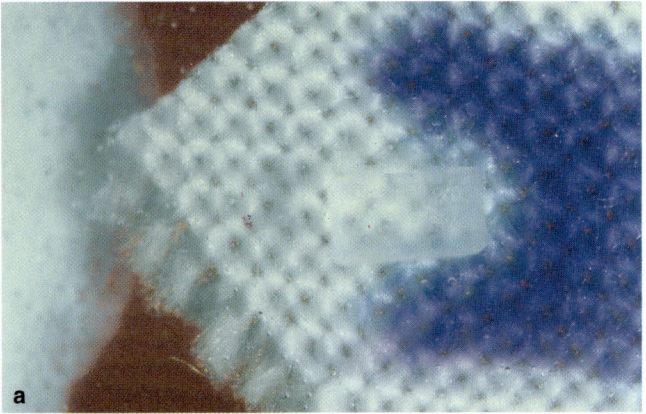

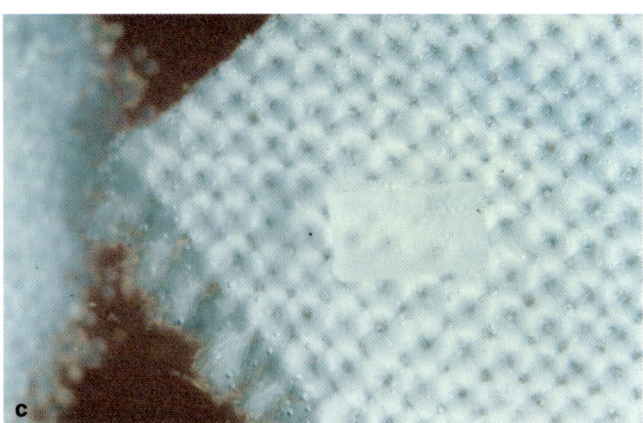

Abb. 38a–c:
Auf einem Tinten-
fleck in einer
Proweißlösung liegt
ein TAED-Kristall.
Die Bleichaktivie-
rung bewirkt, daß
der Tintenfleck
auch bei niedriger
Temperatur ausge-
bleicht wird.

zen, wenn Sie auf besonders weißes Weiß angewiesen sind. Es ist das Derivat einer Distyril-Biphenyl-Verbindung. Optische Aufheller wandeln ultraviolettes Licht in blauweiß schimmerndes Licht um und überdecken damit die störenden Gelbtöne der Wäsche.

Kalweg

Kalweg ist die Bezeichnung für unseren Entkalker. Er besteht aus einem biologisch völlig unverdächtigen Stoff: aus 50 %iger Zitronensäure.

Kalweg kommt in den letzten Spülgang. Sie füllen es am besten in das Fach, das für den Weichspüler vorgesehen ist. Sollten sich an der Wäsche irgendwelche Kalkreste abgesetzt haben, dann werden sie durch die Zitronensäure wieder gelöst und ausgeschwemmt.

Sie können übrigens auch Kaffeema-

schinen, Wasserkessel, Dampfbügeleisen usw. mit Kalweg entkalken.

Auf Kalweg verzichten können Sie, wenn Sie unseren neuen Baustein Proweich einsetzen, denn es enthält Zitronensäure und macht gleichzeitig verhärtete Textilien weich.

Proweich

Auch unser neues Proweich kommt in den letzten Spülgang.

Es ist eine Mischung von Kalweg mit einem Esterquat (kationisches Tensid) als weichmachender Substanz (Gemisch 1:1). Dieses Esterquat ist – im Gegensatz zu anderen kationischen Tensiden von früher – eine im Abwasser gut abbaubare Verbindung, die die Faseroberflächen durch einen gleitend wirkenden Film glättet und damit die einzelnen Fasern gegeneinander verschiebbarer und damit die Fäden weicher macht.

Der Glättungseffekt der Fasern ist die positive Seite von Esterquats, ein gewisser Verlust an Saugfähigkeit die negative. Als positiv ist jedoch anzu-

Abb. 39: Die in unserem Weichspüler Proweich enthaltenen Esterquats verhindern, daß Gewebe aus Synthesefasern sich in trockenem Zustand elektrisch aufladen und Schmutzpartikel (hier: Asche) anziehen. *Links:* Ohne, *rechts:* mit Proweich gespülte Gardine.

führen, daß die elektrostatische Aufladung von Synthesefasern beim Gebrauch oder im elektrischen Wäschetrockner durch Esterquats unterbunden bzw. deutlich vermindert wird. Unser Proweich ist ein Vierfachkonzentrat und braucht daher nur in geringen Mengen eingesetzt zu werden (ca. 20–30 ml pro Spülgang).

Die Einsatzmenge richtet sich nach den gewünschten Effekten und ist textilabhängig, d.h. bei sehr oft gewaschenen, zeitlich gesehen „alten" griffweichen Stoffen erhalten Sie im Vergleich zu selten gewaschenen Stoffen bei mengengleichem Einsatz deutliche Unterschiede. Bei alten Stoffen dosieren Sie daher etwas mehr (ca. 35 ml pro Spülgang).

Bei unserem ersten Waschmittelbaukasten hatten wir auf Proweich verzichtet, weil die dafür verwendeten Tenside ökologisch nicht akzeptabel waren. Die vordem eingesetzten kationischen Tenside bauen sich schlecht im Abwasser ab. Ein weiterer Nachteil war, daß diese Tenside manchmal auch Unverträglichkeiten auf der Haut auslösten. Wir glauben, daß dieser Effekt bei dem quaternären Dialkylammoniumester (Esterquat) weitgehend vermieden ist. Ansonsten empfehlen wir Ihnen einen Allergietest (vgl. *Seite 54*). Ein Skandal ist, daß kationische Tenside derzeit von Gesetzesvorlagen nicht speziell erfaßt sind. Dies sollte durch den Gesetzgeber bald korrigiert werden.

Waweich
Eine alte Wäscherregel lautet: „Zum Waschen wird weiches Wasser gebraucht." Daher haben wir noch einen zusätzlichen Baustein zur Wasserenthärtung eingefügt, den wir Waweich nennen.

Waweich besteht aus dem wasserlöslichen Schichtsilikat SKS6. Es ist ein Ionenaustauscher, bei dem Natrium in Siliciumoxidkristalle eingebaut ist. Die Na-Ionen haben ihren Platz zwischen diesen Schichten, so daß sie relativ leicht beweglich sind und durch andere Ionen ausgetauscht werden können, z. B. durch Calcium- und Magnesiumionen, die im Leitungswasser die Härte ausmachen. Dadurch wird das Leitungswasser enthärtet und die Tenside können ihre volle Waschkraft entwickeln. Kalkablagerungen auf der Wäsche und auf den Waschmaschinenbauteilen werden verhindert.

Waweich hat zusätzlich noch den Vorteil, daß es Schwermetalle wie Eisen und Kupfer bindet, indem es sie ebenfalls gegen Natriumionen austauscht. Nachteilige Einflüsse von solchen Schwermetallen: Sie stören zum Beispiel Bleichwirkungen von Oxidationsbleichmitteln. Waweich wird in selbstauflösenden Beuteln als Granulat angeboten (notwendig ab Härtebereich III = 14–21 °d).

53

Waschmittelparfüm

Im Prinzip können Sie jedes Parfümöl verwenden, das Ihnen gefällt. Es muß allerdings mit einem Lösungsvermittler wasserlöslich gemacht werden.

Ein Lösungsvermittler ist eine Art Emulgator, der dafür sorgt, daß sich das Duftöl im Wasser verteilen kann. Wir empfehlen den Lösungsvermittler LV 41, der ganz besonders hautfreundlich ist: 1 Teil LV 41 mit 10 Teilen Parfümöl oder ätherischen Ölen vermengen. Es gibt aber auch fertige Wäscheparfüm-Mischungen. Allerdings reagieren manche Menschen auf Parfüms und ätherische Öle allergisch. Wenn Sie damit Probleme haben, würde ich Ihnen vorschlagen, einen Allergietest zu machen.

Allergietest:
Sie verdünnen die Substanz 1:10 und tragen sie dann auf einer mit Kugelschreiber gekennzeichneten Stelle am inneren Unterarm auf. Wenn keine Reaktion entsteht, wiederholen Sie diesen Test nach 24 Stunden. Wenn sich auch dann an der Stelle keine Rötung zeigt, sind Sie vermutlich nicht gegen die Substanz allergisch. Diesen Allergietest können Sie auch mit vielen anderen Substanzen, z. B. mit dem Bawa flüssig und Bawos, Proweich usw., durchführen, allerdings dann in einer größeren Verdünnung, etwa 1:20. Bei Biozym SE und F sollten Sie sogar eine Verdünnung von 1:50 verwenden.

Diesen Allergietest haben wir übrigens ausführlicher in unseren Büchern „Cremes und sanfte Seifen" und „Gesundheit mit Kräutern und Essenzen" beschrieben.

Ökologisches Verhalten einzelner Waschmittelinhaltsstoffe

Die Gerüststoffe Soda (Natriumkarbonat) und doppelkohlensaures Natron (Natriumbikarbonat) werden beide als Alkalien zum Waschen benötigt und sind ökologisch unbedenklich. Dies gilt auch für Natriumperkarbonat.
Der Bleichaktivator TAED (Tetraacethylethylendiamin) wird biologisch vollständig abgebaut.
Das Schichtsilikat SKS 6 und Wasserglas sind gleichfalls ökologisch unbedenklich.
Die gegen die Wasserhärte eingesetzten Polyacrylate sind dagegen nicht so gut abbaubar; sie sind aber nicht giftig für Tiere und Pflanzen, denn sie werden im Klärschlamm zurückgehalten und sind dort vergleichbar mit anorganischen unlöslichen Substanzen, wie z. B. Sand oder Tonablagerungen. Solche Polyacrylate befinden sich in unserem Waschmittelbaukasten im Softin, das in Bawa enthalten ist – allerdings nur in sehr geringen Mengen von weniger als 5 %.
Optische Aufheller haben wir schon grundsätzlich auf *Seite 38* kritisiert. Mit unserem Aufheller (Tinopal-CBS X) haben wir jedoch ein Mittel gefunden, das sich durch Licht und chemischen Abbau leicht in völlig ungiftige Einzelbestandteile zerlegt.
Die Waschmittelenzyme – Protease, Amylase, Lipase und Cellulase – sind unbedenkliche Naturstoffe und bereiten ökologisch keine Probleme. Im Gegenteil: Bereits im Abwasser auf dem Weg zur Kläranlage sorgen sie für den ersten Abbau von Fetten und Stärke, Zellulose und Eiweiß und helfen damit der Kläranlage.
Natriumzitrat und Zitronensäure werden ohne Probleme abgebaut. Diese Substanzen finden Sie in unserer Probunt-Tablette, die sich damit schneller auflöst und nicht im „Waschmaschinensumpf" verschwindet, ebenso wie in Proklar und im Kalweg.
Das PVP (Polyvinylpyrrolidon) in unserem Probunt ist ungiftig (Blutplasmaersatzstoff) und wird an den Klärschlamm angelagert und abgebaut.
Duftstoffe unseres Parfüms zur Verbesserung des Wäschegeruchs sind ohne Beanstandung in der biologischen Bewertung. Trotzdem gehen wir damit möglichst sparsam um, indem wir nur im letzten Spülwasser parfümieren.

Wäsche richtig waschen

Was vor dem Waschen zu beachten ist:

In einem größeren Haushalt lohnt es, sich die Mühe zu machen, die Wäsche etwas genauer zu sortieren, Profis sortieren nach:
- Faserart
- Farbigkeit
- Verschmutzungsstärke.

Allerdings sollten Sie, wenn die Waschmaschine nur zum Teil gefüllt ist, auch bedenken, daß dadurch die Umwelt wieder stärker durch mehr Wasserverbrauch, mehr Waschmittel usw. strapaziert wird. Bei größeren Familien ist dies sicherlich kein Problem.
Für das Sortieren ist es wichtig, die Hinweise der Pflegekennzeichen zu

beachten. Das Zeichen eines Waschbottichs mit der Ziffer 40 im Innern und einem Balken darunter bedeutet, die Waschtemperatur beträgt hier 40°C; der Balken unter dem Waschbottich sagt, daß die Beladung zu vermindern ist und daß Sie das Schonprogramm mit verminderter mechanischer Einwirkung (längere Stillstandzeiten) wählen müssen. Da der Balken unter dem Waschbottich auf das Schonprogramm hinweist, sollte bei Textilien, die zum Knittern neigen, nicht geschleudert oder nur kurz angeschleudert werden. Das Symbol sagt nichts über:

- die Vorbehandlung (z.B. Einweichen, Vorwäsche: ja oder nein, Kragenränder vorbehandeln usw.)
- das Waschmittel (Bawa allein oder mit Proweiß oder mit Biozym F und SE oder nur mit Probunt)
- die Nachbehandlungsmittel (im letzten Spülbad Kalweg oder Proweich oder Stärke).

Hinweise für die richtigen Wasch- und Pflegebedingungen und die notwendigen Waschmittel für die einzelnen Fasern und Textilarten sind in unserer Waschtabelle (vgl. *Seite 132 f.*) zusammengestellt. Außerdem werden für waschbare Textilien ab *Seite 68* Rezepte angegeben. Daran können Sie sich orientieren. Allgemeine, auf die Fasern bezogene Pflegehinweise werden dort zusätzlich angeführt.

Die Empfindlichkeit von Textilfärbungen und -drucken ist ein weiteres wichtiges Thema. Hier helfen einfache Prüfungen weiter. Die **Saumprobe** ist eine altbewährte Orientierungshilfe: Sie lassen die warme Waschlauge an einer Saumstelle des zu waschenden Stückes einwirken. Wird Farbe an ein darunter gelegtes weißes Tuch abgegeben, ist

Vorsicht geboten. Ein solches Wäscheteil muß bei niedrigeren Temperaturen separat gewaschen werden.

Eine aufschlußreiche Farbechtheitsprüfung ist die **Reibprobe:** Mit einem weißen Stück Stoff über den Zeigefinger gelegt, reiben Sie über den farbigen Stoff. Färbt der Stoff ab, so ist die Trockenreibechtheit schlecht. Die Probe kann mit einem mit Wasser benetztem Stoff wiederholt werden. Gibt es auch da ein Abfärben, ist die Naßreibechtheit ebenfalls schlecht. In beiden Fällen gilt Vorsicht beim Waschen. Bei schlechten Reibechtheiten das Teil separat in viel handwarmer oder kalter

Waschlauge zügig waschen. Wird keine Farbe an die Waschlauge abgegeben, so kann es beim nächsten Mal gemeinsam mit anderen Buntwäscheteilen gewaschen werden.

Dunkelbunte neue Teile immer die ersten Male in reichlich Waschlauge allein waschen. Nach dem Spülen schleudern oder auswringen. Bunte Wäsche sofort zum Trocknen aufhängen. Gewaschene und entwässerte Wäschestücke sollen nie feucht geknüllt länger liegen. Bei Buntwäsche werden die Wäscheteile in sich verfärbt und Farbstoffe drücken auf andere Teile ab. Zum Waschen von Buntwäsche

Abb. 40: Wenn Sie Probunt zugeben, können Sie durchaus einmal bunte und helle Wäsche gemeinsam waschen. Bei neuen Textilien sollten Sie allerdings trotzdem vorsichtig sein.

Bawa und unseren Farbschutz-„PVP" (Probunt) verwenden (dazu später mehr im Abschnitt Buntwäsche).

Farbechte Buntwäsche mit Flecken kann mit Proweiß gebleicht werden. Dieses Bleichen mit Proweiß ist besonders dann notwendig, wenn Tischtücher Saft- oder Rotweinflecke haben. Tischtücher und Servietten sind meist so echt gefärbt, daß der aktive Sauerstoff aus Bleichmitteln dem Farbstoff nichts anhaben kann.

Die Verschmutzungsstärke ist bei weißen und hellfarbigen Wäschestücken leicht zu beurteilen. Bei dunkelgefärbten Teilen ist es schwieriger, denn „Farben verdecken den Schmutz". Im Zweifelsfall Probunt zusätzlich mit Bawa und Biozym SE einsetzen. Bei stark verschmutzten weißen und hellfarbigen Teilen empfiehlt es sich, einzuweichen (gibt es manchmal auch im Waschmaschinenprogramm). Stark verschmutzte Partien, wie Kragen und Manschettenränder und Flecke durch Fette mit flüssigen Tensiden (Bawa flüssig, Biozym F flüssig) vorbehandeln. Leichtes Reiben dieser vorbehandelten Stellen mit einem Reinigungs-Pad oder Stoff gegen Stoff oder mit einem weichen Schwamm unterstützt die Schmutzentfernung (Gummihandschuhe verwenden!).

Weiße Wäsche aus Baumwolle oder Leinen

Es gibt auch heute noch viel weiße Wäsche im Haushalt, darunter Bettwäsche und Tischwäsche aus Leinen. Nicht zu vergessen weiße Unterwäsche aus Baumwolle mit hohem Schweiß- bzw. Feuchtigkeitsaufnahmevermögen. Saugfähigkeit ist auch bei Handtüchern und Geschirrtüchern gefragt.

Bei Gläsertüchern kommt hinzu, daß sie nicht flusen dürfen.

Eine weitere für das Waschen vorteilhafte Eigenschaft der Baumwolle: die Fasern sind naß fester als trocken. So sind Textilien aus Baumwolle den Beanspruchungen beim Gebrauch und beim Waschen besonders gut gewachsen. Die höhere Festigkeit im nassen Zustand gilt auch für die Leinenfaser.

Waschmaßnahmen:

Weiße Wäsche aus Baumwolle und Leinen könnten Sie theoretisch kochen, das ist heute aber nicht mehr nötig. Früher wurde weiße Wäsche immer vorgewaschen. Eine Vorwäsche ist jedoch nur bei sehr verschmutzten Teilen notwendig, z.B. bei weißen Berufskitteln oder weißen Overalls. Normal verschmutzte Wäsche sollten Sie im Einlaugeverfahren bei maximal 60°C und niedriger waschen, wobei neben Bawa und Biozym SE und F, Proweiß super für Sauberkeit oder Prohell für die Aufhellung sorgen.

Pflegeleichte Textilien richtig gepflegt

Bereits bei der Beschreibung der Vorteile von pflegeleichten Textilien (vgl. *Seite 15 ff.*) wurde auf die Arbeitserleichterung hingewiesen, die diese knitterarmen Stoffe mit sich bringen. Sie können jedoch nur dann auf das Bügeln verzichten, wenn die Waschbedingungen für pflegeleichte Textilien eingehalten werden. Dies bedeutet, daß beim Waschen, Spülen und Entwässern alles zu vermeiden ist, was zum Knittern der Stoffe führen könnte. Die geringe Neigung zur Knitterbildung bei pflegeleichten Textilien wird durch formbeständige und damit knitterarme Synthesefasern wie Diolen, Trevira,

Perlon, Elasthan usw., erreicht. Diese Synthesefasern sind mit sehr elastischen, sehr feinen „Kunststoffdrähten" zu vergleichen, die sich dem „Verbiegen" federnd entgegenstellen. Diesem Vorteil steht aber eine schlechte Wasseraufnahme gegenüber. Dieser Nachteil wiederum läßt sich durch spezielle Fasertypen und besondere Textilkonstruktionen oder durch Beimischung von Naturfasern wie Baumwolle verbessern.

Waschnaßmahmen:

Zuerst zu den Maßnahmen vor dem Waschen: Sie sollten stark verschmutzte Stellen – wie Kragen und Manschettenränder – mit Bawa flüssig und/oder Biozym F vorbehandeln. Beide Mittel werden mit einem Pinsel oder mit einem Schwamm in die verschmutzten Stellen eingerieben (Gummihandschuhe verwenden!).

Beim Waschen selbst müssen die pflegeleichten Teile locker in der Waschlauge schwimmen, damit sie nicht knittern. Dies erreichen Sie durch verminderte Beladung der Waschtrommel und durch den erhöhten Wasserstand bei Pflegeleicht-Programmen. Sie sollten die Wäschemenge für eine Waschmaschine so reduzieren, daß pro Kilogramm der als Wäschebeladung angegebenen Füllmenge 1 Oberhemd zu rechnen ist. In eine 4 bis 5 kg fassende Waschmaschine passen demnach 5 Oberhemden.

Weiße Teile werden mit Bawa und Biozym SE und eventuell Biozym F gewaschen, Proweiß super kommt dazu, wenn Obstflecke in der Wäsche sind. Unter Umständen können Sie auch Prohell für ein strahlenderes Weiß einsetzen. Ins letzte Spülbad sollte Kalweg gegeben werden.

Auch beim Entwässern dürfen keine Knitter entstehen. Also nicht wie üblich schleudern, sondern nur anschleudern oder die nassen Teile ausdrücken und noch feucht auf einen nicht abfärbenden Bügel hängen, in Form ziehen und trocknen lassen. (Viele Waschmaschinen haben für zum Knittern neigende Textilien entsprechende Programme.)

Gardinen brauchen besondere Pflege

Gardinen aus den Synthesefasern Diolen, Tergal, Terylen oder Trevira gehörten zu den ersten leicht pflegbaren, beim Waschen nicht knitternden Textilien. Heute gibt es, von wenigen Ausnahmen abgesehen, nur noch solche pflegeleichten Gardinen.

Sie sollten Gardinen nicht zu stark verschmutzen lassen. Über Heizkörpern werden die Synthesefasern durch die vorbeiströmende warme Luft elektrostatisch aufgeladen und ziehen dabei den Staub aus der Luft an. Daher empfiehlt es sich, Gardinen nach der Heizperiode zu waschen.

Gardinen sind meist sehr stark mit Staub und Teerstoffen (Zigarettenrauch) verschmutzt und brauchen alkalische Waschmittel wie Bawa Pulver und Proweiß super; Prosyn sollten Sie gegen die Vergrauung einsetzen. Proweich im letzten Spülbad bewirkt, daß sie länger sauber bleiben, denn Weichspüler verhindern elektrostatische Aufladungen.

Vor dem Waschen Stecknadeln, nicht waschmaschinengeeignete Röllchen und – soweit möglich – das Bleiband entfernen. Nadeln oder scharfkantige Röllchen erzeugen „Zieher". Solche Ziehfäden entstehen in der Waschmaschine durch Hängenbleiben an ver-

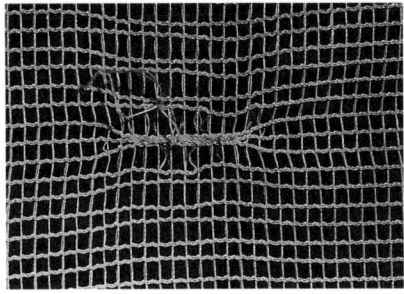

Abb. 41: Solche „Zieher" in der Gardine entstehen beim Waschen, wenn Stecknadeln oder schadhafte Gardinenröllchen nicht entfernt wurden.

gessenen Stecknadeln oder an beschädigten Gardinenröllchen.

Wie alle pflegeleichten Textilien müssen auch die Gardinen im Waschbad locker schwimmen. Daher sollten Sie schon beim Nähen der neuen Gardinen darauf achten, daß die Schals nicht zu groß werden, 10 bis 12 m² der leichten Gardinenstoffe ergeben eine Maschinenfüllung. Ein Beispiel: Von einem Gardinenstoff mit einem Quadratmetergewicht von 60 Gramm pro Quadratmeter würde ein 2×5 Meter großer Schal 600 Gramm wiegen, also eine Maschinenfüllung ausmachen.

Die Waschtemperatur darf maximal 40 °C betragen. Gardinenprogramme der automatischen Waschmaschinen waschen auch mit erhöhtem Wasserstand für die Wasch- und Spülbäder. Auch hier ins letzte Spülwasser etwas Proweich geben und nicht Schleudern oder nur anschleudern.

Winddichte, wasserabweisende und atmungsaktive Sportbekleidung

Anoraks und Sportbekleidung mit regendichten Oberstoffen aus Mikrofa-

sern und atmungsaktiven Membranen (Goretex, Sympatex) bedürfen einer gezielten Pflege.

Sie sollten stark verschmutzte Kragenränder, Bündchen oder Taschenränder mit Biozym F oder Bawos einreiben oder einsprühen. In gleicher Weise Fett- und Ölflecke und Straßenschmutzspritzer behandeln. Auch für diese Kleidungsstücke gelten allgemein die Regeln für pflegeleichte Bekleidung.

Überfüllen Sie die Waschmaschine nicht! Ein Erwachsenenanorak pro Maschine ist gerade richtig.

Als Waschtemperatur stellen Sie 40 °C im Pflegeleichtprogramm ein. Weitere Hinweise, die berücksichtigt werden müssen, können Sie den Pflegehinweisen entnehmen (siehe *Seite 42 ff.*).

Nach dem Waschen und Entwässern durch Anschleudern oder Ausdrücken auf einem nicht färbenden Kleiderbügel hängend trocknen, wobei Sie die noch tropfnassen oder feuchten Teile in Form ziehen sollten. Sie können die Kleidung auch in einem Trockner mit dem Schonprogramm trocknen. Durch diese Behandlung mit heißer Luft im Trockner wird in vielen Fällen die Imprägnierung der Oberstoffe wieder aufgefrischt. Allerdings wird die Trockenzeit durch die Membraneinlage verlängert, weil sie eine Durchströmung der Stofflagen mit der Trockenluft behindert.

Wenn Sie hängend getrocknet haben, erreichen Sie eine Imprägnierungsverbesserung durch Bügeln mit der Einstellung für Synthesefasern (1 Punkt).

Für funktionelle Sportwäsche – also Wäsche, die Körperfeuchtigkeit vom Körper weg in den Zwischenfeuchtspeicher transportiert – halten Sie sich bitte an das Waschrezept (siehe *Seite 72*). Diese Wäsche darf nicht weichgespült werden, sonst verliert sie ihre Saugeigenschaften, und die Einstellung des sogenannten Mikroklimas in Körpernähe ist gestört.

Buntwäsche und ihre Probleme

Bunte Wäsche und Kleidung in modischen Farben bestimmen unseren Alltag. In einer Erhebung, die Anfang der 90er Jahre zum Thema Textilreklamationen angestellt wurde, haben die Verbraucher angegeben, was sie beim Waschen von Buntwäsche vor allem stört. Als erstes nannten sie das Ausbluten von Färbungen. Sie tritt ein, wenn die verwendeten Farbstoffe und Färbeverfahren keine waschechten Färbungen ergeben haben. Gefärbte

oder bedruckte Stoffe aus fernöstlichen Ländern haben oft erhebliche Mängel in der Waschechtheit.

Auch Konfektionsfehler können die Ursache von Verfärbungen sein. So gibt es z.B. weiße T-Shirts mit dunkelblauem Kragen und Strickbündchen oder umgekehrt, weiße Kragen und Bündchen an dunkelblauen T-Shirts. Hier ist die Gefahr einer Verfärbung besonders groß.

Zum Ausbluten kann es auch bei dunkelbunten Färbungen kommen; deshalb sollten Sie neue, dunkel gefärbte Teile die ersten Male allein waschen, um überschüssigen Farbstoff zu entfernen.

Besonders lästig sind fleckige Farbveränderungen. Dazu kommt es vielfach bei hellfarbigen, pastelligen Farbtönen.

Die fleckigen Verfärbungen entstehen durch die Einwirkung von optischen Aufhellern aus Waschmitteln, so z.B. beim Einweichen einer pastellfarbigen Bluse, die in zuwenig Lauge eines aufhellerhaltigen Waschmittels eingeweicht wird. Bei ihr zieht der Aufheller ungleichmäßig auf und führt so zu scheckigen Anfärbungen. Die Scheckigkeit kann durch mehrmaliges Nachwaschen im Farbeindruck vereinheitlicht werden.

Stoffe in mittleren und kräftigen Farbtönen werden durch optische Aufheller nicht beeinflußt. Der Aufheller zieht in diesen Fällen zwar auf die Cellulosefaser auf, die Aufhellerwirkung wird aber durch die Farbtiefe überdeckt.

Einen Ausweg aus diesen Verfärbungsproblemen bietet das PVP (Probunt) mit seiner farbbindenden Wirkung (siehe *Seite 39 f.*), das mittlerweile auch in herkömmlichen Buntwaschmitteln enthalten ist. Die Hobbythek hat es als erste eingesetzt.

Waschen von Wolle

Wollfasern bestehen aus verhornten Eiweißbausteinen, deren Eigenschaften das Waschen erschweren. Wegen der Schuppenschicht an der Oberfläche von Wollen und Haaren „filzen" die daraus hergestellten Textilien, eine Eigenschaft, die bei der Herstellung von Hutfilzen und Loden industriell genutzt wird. Im täglichen Gebrauch von Wollsachen und beim Waschen ist das Filzen aber ein großer Nachteil.

Wolle filzt, wenn sich die Wollfasern durch Stauchen, Scheuern oder Reiben gegeneinander verschoben haben. Sie verhaken sich dabei und können nicht mehr in den Ausgangszustand zurückkehren. Der „Filz" bleibt

Abb. 42: Durch Zugabe unseres Probunts können Sie solche Verfärbungen vermeiden. Ansonsten lassen sie sich oft durch nochmaliges Waschen mit Probunt beseitigen

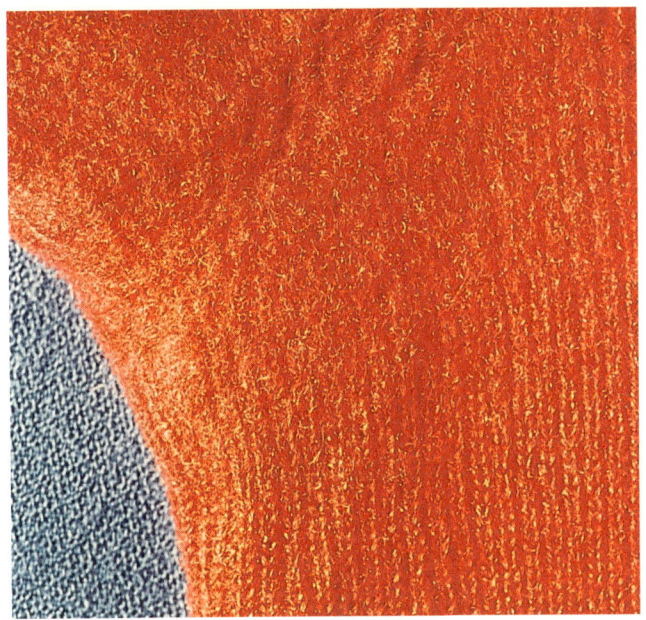

Abb. 43: Wolle filzt durch Stauchen, Scheuern oder Reiben der Fasern gegeneinander. *Links:* Besonders gefährdet ist bei Pullovern die Stelle unter dem Arm. *Oben:* Wollgewebe schonend gewaschen (oben links) und durch starkes Reiben, Drücken oder Wringen verfilztes Wollgewebe (rechts).

also dauerhaft bestehen. Eine allbekannte Stelle für Verfilzung ist beim Wollpullover die Stelle unter der Achsel. Beim Tragen sammelt sich dort Feuchtigkeit durch Schweiß, durch die Armbewegung werden die Wollfäden gegeneinander gerieben. Das Resultat ist eine nicht mehr rückgängig zu machende Verfilzung.

Wußten Sie, daß die Gefahr zum Verfilzen um so größer wird, je feiner und damit teurer die Wolle des Pullovers oder der Strickjacke ist? Sie sollten daher besonders schöne und teure Strickteile aus Mohair, Alpaka oder Kamelhaar nur äußerst vorsichtig waschen (wenn das Pflegekennzeichen es erlaubt) oder in die Textilreinigung geben. Unproblematisch sind Wollgewirke oder Stricksachen, die bei der Herstel-

Abb. 44: Mit diesem Zeichen ausgezeichnete Wollsachen sind beim Tragen und beim Waschen unproblematisch.

lung filzarm gemacht wurden. Bei solchen Teilen finden Sie im Etikett den Hinweis „Waschmaschinenfest" oder „Mit Spezialausrüstung – filzt nicht". Auch Fasermischungen von Wolle mit Acrylfasern (50/50 %) sind ohne Filzrisiko maschinenwaschbar.

Hier noch ein paar praktische Tips:
Sie können Wollsachen von Hand im Waschbecken oder mit dem Wollwaschprogramm der Waschmaschine waschen. Die mechanische Belastung (Stauchen, Drücken, Reiben, Wringen usw.) ist für das Filzen entscheidend. Deshalb kann eine robust durchgeführte Wäsche von Hand strapaziöser für die Wolle sein als ein schonendes Wollprogramm in der Waschmaschine. Das gilt auch für das Spülen und Entwässern.

Wolle muß zügig gewaschen werden, denn lange Ruhezeiten im nassen Zustand führen bei farbigen Sachen zu Farbstoffwanderungen und Abfärbungen.

Wie wird im Wollprogramm einer Waschmaschine eine schonende Mechanik erreicht?

- Die Änderung der Drehrichtung wird verlangsamt
- die Stillstandzeiten zwischen den Drehphasen werden verlängert
- die Umdrehungszahl wird verlangsamt
- die Beladung wird verringert
- die Wassermenge wird erhöht (die Wollteile schwimmen). Auf 250 g Wäsche nur bis zu 5–6 Liter Wasser, also Waschmaschine nicht vollstopfen!
- Auf die Vorwäsche wird verzichtet
- die Waschtemperatur liegt bei maximal 30 bis 40 °C.

Dies alles berücksichtigen moderne Schonprogramme für Wollsachen. Wollsiegel-Waschprogramme sind vom IWS (Internationales Woll-Sekretariat) geprüft und für gut befunden.
Als Waschmittel sollten Sie feinblasig schäumende Tenside, z.B. Bawos oder Bawa flüssig, die neutral reagieren, einsetzen. Der feinblasige Schaum vermindert zusätzlich die mechanische Belastung der Wäsche. Die neutrale Reaktion verhindert außerdem ein starkes Quellen der Wolle und verringert damit die Filzneigung. Daher sind Wollwaschmittel neutral eingestellt. (Sie sollten auf keinen Fall alkalische, enzymhaltige Waschmittel wie z.B. Universaloder Buntwaschmittel verwenden.)
Wolle ist interessanterweise leichter von Schmutz zu befreien, als manche andere Textilfaser. Sie sollten sich an die vom Textilhersteller mitgegebenen allgemein gültigen Wasch- und Pflegehinweise halten, hier eine kurze Auflistung:

- Sortieren nach den Merkmalen „Maschinenwäsche möglich", „Handwäsche erforderlich" oder „Besser nicht selbst waschen"
- Farbprobe machen: Nicht auffällige Stelle in warme Waschlauge tauchen und in ein weißes Tuch ausdrücken. Beim Abfärben zügig kalt waschen oder zur Textilreinigung geben
- Strickteile beim Waschen auf links wenden. Die textile Struktur der rechten Stoffseite bleibt dadurch klar in der Struktur
- möglichst nur gleich- oder ähnlich farbige Teile miteinander waschen
- wollgerechtes Waschmittel verwenden (Bawa flüssig oder Bawos) und bei verfetteter Wolle zusätzlich Biozym F
- nicht einweichen.

Bei der Handwäsche sollten Sie beachten:

- Erst Feinwaschmittel in 30 bis 40 °C warmem Wasser auflösen oder Flüssigwaschmittel (Bawa oder Bawos) im Wasser verteilen. Dann Wollteil einlegen
- unter leichtem Hin- und Herbewegen zügig durchwaschen, sofort in reichlich warmem bis kaltem Wasser spülen, dabei nicht reiben oder wringen
- entwässern durch vorsichtiges Ausdrücken, dann in saugfähige Frottiertücher zum weiteren Entwässern und Vortrocknen einrollen
- Wollteil ausbreiten, in Form ziehen und auf Tüchern liegend trocknen
- bei empfindlichen Färbungen zwischen Rücken- und Brustpartie und in die Ärmel Tücher legen, damit Farbstoffwanderungen ausgeschlossen werden

- nicht auf der Heizung trocknen (Wolle kann hart werden). Nicht in der Sonne trocknen (Teile vergilben oder Farben verschießen)
- nicht im Trommeltrockner trocknen (starkes Verfilzen!)
- wenn notwendig dämpfen, am besten von links oder unter feuchtem Tuch
- flauschige Wolle nicht bügeln.

Bei der Maschinenwäsche sollten Sie beachten:

- Im Schonprogramm für Woll- oder Wollsiegelprogramm waschen
- Hinweise des Maschinenherstellers beachten
- maschinengeeignetes Wollwaschmittel anwenden. (Bawa flüssig oder Bawos, kein Biozym SE, aber eventuell Biozym F)
- Nachspülgang mit Proweich und Parfüm
- entwässern, evtl. durch Anschleudern
- Nachbehandlung wie bei der Handwäsche.

Seide richtig waschen

Der echte Seidenfaden besteht aus reinem Eiweiß und wird von den Raupen des Seidenspinners gesponnen. Es sind zwei in den Spinndrüsen der Raupe hergestellte parallel austretende Fäden, die mit Seidenleim verklebt werden. Aus diesen Fäden baut die Raupe einen eiförmigen Kokon auf, in dem sie sich verpuppt. Der endlose Seidenfaden des Kokons läßt sich wie eine Spule abwickeln. Die gewonnenen Fäden werden vom Seidenleim befreit (der Fachausdruck dafür ist „entbastet"). Die entbasteten Seidenfäden werden dann zu Seidenstoffen verarbeitet.

Textilien aus reiner Seide sind sehr leicht, elegant und schön. Sie sind sehr schmiegsam, liegen angenehm auf der Haut und haben einen hohen Tragekomfort.

Das Pflegekennzeichen sagt Ihnen, ob die Seidentextilien waschbar sind. Waschen lassen sich im allgemeinen, falls nicht anders gekennzeichnet, Hemden, Blusen, Pullover, Wäschegarnituren, Nachtwäsche, Strümpfe, Socken, Kissenhüllen, Schals und Tücher.

Das sollten Sie beachten:
- Seidentextilien durch Handwäsche säubern (Symbol Handwäsche)
- nicht einweichen (Farben können verlaufen)
- verwenden Sie zum Waschen ein Waschbecken mit reichlich Wasser oder eine genügend große Plastikwanne
- Seidentextilien sollten immer locker schwimmen
- mit neutralem Waschmittel wie Bawos oder Bawa flüssig bei ca. 30 °C waschen (Achtung: kein Biozym SE verwenden, weil Seide ja aus Eiweißbausteinen besteht, die vor allem bei feinen Fäden angegriffen werden könnten, und keine alkalischen, enzymhaltigen Waschmittel wie z. B. Universal- oder Buntwaschmittel verwenden, die die Seide angreifen). Die Temperatur kann mit dem Ellbogen geprüft werden, wie bei der Temperaturprüfung für die Babybadetemperatur. Diese Temperatur wird auch von der Seide vertragen.
- Zügig durch das Waschbad ziehen und schwenken, leicht drücken, nicht reiben oder wringen.
- mit kaltem Wasser ebenfalls unter Durchziehen spülen

- Wasser abstreifen und die Seide locker in ein trockenes Frottiertuch einrollen, leicht ausdrücken
- zum Trocknen auf Frottiertücher legen oder auf nicht färbenden Kleiderbügel hängen
- beim liegenden Trocknen von farbigen Stoffen zwischen Rücken- und Brustpartie und in die Ärmel Tücher legen, damit Farbwanderung verhindert wird
- nicht feucht geknüllt liegenlassen (Farbwanderung)
- direktes Sonnenlicht meiden (Seide verschießt)
- Seide noch feucht von links mit „1-Punkt-Einstellung" (Seide) bügeln
- trockene Seide nicht mit Wasser einsprengen, das gibt Flecke (gilt auch für Regentropfen)
- Vorsicht beim Bügeln, wenn über Knöpfe und Säume gebügelt wird, ergeben sich Glanzstellen – weiche Bügelunterlage verwenden.
- Sollten Sie hinsichtlich der Waschmöglichkeit unsicher sein, nicht probieren, sondern zur Textilreinigung gehen
- Flecken, die beim Essen auf Seide entstehen, möglichst sofort mit trockenem Tuch abtupfen, nicht reiben
- Deos und Parfüms geben auf Seide Flecke!

Richtig dosieren mit dem Faltbeutel der Hobbythek

In den Trommelwaschmaschinen wird das Waschmittel zunächst in den äußeren Behälter eingespült. Dabei gerät, wenn es sich um schweres Waschpulver handelt, eine Menge Granulat in den Ablaufstutzen (Sumpf) und ist für den Waschprozeß verloren. Gegen diese Verluste hilft die auf *Seite 13* beschriebene Sumpfsperre. Für Maschinen, die nicht damit ausgerüstet sind, wurden Behälter aus Kunststoff entwickelt, die in die Trommel zwischen die Wäsche eingebracht werden können, die aber beim Waschen störende Geräusche verursachen.

Auch die Hobbythek hat für die Pulverprodukte Dosierhilfen entwickelt. Zum einen kann man einen normalen Waschhandschuh aus Frottierstoff mit Waschpulver füllen, oder Sie verwenden den fertigen Dosierbeutel, den es in Läden, die Hobbythekprodukte führen, gibt (vgl. *Abbildung 45*).

Die beste Dosierhilfe sind natürlich unsere selbstauflösenden PVA-Beutelchen mit Wirkstoffen. Auch diese können Sie natürlich gemeinsam mit Bawa Pulver und Proweiß in den Faltbeutel der Hobbythek oder in den üblichen Dosierbehälter geben.

Die richtige Dosis bringt den Wascherfolg!

Die Waschmittelmenge richtet sich nach
- Wasserhärte und
- Verschmutzungsgrad.

Nach dem Wasch- und Reinigungsmittelgesetz müssen die Hersteller in den Anwendungsvorschriften die wasserhärteabhängige Dosiermenge in Millilitern (ml) angeben.

Die Wasserhärte des Wassers Ihres Haushaltes erfahren Sie beim zuständigen Wasserwerk. Hinweise gibt auch ein Teststreifen für die Bestimmung der Wasserhärte (Firma Merck, Darmstadt), der oft bei Waschberatungen und in den Läden, die die Hobbythek-Rohstoffe führen, angeboten wird.

Das Bawa Pulver in unserem neuen

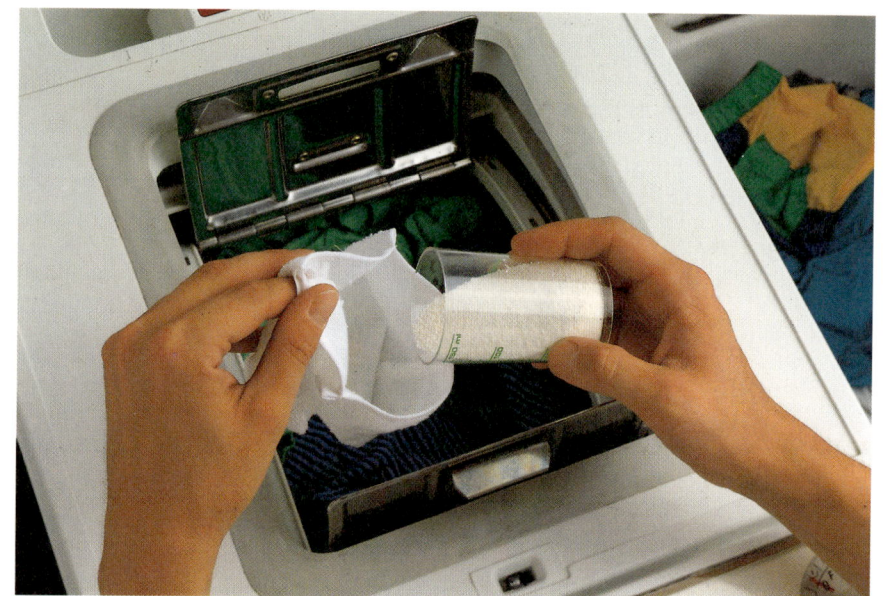

Abb. 45: Mit diesem Faltbeutel der Hobbythek verhindern Sie Waschmittelverluste bei Pulver-Waschmitteln.

Hobbythek Waschbaukasten ist auf mittlere Wasserhärtegrade (Deutsche Härte °d) bis zu ca. 14°d (Bereich II) eingestellt. Liegt die Wasserhärte bei Ihnen zu Hause höher, dann empfehlen wir unsere zusätzliche Komponente, die wir „Waweich" genannt haben. Es besteht aus dem auf *Seite 35* beschriebenen wasserlöslichen Schichtsilikat SKS 6. Sie brauchen es nur im selbstauflösenden Beutel mit in die Waschtrommel zu geben. Das erspart eine höhere Dosierung des Waschmittels (Bawa).

Anwendung des Hobbythek-Waschmittelbaukastens

Um die einzelnen Bausteine des Waschmittelbaukastens wirksam werden zu lassen, haben Sie beim Waschen in der Waschmaschine mehrere Anwendungs- und Dosiermöglichkeiten. Da in einer automatischen Waschmaschine das Wasser für den Hauptwaschgang über die Einspülkammer einläuft, müssen Sie mit den folgenden Einzelbausteinen je nach Wäscheart, Verschmutzung und Flecken Ihr Waschmittel zusammenstellen:

Abb. 46: Mit einem solchen Teststreifen können Sie die Wasserhärte Ihres Waschwassers ermitteln.

Für den Hauptwaschgang:
Waweich (Wasserenthärter)
Bawa flüssig (Basiswaschmittel, neutral) oder
Bawa Pulver (Basiswaschmittel, alkalisch)
Bawos (es handelt sich hierbei um ein Niotensid mit einem geringen Anteil eines katonischen Tensids mit Weichmachereffekt; wirkt auch antistatisch präparierend)
Proweiß oder **Proweiß super** (Bleichmittel)
Biozym SE und **F** (Enzyme)
Probunt (Verfärbungsschutz)
Prosyn (Vergrauungsschutz)
Prohell (Weißverbesserung durch Aufheller)
Cot'nueva (Wäschekur gegen Flusen)
Schaumex (flüssige Seifen-Silikonmischung; einzusetzen bei extrem weichem (0–7°d) Wasser, um Überschäumen zu verhindern. In der Regel reichen 5–10 ml).
Für den letzten Spülgang:
Proweich (entfernt Kalk und wirkt ebenso als milder Weichmacher)
Kalweg (macht abgelagerten Kalk an Textilien und Heizstäben wasserlöslich)
Waschmittelparfüm

Der Reihe nach kommen z. B. bei Buntwäsche die Bausteine Waweich, Bawa Pulver, Biozym SE (Beutel) und Probunt (Tablette) in die Einspülkammer.
Damit sich der wasserlösliche PVA-Beutel zum Beispiel von Biozym SE nicht bereits durch Wasserrückstände in der Einspülkammer anlöst, empfehlen wir, zuerst das Pulver einzugeben und dann den Beutel und die Tablette daraufzulegen, d. h. stets die Pulver zu-

Abb. 47: Geben Sie immer zuerst das Pulver in den Einspülkasten und legen Sie dann – je nach Bedarf – die Tabletten oder Beutel darauf. Dadurch verhindern Sie ein zu frühes Auflösen der Tablette oder des PVA-Beutels durch Wasserrückstände in der Einspülkammer.

erst, dann die Beutel darauflegen. Nun wird das von Ihnen festgelegte Waschprogramm, z. B. „Buntwäsche", eingestellt. Mit dem Einspülprozeß wird dann Ihr gezielt zusammengestelltes Waschmittel eingespült.
Eine weitere Möglichkeit für die Dosierung ist die Benutzung unseres Faltbeutels (siehe *Seite 61*). Auch in dieses Säckchen kommen die einzelnen Baukastenbestandteile Bawa Pulver, Biozym SE und F, Proweiß und Prohell. Dann wird das Dosiersäckchen zwischen die Wäsche gelegt. Ihr Waschmittel löst sich zwischen der Wäsche auf und es gibt keine mechanischen Waschmittelverluste, d. h., es verschwindet nichts im Sumpf.

Der Waschmittelbaukasten hilft auch bei ausgefallenen Textilien
Neben Kleidung aus Wolle, Baumwolle und Seide sind im Alltag auch funktionell ausgesuchte Textilkombinationen aus den unterschiedlichsten Fasern im Gebrauch. Dazu gehören z. B. Winteranoraks, Ski-Overalls, Steppmäntel usw. mit **Daunenfüllungen,** die als waschbar gekennzeichnet sind. Diese daunengefüllten, waschbaren Kleidungsstücke lassen sich mit Bawos waschen. Der Vorteil besteht darin, daß während des Waschens das darin enthaltene kationische Tensid auf die Daunen aufzieht, wodurch sie beim Trocknen nicht zusammenkleben und flauschig bleiben. Dies haben wir uns bei

den Profis abgeguckt, die gewerblich Daunen waschen. Selbstverständlich können Sie dieses Tensidgemisch auch bei waschbaren Daunenkissen und Steppbetten anwenden.

Das gleiche gilt für waschbare **Vliesfüllungen** aus Synthesefasern in Sportbekleidung, Steppdecken und Kissen. Auch hier verhindert man durch den Anteil an Esterquats im Bawos, daß bei den Vliesen durch Kleben der Fasern aneinander eine sogenannte Wasserstarre nach dem Trocknen eintritt. Die geglätteten Fasern des Vlieses bleiben weich und volumig. Zusätzlich tritt bei Synthesefaserfüllungen eine antistatische Wirkung ein, und die Nachteile, die durch elektrostatische Aufladung der Synthesefasern entstehen können, treten beim Gebrauch und im Trommeltrockner nicht auf.

Ein Sonderfall sind **Radrennfahrerhosen** mit Wildleder- oder Polyestervlies-Einsätzen im Schrittbereich. Hier wird der Sitzkomfort durch sehr weiche Wildleder oder durch weiche Synthesefaservliese verbessert. Beim Waschen mit der Spezialtensidmischung Bawos bleiben die Leder- oder Vlieseinlagen weich (vgl. Rezept Rennfahrerhosen). Bei „normalen" Waschmitteln verhärten diese weichen Einlagen, Wundsitzen ist die Folge.

Eine weitere besondere Textilkonstruktion sind **Membran-Textilien** mit Gore- und Sympatexmembranen, über die wir schon gesprochen haben. Winddichte Anoraks, Mäntel, Hosen usw. Neben der wind- und tropfwasserdichten Membran sind imprägnierte Oberstoffe verarbeitet. Die Oberstoffe können aus Mikrofasern oder Mischungen von Synthesefasern mit Baumwolle bestehen. Alle Stoffe und die aufwendige Art der Nähtechnik sind bei dieser Oberbekleidung so gewählt, daß man sie waschen kann.

Um die Imprägnierung der Oberstoffe möglichst lange zu erhalten, müssen Sie wieder unser Bawos zum Waschen nehmen.

Übrigens: Vor dem Waschen von Oberbekleidung immer die Taschen leeren. Ein vergessenes Papiertaschentuch verflust Ihnen sämtliche Wäscheteile in der Maschine (sehr ärgerlich und Mehrarbeit). Stark verschmutzte Partien wie Kragen, Bündchen und Taschenränder sollten Sie mit Bawos oder Biozym F vorbehandeln. Dann bei 40°C nach dem Rezept für „winddichte Sportbekleidung" waschen.

Rezepte – Wissenswertes vor dem Waschen:

Noch mal zur Erinnerung: Wir brauchen zum Waschen weiches Wasser. Bawa Pulver ist so aufgebaut, daß es bis Wasserhärtebereich II (= bis 14°d) keine zusätzliche Wasserenthärtung verlangt. Ab Wasserhärtebereich III (14–21°d) wird je Härtebereich 1 Beutel

Waweich (siehe *Seite 53*) benötigt und bei höheren Wasserhärten entsprechend mehr (vgl. *Tabelle 1*).

Für eine getrennte Wasserenthärtung eignen sich am besten Maschinen, bei denen der Wasserenthärter vor dem Waschmittel eingespült werden kann. Ansonsten werden Wasserenthärter Waweich und Bawa flüssig oder Pulver sowie die anderen notwendigen Bausteine wie z.B. Biozym, Proweiß usw. gemeinsam in das Einspülfach für die Hauptwäsche gegeben.

Da wir durch Waweich enthärtetes Wasser haben, brauchen wir Bawa flüssig oder Pulver nicht mehr in Anlehnung an die Wasserhärte abgestuft zu dosieren, sondern haben nur eine Dosiermenge von 30–50 g (60–100 ml) im Meßbecher) bei normal verschmutzter Wäsche nötig. Wenn Sie unseren alten Waschmittelbaukasten einsetzen wollen, aus guter Erfahrung, dann können Sie das selbstverständlich auch weiterhin. Wir geben daher dazu noch eine vereinfachte Anwendungstabelle auf *Seite 134* an.

Bei handelsüblichen Universalwaschmitteln erhöht sich die Dosierung auch in Abhängigkeit von der Wasserhärte. Das bedeutet, daß auch alle anderen Inhaltsstoffe – Tenside, Enzyme, Blei-

Wasserhärte-bereich	I	II	III	IV	V
Wasser-härte in °d	0–7° weich	7–14° mittelhart	14–21° hart	21–28° sehr hart	28° und mehr extrem hart
Waweich Beutel	–	–	1	2	3*

Tabelle 1: * = je 7°d 1 Beutel mehr

Dosierung für Bawa für alle Wasserhärten pro Maschinenfüllung à 4–5 kg

	leicht verschmutzte Wäsche	normal verschmutzte Wäsche	stark verschmutzte Wäsche
Weißwäsche aus Baumwolle, Leinen, Viskose, Synthesefasern und Fasermischungen	Bawa-Pulver 60 ml = 30 g/M. oder Bawa flüssig konz. 20 ml/M.	Bawa-Pulver 80 ml = 40 g/M. Bawa flüssig konz. 25 ml/M.	Bawa-Pulver 100 ml = 50 g/M. Bawa flüssig konz. 30 ml/M.
Buntwäsche aus Baumwolle, Leinen, Viskose, Synthesefasern und Fasermischungen	Bawa-Pulver 60 ml = 30 g/M. oder Bawa flüssig konz. 20 ml/M.	Bawa-Pulver 80 ml = 40 g/M. Bawa flüssig konz. 25 ml/M.	Bawa-Pulver 100 ml = 50 g/M. Bawa flüssig konz. 30 ml/M.

Tabelle 2: (M. = Maschine)

che usw. – wasserhärteabhängig erhöht werden, obwohl dies von der Wäscheverschmutzung her nicht nötig wäre. Die zuviel eingesetzten Waschmittelinhaltsstoffe gelangen ungenutzt ins Abwasser, durch Waweich brauchen Sie diese bei uns nicht.

Vorbehandlung stark verschmutzter Stellen

Am Kragen und an den Manschetten, Bündchen, Taschenkanten usw. sammelt sich oft hautfetthaltiger Schmutz. Um diesen gut entfernen zu können, sollten Sie vor dem Waschen örtlich vorbehandeln. Dazu eignet sich das flüssige Biozym F. Sie nehmen einen feinen Lackpinsel und tragen die Biozym Flüssigkeit auf die verschmutzte Stelle auf, und zwar so, daß diese gut durchnäßt wird. Dann rollen Sie das Wäschestück zusammen und lassen die Enzyme bei Zimmertemperatur am besten über Nacht einwirken. Sie können die angefeuchteten Stellen aber auch in einen Plastikbeutel stecken, den Sie mit einem Gummiring abdichten. Danach können Sie mit Bawa im Waschbecken von Hand oder in der Maschine waschen. Auf diese Weise lassen sich viele fettlösliche Flecke vorbehandeln.

Bei Soßenflecken nehmen Sie zusätzlich Biozym SE zum Vorbehandeln. Je frischer der Fleck ist, den Sie behandeln, um so besser der Erfolg. Sie können sich aus Biozym SE- und F-Beutelchen auch selbst flüssiges Enzym herstellen, indem Sie einen Beutel mit Enzymen in etwas Wasser (½ Tasse) auflösen. Das geht schnell und die angesetzte Biozymlösung ist frisch und voll wirksam.

Wenn Flüssigkeit übrigbleibt, füllen Sie sie in ein kleines Fläschchen ab und fügen etwas 10%igen Alkohol, Isopropanol oder Kosmetisches Basiswasser der Hobbythek hinzu. Dann hält es sich ca. 2 Monate.

Bei blutverflecker oder mit eiweißhalti-

gem Schleim (Schnupfen) verschmutzter Wäsche ist ein Einweichen in kalter Tensid/Enzym-Lösung (Bawa/Biozym SE) zu empfehlen. Kaltes Einweichen ist wichtig, denn bei Temperaturen über 40°C gerinnen Blut- und Eiweißflecke und brennen ein und sind nicht oder nur sehr schwierig mit aufwendigen Sonderbehandlungen wieder zu entfernen.

Die Einweichzeit kann von ein paar Stunden bis über Nacht ausgedehnt werden.

Achtung: Biozym SE nicht bei Wolle und Seide anwenden, da die Proteasen nicht nur das Schmutzeiweiß, sondern auch das Fasereiweiß zersetzen können.

Das Mischen der beiden Enzymarten SE und F, um sowohl Stärke/Eiweiß als auch Fettflecke zu entfernen, ist möglich. Diese Mischung muß kurz vor dem Gebrauch hergestellt und unmittelbar angewendet werden.

Einweichen können Sie in einem Eimer oder einer Plastikwanne, aber auch in vielen Waschmaschinen. Sie füllen die dafür vorgesehene Wäsche in die Waschtrommel und stellen den Temperaturwähler auf 30°C beim Zweilaugen-Waschverfahren. Dann kommt Biozym SE und Bawa (20 ml Bawa Pulver oder 10 ml Bawa flüssig Konzentrat und 1 Beutel Biozym SE) ins Einspülfach für die Vorwäsche, und die Maschine wird angestellt. Nach dem Einspülen und Durchnetzen der Wäsche (2–3 Minuten) wird die Maschine abgestellt, also den elektrischen Strom abschalten. Nun kann die Wäsche weichen, die Zeit bestimmen Sie selber. Nach der Wiederinbetriebnahme nicht vergessen, den Temperaturschalter auf 40 bzw. 60°C zu stellen.

Bei unserer Programmwahl ist das Einweichen im Vorwaschgang erfolgt. Wenn die Maschine jetzt weiterwäscht, wird nach Ablauf des Vorwaschganges abgepumpt und es folgt der Hauptwaschgang. In die Hauptwasch-Einspülrinne kommt Proweiß super und je nach Verschmutzungsstärke Bawa (Dosierung vgl. *Seite 132 f.*). Sollten Sie Buntwäsche einweichen, müssen, um Verfärbungen zu vermeiden, je nach Farbechtheit 1–2 Beutel Probunt in der Hauptwaschrinne hinzugefügt werden.

Jungbrunnen für lädierte Baumwolltextilien

Die Kur für Ihre Baumwollkleidung (vgl. *Seite 50 f.*) wird einfach in der Waschmaschine durchgeführt. Dazu geben Sie Ihre Baumwollsachen in die Waschmaschine und fügen dazu:

40–80 ml	Bawa flüssig
1 Päckchen	Biozym SE
1–2 Päckchen	Cot'nueva

Dann lassen Sie das Waschprogramm ganz normal bei 40 °C ablaufen. Damit Sie keine Probleme mit der Wäsche bekommen, sollten Sie die Cot'nueva-Kur bei Ihren älteren Baumwollsachen höchstens bis zu fünfmal anwenden. Es hat sich außerdem gezeigt, daß fünfmal waschen besser ist, als einmal mit zuviel Cot'nueva.

Bei dieser Kur gehen nebenbei viele festsitzende Flecken wie Tusche usw. weg. Nur bei alter, durchgescheuerter Wäsche müssen Sie aufpassen. Wenn der Hosenboden der alten Jeans oder die Ellenbogen Ihres Lieblingshemdes schon vor der Kur durchscheinen, sollten Sie auf diese Kur verzichten. Die

Abb. 48: Stark verschmutze Wäsche, wie das T-Shirt dieser kleinen Künstlerin, sollten Sie gründlich vorbehandeln!

abgewetzten Teile könnten nämlich verschwinden, weil die Fasern aufgelöst werden. Das ist auch der Grund dafür, warum diese wirksame Methode bisher noch nicht in industriellen Waschmitteln eingesetzt wird.

Abb. 49: In einer solchen „gläsernen" Waschmaschine wurden zahlreiche Versuche zur Entwicklung unseres Waschmittelbaukastens gemacht.

(1) Weiße Wäsche aus Baumwolle, Leinen und Viskose sowie Frottierwäsche
(siehe auch *Seite 56*)

Vorbehandlung
- Speckige Kragen und Manschetten sowie Fettflecken mit Biozym F einreiben und 2–4 Stunden einwirken lassen.

Waschmittel
- Waweich (nur bei Bawa Pulver) je nach Wasserhärte (vgl. *Seite 64*)
- 80 ml Bawa Pulver oder 25 ml Bawa flüssig Konzentrat
- 1 Beutel Biozym SE
- evtl. 1 Beutel Biozym F
- 60 ml Proweiß super
- evtl. 1 Beutel Prohell

Maschinenwäsche 40–60 °C
- Maschine nach Vorschrift beladen, so vermeiden Sie Flusenbildung
- Im letzten Spülgang 20–30 ml Kalweg und 10–20 Tropfen Waschmittelparfüm in die für den Weichspüler vorgesehene Einspülkammer geben

Trocknen
- Nicht im direkten Sonnenlicht oder auf der Heizung
- Wenn Wäschetrockner, dann bei Frottierwäsche nur zur Hälfte beladen

Tip
Leicht gezogene Schlingen an Frottierwäsche nicht herausziehen, sondern abschneiden

(2) Bunte Wäsche aus Baumwolle, Leinen und Viskose sowie stark farbige Frottierwäsche
(siehe auch *Seite 58*)

Vorbehandlung
- In der Regel empfehlenswert (vgl. (1))

Waschmittel
- Waweich (nur bei Bawa Pulver) je nach Wasserhärte (vgl. *Seite 64*)
- 80 ml Bawa Pulver oder 25 ml Bawa flüssig Konzentrat
- 1 Beutel Biozym SE
- evtl. 1 Beutel Biozym F
- 30 ml Proweiß (nur bei farbechter Buntwäsche, wenn Bleiche notwendig ist)
- 1–2 Tabl. Probunt (2 Tabl. bei starker Ausblutungsgefahr)

Maschinenwäsche 40–60 °C
- Maschine nach Vorschrift beladen, so vermeiden Sie Flusenbildung
- Im letzten Spülgang 20–30 ml Kalweg und 10–20 Tropfen Waschmittelparfüm in die für den Weichspüler vorgesehene Einspülkammer geben.

Trocknen
- Feuchte farbige Wäsche nicht längere Zeit liegen lassen
- Trocknen im direkten Sonnenlicht oder auf der Heizung vermeiden
- Wenn Wäschtrockner, dann bei Frottierwäsche nur zur Hälfte beladen

(3) Pflegeleichte weiße Wäsche aus Baumwolle oder Synthesefaser-/Baumwollmischungen; Berufskleidung
(siehe auch *Seite 56*)

Vorbehandlung
in der Regel empfehlenswert (vgl. (1))

Waschmittel
- Waweich (nur bei Bawa Pulver) je nach Wasserhärte (vgl. *Seite 64*)
- 80 ml Bawa Pulver oder 25 ml Bawa flüssig Konzentrat
- 1 Beutel Biozym SE
- evtl. 1 Beutel Biozym F
- 60 ml Proweiß super zur Verstärkung der Bleiche (vgl. *Seite 35 f.*)
- 1 Beutel Prosyn
- evtl. 1 Beutel Prohell

Maschinenwäsche 40–60 °C
- Waschprogramm für pflegeleichte Wäsche
- reduzierte Beladung
- Im letzten Spülgang 20–30 ml Proweich oder für zu appretierende Teile Reisstärke nach vorgegebener Dosierung und 10–20 Tropfen Waschmittelparfüm in die für den Weichspüler vorgesehene Einspülkammer geben.

Entwässern und Trocknen
- Kurz schleudern
- Wenn Trockner, dann Pflegeleicht-Programm

(4) Pflegeleichte pastellfarbige bzw. buntgemusterte Wäsche aus Baumwolle oder Synthesefaser-/Baumwollmischungen; Berufskleidung

Vorbehandlung
In der Regel empfehlenswert (vgl. (1))

Waschmittel
- Waweich (nur bei Bawa Pulver) je nach Wasserhärte (vgl. *Seite 64*)
- 80 ml Bawa Pulver oder 25 ml Bawa flüssig Konzentrat
- 1 Beutel Biozym SE
- evtl. 1 Beutel Biozym F
- 30 ml Proweiß zur Bleiche
- 1 Beutel Prosyn
- 1–2 Tabl. Probunt (2 Tabl. bei starker Ausblutungs- gefahr)

Maschinenwäsche 40–60 °C
- Waschprogramm für pflegeleichte Wäsche
- reduzierte Beladung
- Im letzten Spülgang 20–30 ml Proweich oder für zu appretierende Teile Reisstärke nach vorgegebener Dosierung und 10–20 Tropfen Waschmittelparfüm in die für den Weichspüler vorgesehene Einspülkammer geben

Entwässern und Trocknen
- Kurz schleudern
- Wenn Trockner, dann Pflegeleicht-Programm

Abb. 50a + b: Bei häufigem Waschen – z.B. von Handtüchern – besteht die Gefahr der Überdeckung von Farben durch Kalkablagerungen *(ganz links)*. Dies können Sie durch Zugabe von Kalweg verhindern.

(5) Wäsche aus filzarmer Schurwolle
(siehe auch *Seite 58 ff.*)

Waschmittel
- 60 ml Bawos
- 1 Beutel Biozym F

Maschinenwäsche 30 °C
- Wollwaschprogramm
- Im letzten Spülgang 10–20 Tropfen Waschmittelparfüm in die für den Weichspüler vorgesehene Einspülkammer geben. Keinen Weichspüler – Bawos enthält Weichspüler!
- Nur anschleudern

Trocknen
- Farbige Teile nicht feucht aufeinander liegen lassen
- Zum Vortrocknen in saugfähige Tücher einrollen
- In Form ziehen, liegend oder auf Bügel hängend trocknen

Abb. 51a: Farbstoffmoleküle können sich während der Wäsche vom Gewebe lösen und auf anderen Geweben festsetzen. Bei der Mischung von kräftigen und hellen Farben verfärben sich dann oft die helleren Wäscheteile. Dies können Sie durch die Zugabe von Probunt verhindern.

(6) Empfindliche Wäsche aus Schurwolle (nicht filzarm)
(siehe auch *Seite 58 ff.*)

Waschmittel
- 20 ml Bawos
- evtl. 1 Beutel Biozym F

Handwäsche 30 °C (mit Gummihandschuhen waschen!)
- Separat waschen
- Nicht einweichen
- Waschmittel im Wasser verteilen, dann Wäschestück einlegen, zügig durchwaschen, nicht rubbeln
- Sofort schonend spülen (evtl. ins letzte Spülbad 10 Tropfen Waschmittelparfüm; keinen Weichspüler – Bawos enthält Weichspüler!), danach vorsichtig ausdrücken

Trocknen
- Farbige Teile nicht feucht aufeinander liegen lassen
- Zum Vortrocknen in saugfähige Tücher einrollen
- In Form ziehen, liegend oder auf Bügel hängend trocknen

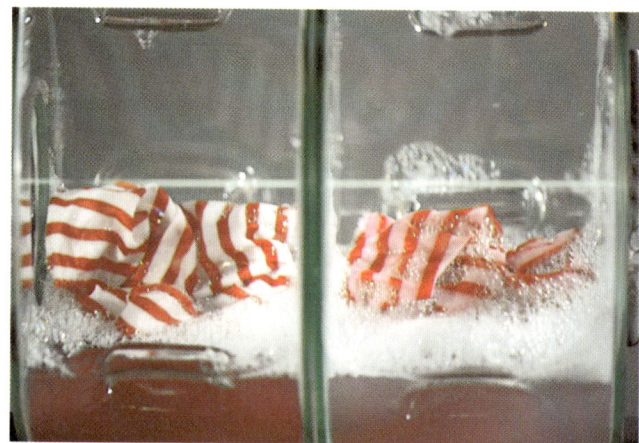

Abb. 51b: Waschversuche: *Links:* Waschvorgang mit Probunt, die gelösten Farbstoffmoleküle werden im Wasser festgehalten. *Rechts:* Waschvorgang ohne Probunt.

(7) Farbige Wäsche aus Seide
(siehe auch *Seite 60f.*)

Vorbehandlung
Bei unifarbenen Wäschestücken speckige Kragen und
Manschetten sowie Fettflecken mit Biozym F einreiben und
evtl. 2–4 Stunden einwirken lassen

Waschmittel bei Handwäsche
- 20 ml Bawos
- 1 Beutel Biozym F

Handwäsche 30 °C (mit Gummihandschuhen waschen!)
- Möglichst jedes Wäschestück einzeln im Waschbecken
  waschen
- Waschmittel im lauwarmen Wasser gut verteilen
- Wäschestück soll locker im Wasser schwimmen
- Zügig durchwaschen, nicht rubbeln
- Sofort schonend spülen
- evtl. 10 Tropfen Waschmittelparfüm ins letzte Spülwas-
  ser geben; keinen Weichspüler – Bawos enthält Weich-
  spüler!
- Vorsichtig ausdrücken, nicht wringen

Waschmittel bei Maschinenwäsche
- 60 ml Bawos
- 1 Beutel Biozym F

Maschinenwäsche 30 °C
- Reduzierte Beladung
- Waschprogramm für empfindliche Feinwäsche
- evtl. im letzten Spülgang 10–20 Tropfen Waschmittelparfüm in die für den Weichspüler vorgesehene Einspülkammer geben; keinen Weichspüler (*siehe oben*)
- Nicht schleudern

Trocknen
- Farbige Teile nicht feucht aufeinander liegen lassen
- Zum Vortrocknen in saugfähige Tücher einrollen
- In Form ziehen, evtl. Tücher zwischenlegen, um Farb-
  wanderungen zu vermeiden, liegend trocknen
- Nicht an der Heizung oder in der Sonne trocknen
- In feuchtem Zustand von links bügeln

(8) Pflegeleichte saugfähige Sportwäsche aus Baumwolle und Polyester oder anderen Synthesefasern
(siehe auch *Seite 56*)

Waschmittel
- Waweich (nur bei Bawa Pulver) je nach Wasserhärte
  (vgl. *Seite 64*)
- 80 ml Bawa Pulver oder 25 ml Bawa flüssig Konzentrat
- 1 Beutel Biozym F
- 60 ml Proweiß super
- 1 Beutel Prosyn
- evtl. 1–2 Tabletten Probunt (nur bei bunter Wäsche,
  vgl. (2))

Maschinenwäsche 40–60 °C
- Reduzierte Beladung
- Programm für pflegeleichte Wäsche
- Nur anschleudern
- Im letzten Spülgang 20–30 ml Kalweg und 10–20 Trop-
  fen Waschmittelparfüm in die für den Weichspüler vor-
  gesehene Einspülkammer geben (kein Proweich oder
  andere Weichspüler verwenden – Saugfähigkeit leidet!)

Trocknen
- Auf dem Bügel hängend trocknen
- Wenn Trockner, dann Pflegeleicht-Programm

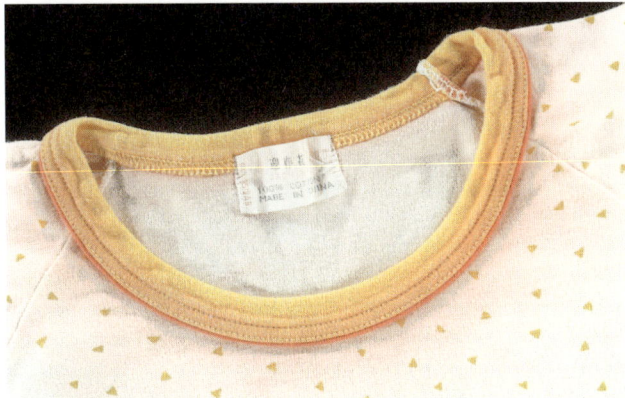

Abb. 52: Auch hier hätte Probunt das Verfärben des T-Shirts verhindert.

(9) Winddichte wasserabweisende und atmungsaktive Sportbekleidung aus Synthese-Mikrofasern (auch mit Daunen- und Vlies-Füllung)
(siehe auch *Seite 57*)

Waschmittel bei Handwäsche
- 20 ml Bawos (schont die Imprägnierung)
- 1 Beutel Biozym F
- 1 Beutel Prosyn

Handwäsche 30 °C (mit Gummihandschuhen waschen!)
- Biozym F und Prosyn in mit Wasser gefüllter Wanne auflösen, Wäscheteil einlegen und 4 Stunden einweichen lassen
- Bawos und evtl. noch warmes Wasser zugeben
- Zügig durchwaschen
- Gut spülen
- Nicht wringen, sondern auf den Bügel hängen, in Form ziehen und abtropfen lassen

Waschmittel bei Maschinenwäsche
- 80 ml Bawos
- 1 Beutel Biozym F
- 30 ml Proweiß (wenn Bleiche notwendig)
- 1 Beutel Prosyn
- 1 Tabl. Probunt (nur bei bunter Wäsche)

Maschinenwäsche 40 °C
- Reduzierte Beladung
- Waschprogramm für pflegeleichte Wäsche
- Nur anschleudern
- Im letzten Spülgang evtl. 10–20 Tropfen Waschmittelparfüm in die für den Weichspüler vorgesehene Einspülkammer geben (keinen Weichspüler – Bawos enthält Weichspüler!)

Trocknen
- Auf Bügel hängen und in Form ziehen
- Schonende Bedingungen im Trockner

(10) Funktionelle Radsportkleidung aus Polyamid (Trikots, Sporthosen mit Wildleder- oder Vlieseinsatz)
(siehe auch *Seite 64*)

Vorbehandlung
- Stark verschmutzte Partien und Leder- oder Vlieseinsatz der Sitzfläche mit Biozym F einreiben und 3–4 Stunden einziehen lassen

Waschmittel bei Handwäsche
- 30 ml Bawos
- 1 Beutel Biozym SE
- evtl. 1 Beutel Biozym F

Handwäsche 30 °C (mit Gummihandschuhen waschen!)
- Separat waschen
- Nicht einweichen
- Waschmittel im Wasser verteilen, dann Wäschestück einlegen
- Leder- und Vlieseinsätze gut durchwaschen
- Sofort spülen (evtl. ins letzte Spülbad 10 Tropfen Waschmittelparfüm), danach vorsichtig ausdrücken

Trocknen
- Feuchte Ledereinsätze während des Trocknens mehrmals von Hand durchwalken
- Schonende Bedingungen im Trockner

(11) Pflegeleichte Gardinen aus Polyesterfilamentgarn
(siehe auch *Seite 57*)

- Stecknadeln, Röllchen und – falls möglich – Bleiband entfernen

Waschmittel bei Handwäsche
- 80 ml Bawa Pulver
- 60 ml Proweiß super
- 1 Beutel Prosyn
- 1 Beutel Biozym F

Handwäsche 40 °C (mit Gummihandschuhen waschen!)
- Waschmittel in einer Wanne mit Wasser gut auflösen
- Gardinen locker ins Waschbad einlegen und ½–1 Stunde einweichen, anschließend zügig durchwaschen
- Gut spülen
- Ins letzte Spülbad 20 ml Proweich pro 10 l Wasser und 10 Tropfen Waschmittelparfüm geben
- Nicht wringen, Spülwasser abstreifen

Waschmittel bei Maschinenwäsche
- Waweich je nach Wasserhärte (vgl. *Seite 64*)
- 80 ml Bawa Pulver
- evtl. 1 Beutel Biozym F
- 60 ml Proweiß super
- 1 Beutel Prosyn
- evtl. 1 Beutel Prohell

Maschinenwäsche 40 °C
- Reduzierte Beladung
- Waschprogramm für Gardinen oder Feinwäsche
- Ins letzte Spülbad 40 ml Proweich und ½ Teelöffel Waschmittelparfüm
- Nur anschleudern

Trocknen
- Noch feucht am Fenster aufhängen und in Form ziehen; Frottiertücher unterlegen, um Teppiche oder Parkett zu schonen.
- Schonende Bedingungen im Trockner
- Spülen mit Proweich verhindert im Trockner elektrostatische Aufladungen (vgl. *Seite 53*)

Abb. 53: So können pflegeleichte Gardinen aussehen, wenn Sie zu heiß gewaschen wurden.

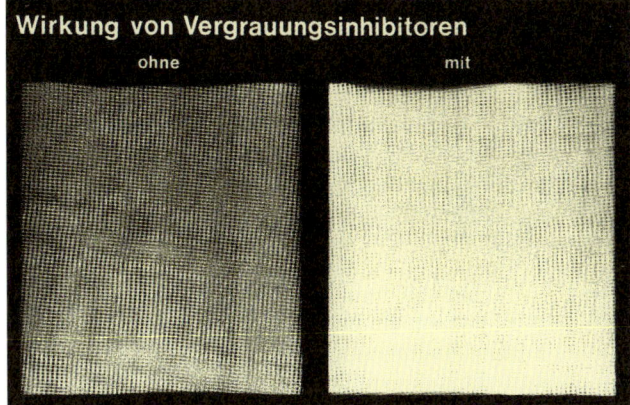

Abb. 54: Links: Pflegeleichte Gardine, ohne Vergrauungsinhibitor gewaschen, *rechts:* mit Vergrauungsinhibitor (Prosyn) gewaschen.

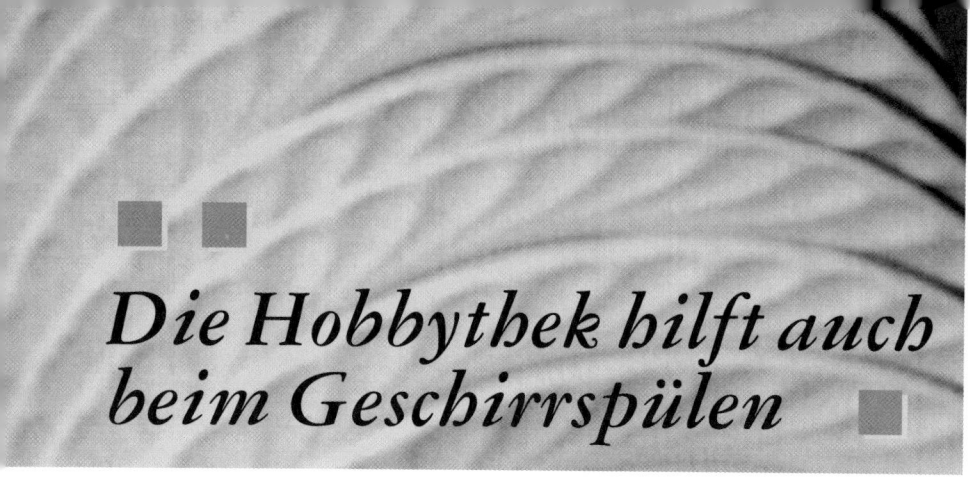

Die Hobbythek hilft auch beim Geschirrspülen

Wenn Sie mit der Hand spülen

Das Geschirrspülen gehört wie das Wäschewaschen und das Putzen im Haushalt zu den nicht übermäßig beliebten Arbeiten.

Ich, Jean Pütz, erinnere mich da noch sehr gut an meine Kindheit und auch an die Tatsache, daß ich mich bewußt ungeschickt anstellte, um meine Mutter ja nicht auf die Idee kommen zu lassen, daß ich fürs Spülen gewisse Talente hätte. Die Geschirrspülmaschine gab es damals noch nicht.

Beim Reinigen von Geschirr müssen Speisereste, also Fett, Stärke, Eiweißreste, Haferflocken, die z.T. schon eingetrocknet sein können, sowie farbige Gerbstoffe (z.B. aus Tee, Kaffee und Früchten), aber auch künstliche und natürliche Farben (z.B. Beta-Carotin aus Gemüse und Früchten oder Chlorophyll usw.) vom Geschirr entfernt werden.

Trotz der modernen Errungenschaft der Spülmaschine ist die häufigste Säuberungsmethode immer noch das Spülen von Hand. Dazu braucht man Wasser, ein Spülmittel, also ein Tensid, das in der Lage ist, Fett zu emulgieren, und natürlich auch Mechanik, d.h. die Bearbeitung des schmutzigen Geschirrs mit einem Spültuch, einer Spülbürste und mehr oder weniger kratzenden Schwämme oder dem von der Hobbythek empfohlenen Universalhaushaltstuch, dem Spül- und Wischtuch oder Scheuerpads und Luffaschwamm. Die Temperatur der Spüllauge sollte 40 °C nicht überschreiten, um die Hände zu schonen (bei sehr empfindlicher Haut Gummihandschuhe benutzen), jedoch auch nicht wesentlich darunter liegen, weil Wärme das Entfernen der Speisereste auch ohne viel Chemie ermöglicht.

Auch das Abtrocknen ist nicht besonders beliebt, insbesondere nicht bei helfenden Kindern, obwohl dadurch ja auch eine gewisse Geschicklichkeit eingeübt wird. Zumindest Gläser kann man nicht einfach nur ablaufen lassen. Sie müssen mit dem Abtrockentuch flusenfrei (vgl. *Seite 82*) abgetrocknet werden. Ein vernünftiges Spülmittel in geringer Dosierung erleichtert neben der besseren Benetzung auch das Abtrocknen. Ein Rezept für ein besonders hautmildes Handspülmittel finden Sie auf *Seite 94*. Wir haben dafür bewußt Tenside eingesetzt, die aus der Hautpflege stammen und außerordentlich ergiebig sind. Ein bis zwei Spritzer pro Spülschüssel reichen völlig aus.

Bei besonders hartnäckigen Verfärbungen durch Gerbstoffe können Sie auch unser Proweiß zu Hilfe nehmen, allerdings nur mit Gummihandschuhen.

Selbstverständlich bringt die Geschirrspülmaschine große Arbeitserleichterung, aber in kleineren Haushalten ist es doch angebracht, gelegentlich mit der Hand zu spülen, denn allein schon aus ökologischen Gründen lohnt es sich nicht, eine kaum gefüllte Geschirrspülmaschine anzuschalten. Es empfiehlt sich nämlich nicht, das ungespülte Geschirr zu lange in der Geschirrspülmaschine stehenzulassen, da sonst die Speisereste antrocknen und dann nur noch mit viel Chemie entfernt werden können. Hinzu kommt auch noch ein hygienisches Risiko, denn vom tagelang ungespülten Geschirr können nicht nur üble Gerüche ausgehen, sondern so manche Krankheitserreger, insbesondere Schimmel und Mikropilze, fühlen sich darauf ausgesprochen wohl.

Spülen mit der Maschine

Natürlich hat sich die Hobbythek auch mit der Entwicklung eines Spülmittels für Geschirrspülmaschinen beschäftigt. Vor fünf Jahren empfahlen wir Ihnen

Abb. 1:   So sauber und glänzend sollte Ihr Geschirr aus der Geschirrspülmaschine kommen.

Abb. 2:   Geben Sie eine Tablette Prorein für den Vorspülgang einfach in den Besteckkorb. So kann der Reiniger schon beim Vorspülen aktiv werden.

eine Zusammenstellung von Tensiden (Stawa super, Betain oder Glyzin-Tensid), Schaumex und Parfüm. Zusätzlich kann man noch Proweiß zum Wegbleichen der Rückstände von Kaffee, Tee oder Obst zufügen. Dieses Spülmittel hat sich im Gegensatz zu unserem Waschmittelbaukasten nicht besonders durchgesetzt, deshalb haben wir jetzt sehr viel Mühe in die Entwicklung eines

ökologisch und praktisch optimalen Spülmittels investiert. Wir haben die Tablettenform gewählt, weil Tabletten die Dosierung erleichtern.

Prorein-Heinzelmännchen in der Spülmaschine
Eine Tablette **Prorein** enthält ein schaumarmes, netzendes Tensid aus nachwachsenden Rohstoffen, das

außerdem das Schäumen unterdrückt und der Schaumentwicklung durch den Schmutz entgegenwirkt, und für die Verstärkung der Reinigungswirkung Schichtsilikat SKS 6 und Proweiß super (vgl. *Seite 51*) zum Bleichen von farbigem Schmutz. Die Enzyme **Biozym SE** und **Biozym F** für die Stärke-, Eiweiß- und Fettlösung haben wir weggelassen. Diese können Sie bei Bedarf hinzufügen.
Die Biozym-Beutel werden zusammen mit den Prorein-Tabletten in die Spülkammer gegeben. Es empfiehlt sich übrigens, schon für den Vorspülgang eine Tablette zuzugeben. Dazu geben Sie sie einfach in den Besteckkorb, womit der Reiniger schon beim Vorspülen

aktiv wird, denn das unterstützt die Schmutzentfernung mehr als Wasser allein. Je nach Verschmutzung werden dann 2 bis 3 Tabletten für den Hauptreinigungsgang benötigt. Geben Sie sie zusammen mit den Enzymen in die Spülmittelkammer.

Bleibt noch das Problem des Klarspül-Gangs. Auch hier brauchen wir nur ein Minimum an Chemie. Ursprünglich hatten wir Ihnen eine Mischung aus Zitronensäure (aus Kalweg und Parfüm) empfohlen. Doch diese hatte einige Nachteile, denn die Benetzung stimmte nicht optimal. Das haben wir jetzt dadurch gelöst, daß wir neben Kalweg eine Tensidlösung, und zwar ein mildes Fettalkoholtensid mit Ethylalkohol gemischt, beifügen. Dadurch erreicht man ein glanzklares Ablaufen des letzten Spülwassers. Diese Mischung können Sie fertig in den Läden kaufen, die die Rohstoffe zur Realisierung unserer Rezepte führen. Wir haben sie **Proklar** genannt und sie besteht konkret aus einer Mischung von 30 % Zitronen-Säure, 15 % Tenside und 13 % Ethanol in Wasser.

Der Klarspüler – Proklar – wird automatisch aus dem Vorratsbehälter der Spülmaschine dosiert. Meist ist die werksseitige Einstellung von 3 Milliliter Klarspüler richtig, die der Maschine vom Hersteller vorgegeben wurde.

Bei richtiger Arbeitsweise ist sie auf die durch den eingebauten Wasserenthärter erzielte Wasserhärte von 7–10°d eingestellt. Die Dosierung stimmt, wenn Spülwasser und Klarspüler spurenfrei ablaufen und Gläser und Geschirr einen schönen Glanz zeigen. Eine Unterdosierung oder völliger Verzicht auf einen Klarspüler führt zu Tropfenresten und Kalkstreifen auf dem Ge-

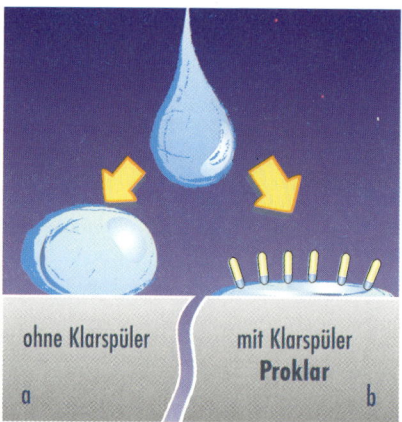

ohne Klarspüler
a

mit Klarspüler
Proklar
b

Abb. 3: Wirkung des Klarspülers Proklar: Die Tenside verringern die Grenzflächenspannung des Wassers, so daß der Wasserfilm gleichmäßig abläuft und keine Flecke durch Wassertropfen entstehen (b).

schirr und den Gläsern. Dosieren Sie zuviel, gibt es schmierige und klebrige Schlieren.

Diesen Klarspüler, Proklar, geben Sie in den in der Spülmaschine vorgesehenen Behälter hinein (meist in der Tür der Maschine untergebracht). Im letzten Spülgang wird davon, wie oben erwähnt, nur eine der Wasserhärte entsprechende Menge freigesetzt.

Noch ein Wort zur Wasserhärte. Alle Spülmaschinen besitzen einen eingebauten Wasserenthärter auf Ionenaustauschbasis. Er besteht aus Kunstharzperlen, die dem Wasser die Calcium- und Magnesiumionen entziehen, indem sie sie gegen Natriumionen austauschen. Diesen Austausch zeigt Abbildung 4.

Die Natriumionen sind in die Kunstharzperlen eingebaut. Allerdings funktioniert der Enthärter nicht, wenn alle

Natriumionen durch die Calciumionen verdrängt worden sind. Deshalb muß von Zeit zu Zeit mit Kochsalz (Natriumchlorid, NaCl) regeneriert werden. Diese Regeneration bewirkt, daß die Calcium- und Natriumionen durch Natriumionen ausgetauscht werden. Dabei bildet sich gut wasserlösliches Calcium- bzw. Magnesiumchlorid, das in das Abwasser ausgeschwemmt wird. Also, denken Sie daran, regenerieren ist unverzichtbar. Wenn Sie es vergessen, zerstören Sie die Enthärterpatrone. (Achtung: Austausch sehr teuer!). Ganz abgesehen von der Tatsache, daß Ihr Geschirr unansehnlich wird.

Das Einfüllgefäß für das Salz und die Enthärterpatrone befinden sich meist auf dem Boden im Innern der Maschine.

Obwohl theoretisch möglich, sollten Sie kein Speisesalz verwenden. Es enthält Zusatzstoffe, die den Enthärter verschlammen und den Austauschprozeß stören können. Nehmen Sie also nur das spezielle **Spülmaschinensalz**, das Sie im Lebensmittel- oder Drogeriehandel und in den Hobbytheklädken kaufen können. Die notwendige Menge des Salzes ist abhängig von der Wasserhärte. Bei Geräten neuerer Bauart beträgt der durchschnittliche Bedarf an Salz für ein Spülprogramm etwa folgende Menge:

Härtebereich 1 (weich):
0–7°d = ca. 20 g Salz
Härtebereich II (mittelhart):
7–14°d = ca. 30 g Salz
Härtebereich III (hart):
14–21°d = ca. 40 g Salz
Härtebereich IV (sehr hart):
21–28°d = ca. 60 g Salz

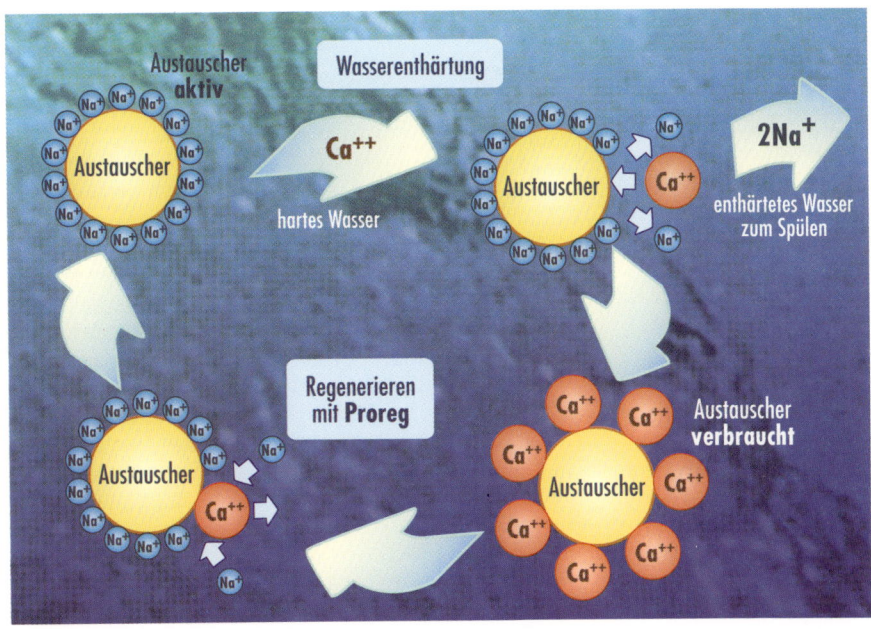

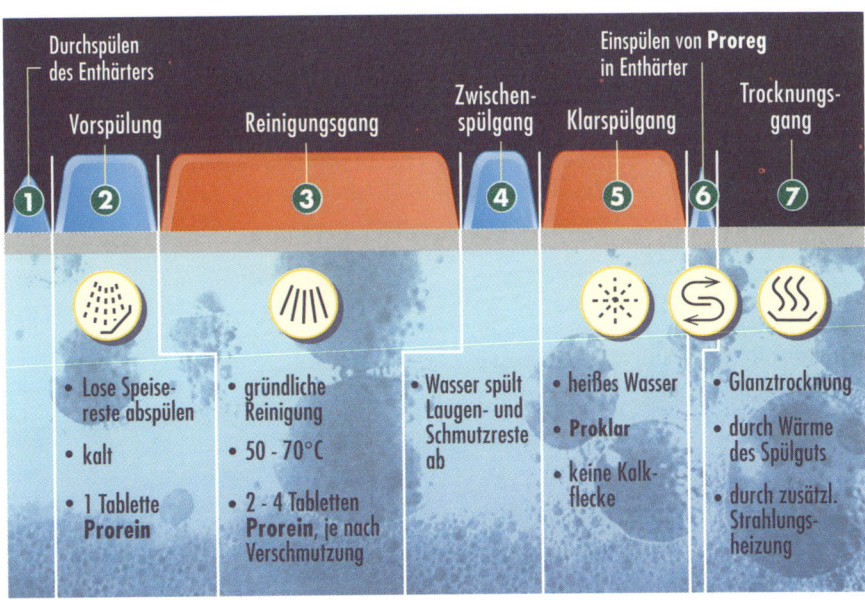

Wasserenthärtung

Austauscher **aktiv**

Austauscher

Ca++

hartes Wasser

Austauscher

Ca++

2Na+

enthärtetes Wasser zum Spülen

Regenerieren mit Proreg

Austauscher

Ca++

Na+

Austauscher **verbraucht**

Ca++ Ca++ Ca++ Ca++ Ca++ Ca++ Ca++

Austauscher

Durchspülen des Enthärters

Vorspülung

Reinigungsgang

Zwischen-spülgang

Einspülen von **Proreg** in Enthärter

Klarspülgang

Trocknungs-gang

① ② ③ ④ ⑤ ⑥ ⑦

• Lose Speise-reste abspülen

• kalt

• 1 Tablette **Prorein**

• gründliche Reinigung

• 50 - 70°C

• 2 - 4 Tabletten **Prorein**, je nach Verschmutzung

• Wasser spült Laugen- und Schmutzreste ab

• heißes Wasser

• **Proklar**

• keine Kalk-flecke

• Glanztrocknung

• durch Wärme des Spülguts

• durch zusätzl. Strahlungs-heizung

Abb. 4: Wasserenthärtung in der Geschirr-spülmaschine: Die Calciumionen der Was-serhärte werden im Enthärtungsfilter durch Natriumionen ersetzt, das Wasser wird weich. Damit immer genug Natriumionen für diesen Vorgang vorhanden sind, muß von Zeit zu Zeit Proreg zur Regeneration in den Salzvorratsbehälter nachgefüllt werden.

Einige Tips zum Schluß:

Wenn Sie den groben Schmutz vorher vom Geschirr mit Leitungswasser ab-spülen, kommen Sie mit weniger Spül-mittel aus, also mit weniger Prorein-Tabletten. Außerdem wird die Ge-ruchentwicklung in der Maschine deut-lich weniger, auch ohne Parfüm.

Entkalken von Geschirrspülmaschinen ist nur notwendig, wenn durch häufige Unterdosierung von Reiniger und/oder Klarspüler, zu niedrige Reinigungstem-peratur, zu „milde" Reinigungspro-gramme, Schmutz und Speise- und Kalkreste in der Maschine abgelagert wurden. Fettreste werden ranzig, Spei-sereste schimmeln, die Maschine fängt an zu „stinken". Solche Rückstände und Beläge entfernen Sie mit 200 bis 400 Milliliter **Kalweg.** Mit dieser Menge Kalweg führen Sie einen Reinigungs-gang ohne Geschirr bei hoher Tempe-ratur (65°C) durch. Achtung: Kalweg erst zugeben, wenn das Wasser zuge-laufen ist, d.h. der Reinigungsgang läuft. Sonst wird das Produkt vorher ab-gepumpt.

Abb. 5: So spülen Sie optimal mit den Rei-nigungsmitteln der Hobbythek.

Putzen

Zunächst etwas zur Geschichte. Der allwöchentliche Putztag – meist der Freitag – war für uns Pütz-Kinder immer ein Horror. Nicht nur, weil meine Mutter mich und meine beiden Geschwister in einer geschickten Arbeitsteilung mit in die Mühen dieses Tages einbaute, sondern weil es dann zu Hause so ungemütlich war.

Es war in den 50er Jahren, der Zweite Weltkrieg mit seinen Bombenangriffen, Granaten, Schüssen und brutalen Zerstörungen war gerade erst vorbei, die Menschen hatten sich mehr schlecht als recht ihre eigenen vier Wände aufgebaut und suchten in der Familie die Nestwärme, auf die fast alle Europäer während der Kriegswirren hatten verzichten müssen. Hygiene wurde großgeschrieben. Die spärliche Werbung, die es damals schon gab, konnte darauf aufbauen, daß die Weltordnung festgefügt war. Der Mann arbeitete draußen, um für den materiellen Unterhalt der Familie zu sorgen, die Frau hütete das Haus und sorgte dafür, daß alles blitzblank war, sofern sie etwas auf sich hielt.

Das „zweite Gewissen" – Sauberkeit als Weltanschauung – wurde propagiert mit dem Motto: „Weiß, weißer geht's nicht!". So jedenfalls mußte die Wäsche sein. Ebenso sauber mußte der Fußboden gewischt werden und mit „Zwei Spritzer ins Becken …" bewarb Rei das erste Spül- und Reinigungsmittel auf synthetischer Basis, „… und die Hausfrau fühlt sich wohl!".

Sicher ein Horrorszenario für heutige Frauen, die die Errungenschaften der Emanzipation und nicht zuletzt der arbeitserleichternden Technologie in ihr Leben integriert haben. Doch damals fiel der Anachronismus kaum einem auf, obwohl Frauen schließlich während des Krieges und beim Wiederaufbau die notwendige Arbeit, auch härteste Körperarbeit, verrichtet hatten.

Wer aber glaubt, daß männliche Erkenntnis die Frauen von dieser Art der „Arbeitsteilung" befreit hätte, der irrt genauso wie Analytiker, die meinen, daß die Sklaverei aus Gründen der Menschlichkeit, d.h. aufgrund ethischer Überlegungen, abgeschafft worden sei. Es war wohl vielmehr die Entwicklung von technischen Geräten, die die Arbeit schneller und vor allem billi-

ger verrichteten und rasch den Markt eroberten, die zu einer gewissen Lockerung der Arbeitsteilung im Haushalt und Demokratisierung in der Wirtschaft führte.

Damit möchte ich nicht die Bemühungen und Zielvorgaben von vielen großen, der Menschlichkeit verpflichteten Philosophen, Schriftstellern, Soziologen und Politikern schmälern, aber Materialismus spielte nun einmal – und spielt immer noch – die entscheidende Rolle. Der Materialismus ist es auch, der verhindert, daß Einsichten von vielen Wissenschaftlern und Bürgern mit ökologischem Gewissen selbst heutzutage noch so wenig Beachtung finden, obwohl wir wissen, daß die Ressourcen, die unseren Kindern und Kindeskindern ein unseren Bedingungen entsprechendes Leben auf diesem Globus ermöglichen, bald erschöpft sein werden, wenn wir so weitermachen.

Die Lehre aus dieser Geschichte: Wenn wir etwas verändern wollen, dann brauchen wir neben technischen und wirtschaftlichen Voraussetzungen vor allen Dingen Menschen, die unorthodox denken und den Industriebossen und Politikern, die zur Umorientierung nicht bereit sind, zeigen, daß es mit Hilfe von neuen Technologien auch geht und daß wir unseren Globus so vielleicht noch retten können.

Diesem Ziel hat sich die Hobbythek verpflichtet. Wir kritisieren nicht nur, sondern wir setzen auf intelligente Konkurrenz. Über zweihundert neuartige, in jedem Fall ökologisch und praktisch überlegene Produkte belegen dieses Bemühen.

Ich möchte nun hier nicht zum Philosophen werden, sondern nur darauf hinweisen, daß auch der Haushalt sehr viel von solchen technischen Entwicklungen profitiert hat.

Zurück zum Putzen und Reinigen. Da gibt es heute noch den Besen, den Handfeger mit Schippe, den Schrubber, den Putzeimer, den Aufnehmer (großer Putzlappen), das Staubtuch (aus Baumwolle), den Mop (Staubwedel), die kiloschwere Bohnerbürste (um Glanz aufs Parkett oder Bodenbeläge wie Linoleum oder Balatum zu bringen) und die Staubspinne mit ihrem 3 Meter langen Stiel, um auch an die hohen Decken heranzukommen.

Bei den Reinigungsmitteln hat sich einiges geändert. Früher gab es Schmierseife, Soda und Chlorwasser, Eau de Javel genannt (auch zur Desinfektion der Toilette). Als Lösungsmittel wurden bestenfalls Terpentin oder Terpentinersatz verwendet. Manchmal auch Waschbenzin und – damit die Böden blitzblank glänzten – gab es echtes Bohnerwachs, dessen Geruch nach Kerzenwachs mir nie mehr aus der Nase gehen wird.

Inzwischen hat sich viel getan. Es ist geradezu ein Kennzeichen unserer Zeit, daß wir heute im Haushalt derart viele Geräte zur Verfügung haben, daß wir kaum mehr wissen, wohin damit. Heutzutage dominiert das elektrisch betriebene Gerät, und deshalb folgt hier eine kurze Würdigung und ökologische Einschätzung, ohne Anspruch auf Vollständigkeit.

Putz- und Säuberungsmaschinen im Haushalt: Ökologische Einschätzung

Zunächst kann generell festgehalten werden, daß all die Geräte in ihrem Energiebedarf weitgehend unbedenklich bis umweltneutral sind, die Strom in mechanische Bewegung umsetzen. Sie ersparen viel Mühe und sind uns Hausmännern und Hausfrauen zu gönnen. Dazu gehören:

Staubsauger: Hier besteht ein sehr gutes Verhältnis zwischen Energieverbrauch und Arbeitserleichterung.

Skeptisch werden sollte man dagegen immer dann, wenn mit Strom Wärme erzeugt wird. Dann sollten bei einem ökologisch verantwortlich denkenden Menschen die Alarmglocken läuten. Das liegt daran, daß elektrische Energie eine sehr hochwertige Energieform darstellt, vergleichbar mit mechanischer Energie. Wärme hingegen ist eine der niedersten Arten von Energie. Ich möchte hier auf weitergehende physikalische Erklärungen verzichten, aber im Endeffekt ist es so, daß Wärme aus elektrischer Energie im günstigsten Falle eine Ausbeutung von nur 35 bis 40 % bedeutet, d. h. fast zwei Drittel der verbrannten Energie geht, zumindest in den Großkraftwerken der Elektrizitätserzeuger auf der grünen Wiese, durch die Kühltürme verloren. Deshalb sollte elektrische Energie zu Hause nur sehr mit Bedacht und unter strenger Abwägung des Nutzens eingesetzt werden. Auf jeden Fall abzulehnen sind elektrische Raumheizgeräte, insbesondere

Nachtspeicherheizungen, dazu gehören auch elektrische Heizlüfter, die nur in extremen Notfällen eingesetzt werden sollten. Gegen deren Verwendung zur Lüftung, ohne Heizeffekt, ist nichts einzuwenden.

Abzulehnen sind daher auch sämtliche Haushaltsgeräte, die – wie neuerdings in der Werbung so häufig als Revolution im Haushalt angepriesen – mit heißem Dampf reinigen. Sie werden als Tausendsassa apostrophiert, was sie aber gar nicht sind, denn wenn man z. B. Eiweißflecken damit entfernen will, gerinnt dieses Eiweiß und kann sich nur noch stärker festsetzen.

Im übrigen gibt es heute Reinigungsmittel, gegen die keinerlei ökologische Bedenken bestehen, wie wir im folgenden noch belegen werden.

Aber das alles ist noch gar nicht entscheidend. Viel schlimmer ist, daß für eine im Elektrizitätswerk erzeugte Kilowattstunde Energie von fast drei Kilowattstunden verbrannt werden muß. Dabei entstehen ca. 250 l Kohlendioxid, das Treibhausgas, das unseren Globus immer mehr belastet. Sie verstehen, daß deshalb zu den 10 Geboten eigentlich ein weiteres hinzukommen müßte, das ich folgendermaßen formulieren würde: „Du darfst zur Erzeugung von simpler Wärme keinen Strom verwenden", wenn Du Deinen Kindern und Kindeskindern nicht erheblichen Schaden zufügen möchtest. Nun wollen wir auch hier differenzieren und jeweils den Anwendungszweck abwägen.

Bügeleisen

Hier gibt es nun kaum Alternativen, und in diesem Fall überwiegt eindeutig der Gebrauchsnutzen, selbst wenn Abstriche beim Energiesparen durch die Wäremeerzeugung über den elektrischen Strom zu machen sind.

Elektrodurchlauferhitzer oder Elektroboiler

Der Vorteil dieser Geräte ist, daß sie die Wärme dort produzieren, wo sie unmittelbar benötigt wird, d.h. lange Leitungen zum Wasserhahn mit den damit verbundenen Abkühlverlusten, insbesondere wenn keine ausreichende Isolation vorhanden ist, entfallen. Trotzdem benötigt der Elektroboiler selbst im günstigsten Falle immer noch etwa doppelt soviel Primärenergie als bei Wassererwärmung durch Gas- oder Ölheizung notwendig ist.

Haartrockner

Weil nur selten in Gebrauch, ist er akzeptabel, zumal keine Alternative zur Verfügung steht.

Geschirrspülmaschine

Auch Spülmaschinen sind Energiefresser. Allerdings gibt es hier ebenfalls keine Alternative zur elektrischen Beheizung. Wir akzeptieren sie auch aus dem Grund, weil sie im Haushalt viel Arbeit ersparen und z.T. sogar wassersparender sind als das Spülen mit der Hand.

Zum Betrieb der Spülmaschine sollten Sie wissen, daß Spülwassertemperaturen von 50 bis 60 °C bei weitem ausreichen, denn die Bakterien und sonstigen Keime werden weitgehend durch den aktiven Sauerstoff, den das Spülmittel (Prorein) freigibt, und durch die eiweiß-, fett- und stärkeabbauenden Enzyme abgetötet bzw. vom Wasser weggeschwemmt.

Inzwischen gibt es auch Spülmaschi-

nen, die – wie moderne Waschmaschinen – einen separaten Warmwasseranschluß haben.

Waschmaschine

Dazu finden Sie in diesem Buch bereits eine ausführliche Beschreibung (vgl. *Seite 20f.*), insbesondere darüber, wie Sie mit Waschmaschinen viel Energie sparen können. Hier gibt es nur eine Alternative zur elektrischen Beheizung, wenn Sie eine moderne Waschmaschine finden, die einen separaten Warm- und Kaltwasseranschluß besitzt. Dies lohnt sich aber nur, wenn Ihr warmes Wasser von einer Öl- oder Gasheizung erwärmt wird oder von einer thermischen Solaranlage. Ich, Jean Pütz, besitze auch eine solche moderne Waschmaschine und spare damit im Durchschnitt ca. 80% an Primärenergie (auf das ganze Jahr umgerechnet).

Hochdruckreiniger

Auch diese, in letzter Zeit in immer mehr Haushalten vorzufindenden Reinigungssysteme sind vom energetischen Standpunkt – im Gegensatz zu den Heißdampfgeräten – empfehlenswert, denn es wird keine Wärme erzeugt, sondern der Schmutz wird rein physikalisch durch den hohen Druck von immerhin 100 bis 150 bar entfernt. Achten Sie allerdings darauf, daß Sie nicht mit der bloßen Hand mit dem Reinigungstrahl in Berührung kommen. Sie könnten sich sonst böse Hautverletzungen holen, die durchaus mit Brandwunden vergleichbar sind.

Alle diese technischen Geräte erleichtern die Arbeit im Haushalt ganz erheblich, und man kann sie mit den hier geschilderten Einschränkungen und unter

Beachtung der Spartips durchaus ohne ökologische Gewissensbisse einsetzen.

Putzhilfen – den Profis über die Schulter geschaut

Trotz aller modernen Haushaltshilfen kommt man ums Putzen, Wischen, Wedeln und Wachsen doch nicht ganz herum. Deshalb möchten wir Ihnen im folgenden zeigen, daß man sich diese Arbeiten ganz erheblich erleichtern kann, wenn man die richtigen Hilfsmittel verwendet.

Einige clevere Unternehmer haben dies natürlich längst auch schon erkannt und damit große Verdienste – und auch viel Geld – erworben. Vor allem der Firma „Hara" ist es gelungen, durch interessante Mund-zu-Mund-Propaganda und Haus-zu-Haus-Verkaufssysteme Verhaltensweisen von Hausfrauen zu verändern und ihnen zu zeigen, daß vieles auch ohne Chemie geht. Daß dabei manchmal auch ein bißchen zuviel versprochen wurde, das gehört zum Geschäft.

Der Firmengründer, Hans Raab, hat dabei nichts weiter getan, als den Profis in diesem Geschäft, d.h. den Gebäude- und Fensterreinigern, etwas intensiver auf die Finger zu schauen. Seine Erkenntnisse hat er dann für den privaten Haushalt erschlossen. Hochachtung für diese Idee, die mittlerweile viele Nachahmer gefunden hat. Vor allem deshalb, weil enorme Handels- und Gewinnspannen erreichbar sind. Dies mag auch an einem gewissen

Brimborium um die Putzlappen und Reinigungssysteme liegen. Der Firma „Hara" ist es jedenfalls gelungen, viele Hausfrauen zu engagierten Fans zu machen. Unter anderem auch dadurch, daß einige Effekte an Zauberei erinnern. Da zahlt man gerne etwas mehr. Genau an diesem Punkt sieht die Hobbythek ihre Aufgabe: Sie darüber aufzuklären, daß trotz verblüffender Effekte alles mit rechten Dingen zugeht. Dafür sind wir ja bekannt, daß wir vieles nicht nur erklären, sondern auch billiger und praktischer gemacht haben. Die Industrie war nicht immer erfreut darüber; aber sie konnte uns auch noch nie verklagen. Im Gegenteil: Oft hat sie Anregungen von uns klammheimlich aufgegriffen, wie z.B. den Waschmittelbaukasten.

Hinter dem „Hara"-Wunder steckt nichts weiter als herkömmliche Physik und ein wenig Chemie. Wenn zum Beispiel behauptet wird, daß nur extrem wenig Putzmittellösung eingesetzt werden müßte, dann ist das lediglich ein Hinweis auf den Grad der Konzentration des Mittels; je höher konzentriert, d.h. je mehr WAS (Waschaktive Substanz), desto weniger Menge braucht man natürlich.

Ärgerlich ist auch, daß behauptet wird, der Putzeffekt mit den jeweiligen Hara-Tüchern würde nur mit der firmeneigenen Reinigungslösung erreicht. Dies ist zwar eine übliche Methode der Kundenbindung, aber wir von der Hobbythek können Ihnen etwas ausführlichere Information liefern. Zum Beispiel, daß Sie auch so manches andere, erheblich preiswertere Reinigungsmittel benutzen können.

Wie gesagt, das System hat viele Nachahmer gefunden und manche verhalten sich, was ihre Informationspolitik anbelangt, keineswegs anders als „Hara". Da wird zum Beispiel von einer Wunderfaser, aus der der Putzlappen hergestellt wird, gefaselt oder von Mikrofaser usw. Glauben Sie uns, das ist fast alles Unsinn. Verwendet werden meist herkömmliche Flor-Gewebe, die allerdings früher für die Hausfrau zu teuer waren, weshalb sie auf dem Markt kaum eine Chance hatten. Mit der entsprechenden Putzphilosophie scheint der hohe Preis heutzutage aber kein Problem mehr zu sein. Deshalb möchten wir Sie im folgenden über alle diese Produkte ausführlich aufklären und Ihnen gleichzeitig auch Alternativen bieten, um Ihr Portemonnaie zu schonen.

Spülen, Scheuern, Wischen, Putzen

Für alle diese mühsamen Tätigkeiten gibt es zur Vereinfachung der Arbeit spezielle Textilien. Sie werden in der Werbung als „Suprafaserreinigungssysteme" oder „Florreinigungsprodukte" bezeichnet. Bei diesen Reinigungstextilien versprechen die Hersteller vor allem:

● eine „physikalisch-mechanische Reinigung, die viermal schneller und sauberer ist, als der Profi arbeitet" (stimmt zum Teil)
● ohne Kraftaufwand (stimmt nicht)
● ohne allergische Reaktionen (stimmt nicht immer)

Abb. 1: So oder ähnlich sehen die neuen Putztextilien der Hobbythek aus.

- ohne belastende Stoffe für Mensch und Natur (was heißt das? Bestenfalls ist es umweltneutral.)
- „absoluten Umweltschutz" (werbewirksam, aber so etwas gibt es nicht).

Bei den Textilien handelt es sich um Reinigungshandschuhe, Reinigungspads, Reinigungstücher, Bodenwischbezüge für nasses und trockenes Arbeiten – natürlich mit den dazugehörigen Wischsystemen, wie Wischhalter und Stiel, Fensterwischer und Fenstertücher, Glas- und Spiegeltücher, Reinigungspads, Staub- und Pflegetücher. Dazu kommen noch besondere Putz- und Spülmittel, die als konzentrierte Produkte mit geringen Einsatzmengen von 1 bis 2 Tropfen in Pfandflaschen mit stolzen Verbraucherpreisen zu haben sind.

Durch dieses neue Angebot haben die früher üblichen Spültücher und -bürsten, die Aufnehmer und Schrubber, die Fensterleder und andere Putztücher an Bedeutung verloren.

Um die Küchenarbeiten zu vervollständigen, müssen in diese Reihe auch noch Frottierküchentücher zum Abtrocknen und Trockenreiben und Geschirr- und Gläsertücher mit aufgenommen werden. Alle diese Textilien bestehen aus Natur- oder Chemiefasern und werden in besonders erprobten, auf die Anwendung ausgerichteten Stoffkonstruktionen angeboten. Daher soll erst einmal über die Eigenschaften der Fasern und den Aufbau der daraus gefertigten Stoffe gesprochen werden.

Textilkunde für Interessierte

Naturfaser Baumwolle

Verarbeitete Baumwolle hat von Natur aus ein hohes Wasseraufnahmevermögen. Das ist für ein Universalhaushaltstuch, das sowohl Wasser aufsaugen als auch zur mechanischen Bearbeitung beim Geschirrspülen im nassen Zustand geeignet sein soll, sehr wichtig. Beim Bodenwischer zum Beispiel müssen die feuchten Fasern den Schmutz binden, ihn aber beim Ausspülen leicht wieder abgeben. Der Feinbau der Baumwollfaser führt dazu, daß die Faser naß fester ist als im trockenen Zustand. So vertragen Baumwollfasern eine hohe mechanische Belastung durch Reiben und Scheuern, ohne schnell zu verschleißen. Das Reiben auf dem nassen Fußboden, gleich ob Stein, Fliesen, Parkett oder Kunststoffbelag, macht der Faser also nicht viel aus.

Leinen aus Flachs

Die Leinenfaser ist wie Baumwolle eine Zellulosefaser, die landwirtschaftlich auch bei uns angebaut wird.

Aus Leinen lassen sich wertvolle feine Damaste mit geblümten oder geometrischen Mustern herstellen, aber auch Gläsertücher zum Abtrocknen von Glas, denn aus Leinenfäden hergestellte Gewebe flusen nicht. Diese Gebrauchseigenschaft macht die nicht gerade preiswerte Leinenfaser für Gläsertücher besonders wertvoll. Als Halbleinen, mit Baumwollfasern gemischt und in kräftigem Stoffaufbau, gibt es daneben auch gut saugfähige Stoffe für Geschirrtücher.

Viskose – eine der ältesten Chemiefasern

1884 ist das Geburtsjahr der Kunstseide. Am 12. Mai dieses Jahres reichte der französische Graf Chardonnet bei der Freien Akademie der Wissenschaften in Paris die Beschreibung eines Verfahrens zur Erzeugung einer Nitrokunstseide ein. Der Wunsch, künstlich Fäden herzustellen, wie es Seidenraupen oder Spinnen können, wurde damit Realität, allerdings war dies anfangs sehr gefährlich, denn nitrierte Baumwollzellulose kann auch als Schießbaumwolle (Nitrozellulose) gebraucht werden und ist sehr explosiv. Sie explodiert beim Draufschlagen mit einem Hammer unter lautem Knall. Ihre leichte Entzündlichkeit hat zu dramatischen Unfällen geführt.

Die Viskosefaser wurde erst später erfunden. 1900 zur Weltausstellung in Paris wurden Garne und Gewebe aus Viskose-Kunstseide gezeigt. Das Verfahren, aus Viskoselösungen Fasern zu erzeugen, wurde 1898 in England patentiert. Bei der Herstellung von Viskosefasern aus Holzzellstoff wird eine Zelluloselösung durch Düsen gepreßt. In einem Fällbad wird der Zelluloselösung das Lösungsmittel entzogen, und es entstehen die Fasern.

Die aus Holzzellstoff hergestellten Viskosefasern haben andere Eigenschaften als die Zellulosefaser Baumwolle.

Für unseren Fall bei den Haushaltstextilien ist es die hohe Wasserbindung, die die Viskosefaser für Spül- und Wischtücher so vorteilhaft macht. Gewirkte Stoffe mit einem langen Flor aus Viskosefasern nehmen bis zu 400 % des Eigengewichtes an Wasser auf! Dadurch sind sie für das Geschirrspülen und zum Aufsaugen von Wasser hervorragend geeignet. Ein Vorteil dieser Fasern ist außerdem, daß sich die beim Putzen und Spülen aufgenommenen Schmutzreste leicht wieder ausspülen lassen.

Polyesterfaser – eine moderne Chemiefaser im Putzdienst

Das Polyesterharz gibt es erst seit 1941. Es wurde in England durch Whinfield und Dickson erfunden. Durch Erhitzen von Terephthalsäure mit Ethylenglykol wird der Kunststoff Polyester gewonnen, aus dem sich reißfeste Fasern spinnen lassen. Die beiden Rohstoffe dafür waren schon lange bekannt. Ethylenglykol (kurz: Glykol) dient als Gefrierschutzmittel und leider manchmal auch zum Weinpanschen. Terephthalsäure wird schon lange Zeit in der Farbstoffsynthese benutzt.
Die ersten Polyesterfasern wurden 1945 gesponnen.
Geschmolzenes Polyesterharz wird bei etwa 280 °C (durch Spinndüsen) gepreßt und es entstehen feine „Kunststoffdrähte", die nach dem Erkalten sehr reiß- und scheuerfeste Fasern bilden. Die Polyesterfasern eignen sich gut für pflegeleichte Textilien, sie schrumpfen nicht und knittern kaum und sind leicht waschbar.
Polyesterfasern haben noch viele andere vorteilhafte Eigenschaften, nur saugfähig sind sie nicht. Auf der anderen Seite zeigen sie eine große Fett- bzw. Ölfreundlichkeit, so daß Polyesterfasern Öl besser binden als z. B. Baumwolle.
Durch einen Versuch, den *Abbildung 2* zeigt, kann man darstellen, wie Polyesterfasern in Kombination mit Baumwolle wirken: Ein mit rot angefärbtem Speiseöl verschmutztes Gewebe wur-

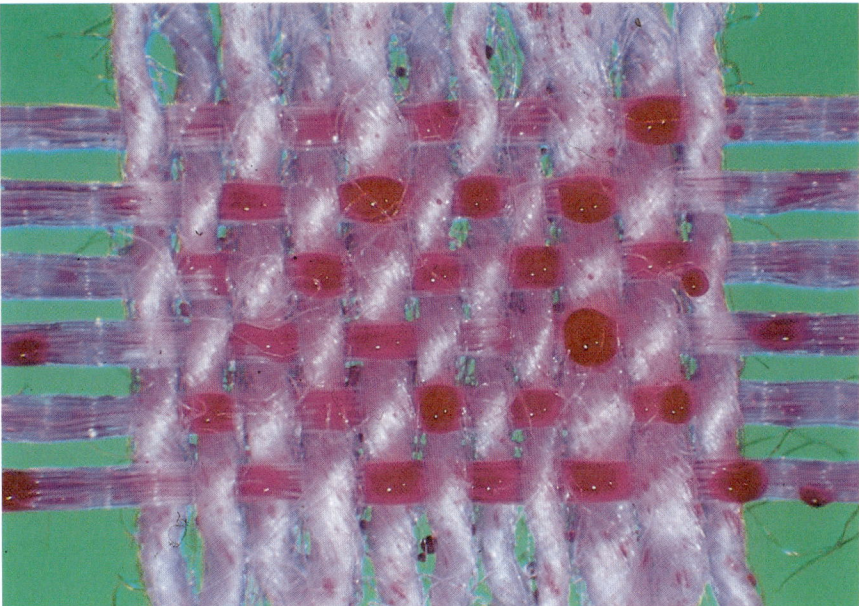

Abb. 2: Optimale Verbindung: Polyester- und Baumwollfasern. In der Tensidlösung geben die Baumwollfasern (senkrecht) aufgesaugtes Öl an die Polyesterfasern (waagerecht) ab, die es aufgrund ihrer fettliebenden Eigenschaft festhalten.

de in eine Tensidlösung gelegt. Die Baumwollfäden in Kettrichtung (senkrecht) reichen das Öl an die Polyesterfäden in Schußrichtung weiter (waagerecht). Das Öl wird von den Polyesterfasern sehr festgehalten und läßt sich in einer Tensidlösung zunächst auch durch mechanisches Bereiben nicht entfernen. Beim Trocknen nach dem Spülen saugen jedoch die Baumwollfäden aufgrund ihrer Dochtwirkung das Öl auf. Es wurde ermittelt, daß sich Öl durch Anion-/Niotensid-Mischungen in alkalischen Lösungen wie z. B. mit Bawa Pulver und kräftige Mechanik in der Waschmaschine beseitigen läßt.

Diese Wechselwirkung zwischen den fettfreundlichen Polyesterfasern und Baumwollfasern war lange nicht bekannt und sie ist erst durch diesen Versuch nachgewiesen worden.
Wir werden Ihnen ein **Universalhaushaltstuch** empfehlen (siehe *Seite 85*), dessen Flor zu $2/3$ aus Baumwolle und $1/3$ aus Polyesterfasern besteht. Dies bedeutet, daß neben den Vorteilen der Baumwolle auch die Eigenschaften der Polyesterfasern genutzt werden.
Das Grundgewebe, das den Flor trägt, besteht vollständig aus Polyesterfäden, so daß kein Einlaufen und eine hohe mechanische Stabilität gewährleistet sind. Alle diese Vorteile ergeben eine

lange Haltbarkeit dieser beim Spülen und Putzen stark belasteten Tücher.

Noch vorteilhafter kann man die fettbindenden Eigenschaften der Polyesterfasern beim synthetischen Fensterleder aus Mikrofasern (vgl. *Seite 88*) nutzen. Schon beim trockenen Abwischen fettiger Flächen werden Sie feststellen, daß das Fett ohne Schwierigkeiten entfernt wird. Ein gutes Beispiel sind Brillengläser mit Fingerabdrücken. Sie lassen sich im trockenen Zustand mit dem **Mikrofasertuch** einwandfrei blankputzen.

Und noch etwas ist wichtig: Polyesterfasern laden sich durch Reibung stark elektrostatisch auf. Diese Eigenschaft wird zur Staubbindung ausgenutzt. Der lange Polyesterflor von **Bodenwischbezügen** und **Staubwischhandschuhen** für trockenes Putzen lädt sich durch Reibung sehr stark elektrostatisch auf und zieht allen staubigen Schmutz an. Solche Tücher können Sie fertig konfektioniert erwerben. Schmutzige Tücher dieser Art müssen ab und zu gewaschen werden. Achtung: Keinen Weichspüler und kein Bawos benutzen.

Polyamid – eine der ältesten Synthesefasern

Fast zeitgleich wurden 1938 Perlon und Nylon erfunden (*Nylon* ist übrigens eine Wortschöpfung, die sich H. W. Carothers auf der Fahrt von *New York* nach *Lon*don als Namen für das neue Material ausdachte). Der deutsche Paul Schlack hat aus Caprolactam durch Polymerisation Perlon hergestellt, und im selben Jahr gelang es dem Amerikaner H. W. Carothers, durch Polykondensation aus dem AH-Salz (A = Adipinsäurenitril, H = Hexamethylendiamin) Nylonfasern herzustellen.

Für pflegeleichte Textilien sind diese knitterarmen Synthesefasern bahnbrechend gewesen. Denken Sie nur an die ersten Nylon- und Perlonstrümpfe nach den Krieg (vgl. *Seite 15*).

Aber auch zum Putzen werden Polyamidfasern verwendet. Die „harte" Seite von **Reinigungspads** oder **Scheuerhandschuhen** besteht aus relativ dicken, stark gekräuselten Polyamidfilamenten, wie diese endlosen Polyamiddrähte genannt werden. Das Kräuseln der Fasern durch Texturieren führt zu einer Wirrstruktur, die die gewünschte Mechanik beim Säubern von Töpfen und Pfannen ermöglicht. Da diese Polyamidfasern zwar grob, aber trotzdem „weich" sind, wird zwar der Schmutz abgescheuert, aber der Lack oder die Emaille nicht verkratzt.

Wie Haushaltstextilien hergestellt werden

Haushaltstextilien zum Putzen und Scheuern werden zum überwiegenden Teil durch Weben hergestellt. Die eingesetzten Webtechniken sind den gewünschten Stoffeigenschaften angepaßt.

Flor: die Bürste im Stoff

Ein Universalhaushaltstuch muß eine gute Saugfähigkeit besitzen. Dies läßt sich durch Stoffe erreichen, die eine florige, einer weichen Bürste ähnelnde Oberfläche haben. Mit solchen Stoffen können Sie wie mit einer großflächigen weichen Bürste oberflächenschonend putzen und wischen.

Doch bevor wir zur Herstellung von Florgeweben kommen, erst einmal et-was über diese Stoffe: Die Stoffeigenschaften hängen entscheidend von der Florhöhe, der Flordichte, der „Härte" der Florfasern und den Fasereigenschaften der Florfasern ab. Je nach Höhe des Flors unterscheiden wir:

- Samt   (Florhöhe: bis 3 mm)
- Velours (Florhöhe 3 bis 8 mm)
- Plüsch (Florhöhe über 8 mm).

Je höher und dichter der Flor ist, um so voller wird der Stoff und um so günstiger ist die Putzwasseraufnahme und Trockenleistung eines Haushaltstuches oder die Schmutzbindung beim Trockenwischen.

Beim kürzeren Velours, der beim Reinigungspad verwendet wird, sind borstige, rauhe gewirrte Polyamidfilamente auf der einen Seite verarbeitet, die eine scheuernde, aber oberflächenschonende Mechanik ermöglichen. Die Rückseite hat bei diesen Pads, die die Hobbythek empfiehlt, aber auch bei den Reinigungshandschuhen, einen Flor aus weichen und schmiegsamen Polyesterfasern, die außer fürs Wischen auch für das trockene Putzen geeignet sind. Der Polyesterflor lädt sich im trockenen Zustand durch Reibung elektrostatisch auf und zieht den Staub an.

Plüsch und Velours

Die rationellste Herstellung von Plüsch oder Velours ist das Doppelwebverfahren. Bei dieser Webtechnik werden gleichzeitig zwei Gewebe (mit der Oberfläche gegeneinander) hergestellt, bei denen die Florkettfäden – das sind die Fäden, die nachher den Flor bilden – wechselseitig im Ober- und Untergewebe eingebunden werden. *Abbildung 3* zeigt einen Querschnitt, der darstellt, wie ein Doppelplüschgewebe entsteht und wie es sofort auf

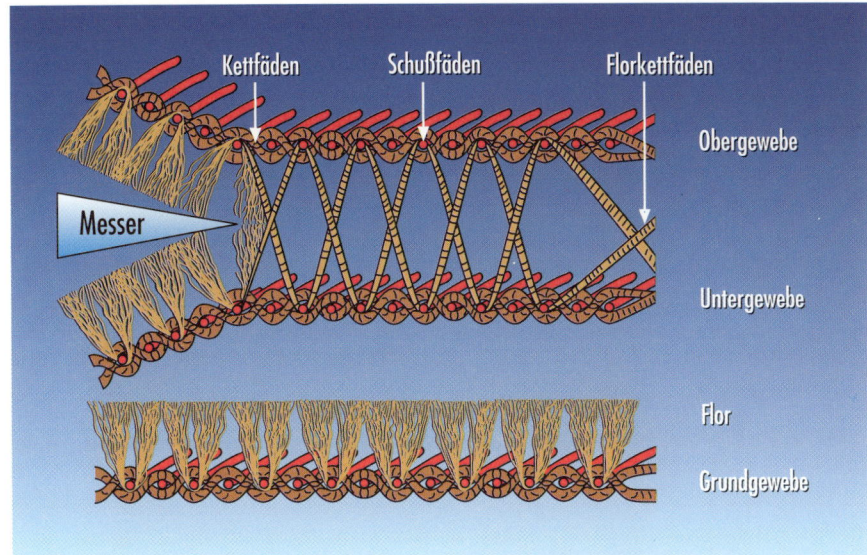

Kettfäden   Schußfäden   Florkettfäden

Obergewebe

Messer

Untergewebe

Flor

Grundgewebe

Abb. 3: Doppelwebverfahren zur Herstellung von Plüsch oder Velours.

dem Webstuhl nach jedem Webschritt durch ein Messer in zwei selbständige Plüschgewebe getrennt wird. So werden in einem Arbeitsgang zwei Webstücke gleichzeitig hergestellt, die dann in der Nachbearbeitung mit rotierenden Messern auf eine gleiche Florhöhe geschoren werden.

Schlingenflor

Gleichfalls sehr häufig vorkommende Florgewebe sind Gewebe mit Schlingenflor, die sogenannten Frottier-, Schlaufen- oder Schlingengewebe. Bei dieser Herstellungstechnik werden die Schlingen auf einer oder auf beiden Gewebeseiten durch die Schlingenkettfäden gebildet. Diese werden auch Frottier- oder Polkettfäden genannt. Frottierstoffe nehmen viel Wasser auf, ohne naß zu erscheinen. Sie eignen

sich daher für Handtücher, Badelaken, Bademäntel und Küchentücher. Bei Frottiergeweben unterscheiden wir
- Walkfrottierstoffe (dabei besteht der Flor aus einem weichen Garn)
- Zwirnfrottierstoffe (mit einem Flor aus gezwirnten Fäden).

Allgemein gilt: Je dichter und je höher der Flor, um so hochwertiger die Frottierwaren.

Oft werden Frottierstoffe fälschlich als „Frotté" bezeichnet. Frottéstoffe werden aus Frottézwirnen hergestellt. Diese Stoffe haben ein ganz anderes Aussehen und andere Eigenschaften als Frottierstoffe und sind damit nicht vergleichbar.

Gewirkte Stoffe

Das gewirkte Spül- und Wischtuch der Hobbythek besteht aus Viskosebänd-

chen. Es ist eine Kettwirkware, bei der nebeneinander verlaufende Fäden mit den rechten und linken Nachbarfäden maschenartig verschlungen werden. Diese Wirktechnik unterscheidet sich vom Stricken, bei dem die Maschen mit Hilfe eines einzelnen Fadens gebildet werden. Bei Kettwirkware geschieht dies durch Schlingenbildung innerhalb eines Kettfadensystems. Zwischen zwei gleichzeitig hergestellten Wirkstoffen werden Plüschfäden eingelegt (sogenannter Doppelplüsch). Dann werden beide Stoffe durch Zerschneiden der Plüschfäden getrennt.

Beim gewirkten Spül- und Wischtuch bestehen die Plüschfäden aus sehr saugfähigen besonderen Viskosefasern, sehr naßfesten Modalfasern, Lyocell und Tencell genannt. Die Wasseraufnahme eines solchen Tuches beträgt bis zu 400% des Trockengewichts.

Das Putz- und Wischsystem der Hobbythek

1. Das Universalhaushaltstuch für nasses und trockenes Wischen

Dieses Tuch besteht im Flor, der 10 mm hoch ist, zu ca. 67% aus sehr saugfähiger, naßfester Baumwolle (beigefarbige Fäden) und zu ca. 33% aus festigkeitssteigernden und fettaufnehmenden Polyesterfasern (weiße Fäden). Das Grundgewebe, in dem der Flor gehalten wird, besteht aus Polyesterfasern. Diese haben eine hohe mechanische Stabilität und laufen bei Nässe nicht ein. Das Tuch ist bei guter Pflege und regelmäßigem Waschen in der Waschmaschine etwa fünf Jahre haltbar.

2. Das Spül- und Wischtuch aus Viskose

Hierfür haben wir, wie oben beschrieben, ein spezielles Viskosematerial ausgesucht und erproben lassen. Das flexible Viskosetuch, das bis zu 400% seines Eigengewichts an Wasser aufnehmen kann, läßt sich sehr gut auswringen und hat danach immer wieder die gleiche hohe Saugfähigkeit.

Schmutz ist leicht wieder auszuwaschen; man kann das Tuch sogar in der Waschmaschine waschen (bei 40–60°C). Es flust nicht und ist damit universell einsetzbar. Im Vergleich zu Schwammtüchern ist es langlebiger. Schwammtücher halten zwar farbige und ölige Schmutzbestandteile viel intensiver zurück, lassen sich aber schwieriger durch Waschen säubern.

3. Scheuerpads

Scheuerpads müssen eine harte und eine weiche Seite haben. Die harte Seite besteht aus speziell gewirkten groben Polyamidfilamenten (ähnlich feinen Kunststoffdrähten), die schlingenartig gebogen sind und mechanisch intensiver wirken. Das Ergebnis ist ein Topfkratzer, der den angebrannten Schmutz wegscheuert, das Metall aber nicht beschädigt.

Die weiche Seite ist ein hochfloriger Strickvelours, der das schonende Putzen übernimmt und auch auf empfindlicheren Flächen ohne Risiko benutzt werden kann. Mit der weichen Seite können Sie auch Staub wischen, denn die Polyesterfasern des Flors laden sich elektrostatisch auf und ziehen Staub an. Naß kann diese weiche Seite auch bei Acrylglas und Lackflächen benutzt werden.

4. Der Spezial-Scheuerhandschuh der Hobbythek

Wir haben ein Tuch (Größe 28×22 cm) aus dem oben beschriebenen Florgewebe mit Klettverschluß versehen, so daß Sie es zu einem praktischen Fausthandschuh zusammenfügen können (14×22 cm). Vorteil: Sie können den Handschuh jederzeit wieder öffnen, damit er schneller trocknet, was auch mehr Hygiene bedeutet, denn Bakterien vermehren sich bevorzugt auf feuchter Unterlage.

Den Klettverschluß haben wir so konstruiert, daß Sie das Scheuertuch mit dem Wischtuch kombinieren können. Sie brauchen jeweils nur das weiße Klettband mit dem roten zusammenzudrücken, dann erhalten Sie einen doppelt so großen Wisch- und Scheuerhandschuh (Größe ca. 28×22 cm). Ein Handschuh hat erhebliche Vorteile. Er

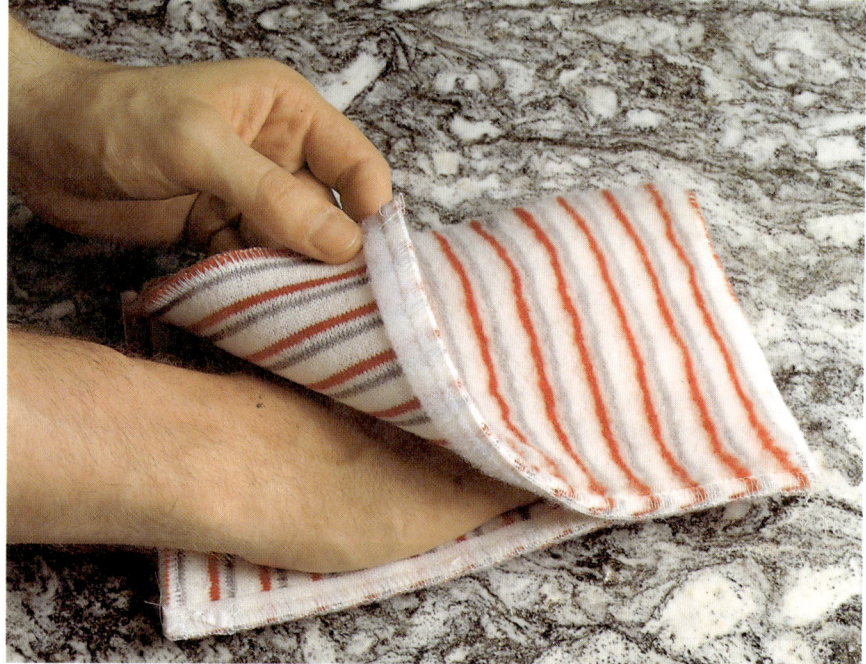

Abb. 4:   Der Spezialscheuerhandschuh der Hobbythek mit Klettverschluß.

schont empfindliche Fingernägel. Beim Staubputzen zieht die weiche Seite durch statische Aufladung Staubpartikel stark an. Der hohe Polyesterflor hat eine sehr große Oberfläche und damit auch eine sehr große Staubbindekapazität.

Leider hat es sich als zu kompliziert erwiesen, diesen Handschuh selbst zu nähen. Wir haben dafür Spitzenprodukte entwickelt, die sie fertig kaufen können.

Der durch Staub schmutzige Handschuh oder Scheuerpad muß ab und zu ausgewaschen werden. Dies geschieht am besten bei 40°C mit Bawa flüssig. Ein paar Tropfen im Waschwasser genügen. Es geht auch in der Waschmaschine, z.B. gemeinsam mit der Buntwäsche, aber Vorsicht: Keinen Weichspüler verwenden, dadurch geht die schmutzbindende Eigenschaft der Polyesterfasern durch elektrostatische Aufladung verloren. Zum Waschen sollten Sie den Handschuh schließen, damit sich keine Flusen in den Klettverschluß setzen. Zum Trocknen dann wieder öffnen!

Besonders schonend ist die Reinigung, wenn Sie das Wischtuch über Nacht in verdünntes Biozym SE und Biozym F legen (auf 1 Liter ein TL Biozym SE flüssig und ein TL Biozym F flüssig) und anschließend mit Bawa auswaschen. Wenn dann noch Flecken darin sein sollten, dann handelt es sich um Gerbfarbstoffe, die können Sie nur mit einer Sauerstoffbleiche entfernen (auf 1 Liter 50 bis 60°C warmes Wasser 1 EL Proweiß super und über Nacht stehen lassen). Anschließend mit Bawa auswaschen.

Abb. 5: Mit dem Mikrofasertuch der Hobbythek reinigen Sie im Handumdrehen alle glatten und empfindlichen Flächen.

5. Das Mikrofasertuch der Hobbythek (zum Fensterputzen und für glatte, polierte Flächen)

Hierfür haben wir ein spezielles (echtes) Mikrofasergewebe gewählt, das für Naß- wie für Trockenanwendung geradezu ideal ist. Es handelt sich um ein Gewebe aus sehr feinen gekräuselten Polyestermikrofasern mit hoher Wasser- und Schmutzaufnahmekapazität. Das Tuch ist sehr schmiegsam und elastisch.

Dieses synthetische Fensterleder eignet sich für die Fensterreinigung (Glas und Rahmen) und schlierenfreies Abledern von empfindlichen Oberflächen, auch von Acrylglas.

Die Trockenanwendung ist universell. Das Tuch entfernt Fett und Öl von Glas, z. B. Autoscheiben von innen, Armaturenbrettern mit Acryglaseinsätzen, Kunststoffoberflächen. Gut geeignet ist es auch für Fernseher, Computer und Telefone. Auch Fingerabdrücke von Gläsern, auch Brillengläsern, werden durch die Fettbindekraft der feinen Polyesterfasern gut entfernt.

Das Tuch ist waschbar bei 40°C mit Bawa. Auch hier keinen Weichspüler im letzten Spülbad benutzen.

6. Das Bodenwischtuch der Hobbythek für nasse Anwendung

Dazu gibt es auf dem Markt schon ein großes Angebot, allerdings in unterschiedlichsten Qualitäten. Wir haben

Abb. 6a: Mit Hilfe von Klettbändern kann das Bodenwischtuch ganz einfach an Ihrem Schrubber befestigt werden.

Abb. 6b: Das Bodenwischsystem der Profis (floordress-System).

uns für zwei Systeme entschieden: Ein sehr einfaches, bei dem Sie noch den herkömmlichen Schrubber verwenden können, und ein anderes, das dem der Profis in nichts nachsteht und vor allem eine extrem lange Lebensdauer hat.

Das Bodenwischtuch wird entweder an einem Schrubber mit Klettbändern befestigt oder an einem Besen mit schrägstehenden, stabilen Kunststoffborsten, bei dem das Tuch mit der Rückseite an den Borsten haften bleibt. Das Material des Bodentuchs für nasses Wischen entspricht dem Universalhaushaltstuch, jedoch ist der Flor mit bis 18 Millimeter Höhe deutlich höher. Dadurch nimmt es mehr Schmutz auf. Der hohe Flor ist sehr flexibel und kann deshalb Unebenheiten im Boden, in Fugen, Ecken und Gesteinsstrukturen besser erfassen. Zum Trocknen läßt sich der Bodenwischer auf Handgröße zusammendrehen und so auswringen.

Je nach Verschmutzung muß der Bodenwischer ab und zu bei 40°C mit Bawa und Proweiß super ausgewaschen werden. Einfacher ist es in der Waschmaschine, z.B. zusammen mit Badezimmergarnituren.

7. Einfaches Bodenwischtuch für trockene Anwendung (Staubmop)

Befestigt wird dieses Tuch an einem Schrubber oder einem Besen mit schrägen Kunststoffborsten wie beim Bodenwischtuch für nasse Anwendung.

Mit einer Florhöhe von 22 mm nehmen die Polyesterfasern des Wirkplüschs sehr viel Staub auf.

Abb. 7: Bodenwischbezüge für trockene und nasse Anwendung.

Die langen Florfasern gelangen auch in tiefe Fugen, Ritzen und Ecken und ziehen den Schmutz auch von Flächen mit großen Unebenheiten an. Gewaschen wird das Tuch wie das für die nasse Anwendung – auf Weichspüler verzichten.

Fußbodenreinigung – den Profis abgeguckt

Das Bodenwischsystem der Profis arbeitet mit einer Kunststoffplatte, die nach allen Seiten beweglich an einem Stiel befestigt ist. Die Wischbezüge haben Taschen an den Seiten, mit denen sie auf der knickbaren Kunststoffplatte befestigt werden.

Das Gelenk für die Knickung der Platte wird durch einen Magnetverschluß verriegelt. Dieser Magnetverschluß kann mit dem Fuß betätigt werden (floordress-System), wodurch das lästige Bücken entfällt. Durch das Achterwischverfahren (gewischt wird in Form einer liegenden Acht) wird der Schmutz an einer Kante des Wischbezugs gesammelt. (Beim Hin- und Herwischen dagegen wird der Schmutz immer wieder abgestreift.) Der Wischbezug beseitigt Schmutz wesentlich schneller und besser als jeder Scheuerlappen. Es empfiehlt sich, mit 2 Wischbezügen zu arbeiten. Ein Bezug dient zum Befeuchten des Bodens

(10 l Wasser, in dem 10 ml Bawa flüssig mit Isopropanol im Verhältnis 7:3 oder 5 ml Oranex enthalten sind). Der zweite Bezug sollte trocken zum Aufnehmen benutzt werden.

Nach der Arbeit beide Bezüge ausspülen, ausdrücken und zum Trocknen über den Eimer legen. Die Bezüge lassen sich 300mal und mehr in der Waschmaschine zusammen mit anderer Wäsche bei 60°C mit Bawa und Proweiß super waschen. Vorsicht: keinen Weichspüler verwenden. (Zur Bodenreinigung siehe auch *Seite 94.*)

8. Sprüh- und Wisch-Handlinge

Wenn wir im Rahmen der Hobbythek ein von außen kommendes Patent vorstellen, dann hat das seine Gründe. Zunächst einmal fanden wir den Wisch- und Sprühhandling (sprich Händling) sehr praktisch. Zum zweiten haben die Erfinder uns das Erstgeburtsrecht eingeräumt, und zum dritten wollen wir gute Einfälle generell fördern. Im Grunde genommen handelt es sich bei dem Wisch- und Sprüh-Handling um ein mit verschiedenen Velour-Stoffen umkleidetes Kissen. Im Innern befindet sich eine kleine Pumpsprayflasche. Der Sprühkopf ragt seitlich aus dem Kissen heraus. Je nach Anwendungszweck sind verschiedene Größen und Bespannungen vorgesehen.

a) Der Sprüh- und Wisch-Handling für Spiegel- und Fensterscheibenreinigung (auch Autoscheiben)
Befüllen der innenliegenden Flasche: Spiritus-Wasser-Mischung oder unser Glasfein (vgl. *Seite 98*). Die Bespan-

Abb. 8: So macht Fensterputzen richtig Spaß: mit einem Fensterwischer und dem einmaligen Sprüh- und Wisch-Handling.

nung besteht aus einem Mikrofasergewebe aus Polyesterfasern.

b) Der Sprüh- und Wisch-Handling für Scheuerzwecke
Als Befüllung empfehlen wir 1:10 bis 1:50 verdünntes Oranex. Die Bespannung besteht aus Polyamidflormaterial mit hoher Scheuerleistung, ohne Kratzer auch auf empfindlichen Flächen zu hinterlassen.

90

c) Der Sprüh- und Wisch-Handling für die Möbelpflege

Befüllung: Pflegeöl aus einer Mischung von Pflanzenöl mit Bienen- oder Carnaubawachs. Hier kurz die Herstellung des Pflegeöls: Erhitzen Sie Pflanzenöl, zum Beispiel Sonnenblumen-, Soja- oder Teaköl leicht und lösen Sie darin im Verhältnis 20:1, das heißt auf 100 g Öl 5 g Bienenwachs auf. Das Carnaubawachs empfiehlt sich im Verhältnis 30:1 einzurühren (100 g Öl – 3,5 g Carnaubawachs).

Die Bespannung besteht aus einem Baumwoll-Polyester-Samt.

d) Sprüh- und Wisch-Handling zum Entfernen von festsitzendem Schmutz, zum Beispiel Fliegen- oder Vogelkot, Kaugummi, von glatten Flächen wie z.B. Autolackflächen, aber auch zur Teppichreinigung

Befüllung: 1:10 bis 1:20 verdünntes Oranex und/oder lauwarmes Wasser, mit ein paar Tropfen Bawa durchsetzt. Die Bespannung besteht aus einem Polyamid-Flormaterial.

9. Frottier-Küchentücher

Für das Nachtrocknen von feucht behandelten Flächen, Töpfen und Pfannen empfehlen wir stark wasseraufnehmende Frottier-Küchentücher. Der Baumwollschlingenflor saugt alle Feuchtigkeit schnell und schonend auf. Schmutzige Küchen-Frottiertücher werden bei 60 °C mit Bawa und Proweiß super gewaschen. Auch hier ist ein Nachspülen mit Weichspüler nicht zu empfehlen, da die Saugfähigkeit der Frottiertücher dadurch leidet.

10. Geschirr- und Gläsertücher

Für Geschirrtücher für Porzellan und Bestecke nimmt man am besten kräftige und saugfähige Baumwolle. Für Gläser und geschliffene Glasgegenstände sollten zum Abtrocknen nichtflusende Leinentücher verwendet werden. Die langen Leinenfasern geben keine feinen Fäserchen ab und machen empfindliche Glasflächen glänzend sauber.

Geschirr- und Gläsertücher sollten ebenfalls mit Bawa und Proweiß super bei 60 °C gewaschen werden, und zwar ohne Weichspüler.

Luffa – das pflanzliche „Putzwunder"

Dieses natürlich gewachsene Gewebe hat schon früher in der Hobbythek eine wichtige Rolle gespielt. Es ersetzt nicht nur Scheuerschwämme.

Die Engländer sollen die ersten Europäer gewesen sein, die sich der phantastischen Eigenschaften der Luffa-Pflanze bewußt waren. Als einer englischen Schriftstellerin im 19. Jahrhundert anläßlich einer Forschungsreise erlaubt wurde, einen Harem zu besuchen, wunderte sie sich – so jedenfalls die Überlieferung – über die Zartheit und Weichheit der Haut der

Abb. 9: Luffaanbau in Südostasien.

Haremsdamen. Und sie fand die Lösung des Geheimnisses: Bei der ausgedehnten Morgentoilette benutzten die Damen einen eigenartigen Gegenstand. Sie verwendeten ihn trocken zur Massage und im nassen Zustand als milden Schwamm.

Nachforschungen ergaben, daß es sich dabei um eine tropische Kürbispflanze handelte. Ihre Zellwände bestehen aus fester Zellulose. Nach der Ernte wird die Luffafrucht einem Fermentationsprozeß, d. h. einer Art gezielter Fäulnis unterworfen. Die Flüssigkeit läuft aus bzw. verdunstet, und die Weichteile werden zersetzt. Nach dem Auswaschen und Trocknen bleibt ein schwammartiges festes Gewebe zurück, das zu vielerlei Zwecken verwendet werden kann.

Bei der Körperpflege ist es eine natürliche, ideale „Massagebürste". Besser als jede Stielbürste ist das Luffagewebe auch in der Badewanne geeignet. Im Wasser weicht es zwar etwas auf, hat aber immer noch genügend Festigkeit, um sowohl die notwendige Reinigung zu bewerkstelligen, als auch die Durchblutung der Haut angenehm anzuregen. Gleiches gilt für den Luffa-Waschlappen.

Luffa macht sich aber auch bei der Reinigung in Küche, Bad oder Wohnung oder sogar beim Spülen und der Autopflege nützlich. Es kann den synthetischen Hartschwamm oder sogar feinste Stahlwolle ersetzen, als Topf- und Pfannenreiniger dienen, zum Säubern von Kacheln, Waschbecken und Badewannen oder um lack- und glasschonend Insekten vom Auto zu entfernen.

Luffa wird heute weitgehend in Südostasien und Fernost unter horizontalen Holzgerüsten angebaut. Es eignen sich dafür auch ehemalige Reisfelder, die durch einen Fruchtwechsel mit der Luffapflanze wieder etwas von ihrer häufig übergroßen Nitratbelastung durch Überdüngung verlieren. Luffa gedeiht ohne zusätzlichen Dünger. In Ländern, die sich in der wirtschaftlichen Entwicklung befinden, wie den Philippinen, Malaysia oder China etc., aber auch in Schwellenländern wie Taiwan oder Südkorea, gibt diese Pflanze den Bauern die Möglichkeit, auch ohne zu extensive Landwirtschaft Erträge zu erwirtschaften, die über das Lebensminimum hinausgehen. Auch dies spricht für das Produkt Luffa.

Putzmittel mit einem Minimum an Chemie

Mit Mechanik allein – das weiß jeder – kann man nicht putzen, bohnern oder Flecken entfernen.

Deshalb wurden schon im Altertum Substanzen eingesetzt, die lösende Eigenschaften hatten, z. B. die Pottasche, die Gallseife, Seifenrinde und -wurzeln, Säuren verschiedenster Art, aber auch Wein und Alkohol usw. Später steuerte dann die moderne Chemie eine solche Fülle von Mitteln bei, daß dies ganze Buchbände füllte, wenn wir versuchen würden, auch nur einen kleinen Überblick zu geben. Fast alle Verfahren funktionieren nach dem Motto: „Nach uns die Sintflut", Hauptsache, der Schmutz oder der Fleck ist weg. Die Umwelt spielte und spielt auch heute leider oft keine Rolle. Giftige Substanzen wie Chlor, Chlorkohlen-wasserstoffe, Salmiakgeist, aber auch andere Lösungsmittel, die die Umwelt und die Erdatmosphäre belasten oder – in der Wohnung angewandt – die Lungen schädigen oder Allergien und sogar Krebs auslösen können, werden bedenkenlos eingesetzt.

Die Hobbythek hat sich daher zum Ziel gesetzt, alle diese Mittel zu durchforsten und nach gleichwertigem Ersatz zu suchen.

Fürs Putzen empfehlen wir folgende Substanzen. Zunächst einmal diejenigen, die wir bereits beschrieben haben:

- **Bawa flüssig** (vgl. *Seite 48*)
- **Proweiß super** (vgl. *Seite 51*)
- **Biozym SE** und **F** (vgl. *Seite 37f.*)
- **Kalweg** (50% reine Zitronensäure) (vgl. *Seite 52*)

Außerdem:

- **Fluidseife** (eine klassische Kaliumseife mit Rückfettungskomponente (vgl. *Seite 94*)
- **Face-Tensid** (ein Sulfosuksinat aus unserer Kosmetikserie; vgl. HT-Buch „Cremes und sanfte Seifen"; vgl. *Seite 94*)
- **Glycin-Tensid** (ein nichtionisches Tensid aus unserer Kosmetikserie, das sehr hautfreundlich ist)
- **Fluid-Lecithin CM** (ein natürlicher Emulgator aus Lecithin und Sojaöl, vgl. HT-Buch „Cremes und sanfte Seifen"; vgl. *Seite 94*).

Und:

- **Parfüm-Zusätze**, so z. B. die vier Basisnoten aus dem Parfümbaukasten der Hobbythek zur Raumbeduftung. Sie sind unverdünnt, enthalten also eine 100%ige Mischung aus Parfüm und ätherischen Ölen. Genauso können Sie aber auch diverse ätherische Öle zur Parfümierung einsetzen wie Orangenblütenöl, Bergamotteöl, Zedernholzöl, Patschuli, Lavendel usw. Hervorragend duften auch die Öle aus den Schalen von Limonen, Grapefruit, Zitrone, Mandarine und insbesondere der Orange. Auf letzteres setzen wir ganz besonders, daher einige kurze Erläuterungen:

Heinzelmännchen aus der Orangenschale

Orangen – oder ganz generell Zitrusfrüchte – haben von der Natur wohl die beste Verpackung mitbekommen, die man sich denken kann. Weder Vögel noch Insekten, Pilze oder Bakterien können der unbeschädigten Fruchtschale etwas anhaben. Die Zitrusgewächse schützen ihre Früchte durch eine in der Schale enthaltene Komposition von ätherischen Ölen, wobei vor allem die sogenannten Orangen- bzw. Zitrus-Terpene eine gute desinfizierende Wirkung haben.

Im Gegensatz zu den Insekten werden Vögel und sonstige Tiere eher von den Bitterstoffen abgeschreckt. Nur der Mensch macht sich den Inhalt der Früchte zunutze, und er verwertet auch die Schale, indem er daraus das ätherische Öl gewinnt (durch Kaltpressung oder durch Destillation). Das kaltgepreßte Öl wird, weil es sehr angenehm duftet, in der Parfümindustrie eingesetzt, aber auch als Aromastoff in Bonbons, Speiseeis, Desserts usw.

Was hat dies mit Putzen zu tun? Orangenöl – ein Tausendsassa

Orangenöl ist ein wahrer Tausendsassa. Zunächst einmal können wir im Reinigungsbereich die desodorierende Wirkung, d.h. die geruchstilgende Eigenschaft, außerordentlich gut nutzen.

Die Hamburger Hafenbehörden lösten 1983 als erste ein Geruchsproblem, das durch große Mengen verbrannter ranziger Butter entstanden war, mit einem Orangenöl-Präparat und schlugen dadurch zwei Fliegen mit einer Klappe: Nicht nur der Gestank wurde beseitigt, sondern auch die Reinigung erheblich erleichtert, denn Orangenöl ist eines der besten Fettlösemittel, die es gibt – besser als Benzol, Benzin oder sonstige harte chemische Lösungsmittel.

Im Gegensatz zu den meisten dieser Substanzen darf verdünntes Orangenöl sogar in geringen Mengen ins Abwasser gelangen. Die geruchszerstörende Wirkung von Orangenöl wird auch in überbelasteten Kläranlagen genutzt. Das Übersprühen oder Einträufeln von Orangenöl unmittelbar in das Abwasser hat besonders an heißen Sommertagen eine erhebliche Geruchsreduktion zur Folge, verbunden mit einer geringen Keimreduktion an der Oberfläche.

Die Ursache für diese Wirkungen schreiben die Wissenschaftler der Fähigkeit des Orangenterpens zu, Sauerstoff freizusetzen. Dadurch wird es zu einem natürlichen Oxidationsmittel, vergleichbar mit unserem Proweiß, nur daß Orangenöl durch anschließende Belüftung, die in jeder Kläranlage stattfindet, wieder vollständig eliminiert werden kann. Aber selbst wenn dies nicht erfolgt, bringt das Orangenöl keine ökologischen Probleme, denn keimtötend wirkt es nur bis zu einer Konzentration von 1:10000. Darüber hinaus wird es selbst schnellstens zersetzt.

Orangen-Odex HT als Geruchsfresser und Orafleck der Fleckenteufel

Wenn Sie Ihr stilles Örtchen oder andere Räume, z.B. Ihre Küche, „entduften" wollen, dann stellen Sie einen etwa eierbechergroßen Behälter, gefüllt mit Kochsalzkristallen oder grobem Quarzsand, auf das Fensterbrett und beträufeln Sie diesen alle 5 bis 6 Tage mit ein paar Tropfen Orangenöl. Wir haben diesem Orangenöl den Namen Orangen-Odex HT gegeben. Odex heißt soviel wie „Geruch weg".

Orangen-Odex HT besteht aus einer Mischung von kalt aus Orangenschalen gepreßtem ätherischem Orangenöl und durch Destillation gewonnenem Orangenöl. Das Mischungsverhältnis beträgt 1:2. Nur kaltgepreßtes zu verwenden, hätte den Nachteil einer etwas zu starken Gelbfärbung, was auf hellem Untergrund Flecke hinterlassen könnte. Bei unserer Mischung besteht da aber keine Gefahr.

Unser Orangen-Odex HT können Sie auch unmittelbar zur Geruchsabschwächung und zur Reinigung der Toilette verwenden. Es ist aber auch ein hervorragendes Lösungs- und Reinigungsmittel, verbunden mit einer gewissen Keimreduktion. Da das kaltgepreßte Orangenöl eine leicht gelbliche Färbung hat, haben wir zur Fleckentfernung den hellen Anteil genommen und es **Orafleck** genannt.

Oranex HT – der Alleskönner im Haushalt

Das ätherische Orangenöl kann hervorragend zur Reinigung von Toiletten, Waschbecken, Badewannen, Kacheln und vielem anderen verwandt werden. Es wirkt nicht nur desodorierend und mild desinfizierend, sondern hat auch ein außerordentlich hohes Reinigungsvermögen. Für diese Zwecke muß man es aber emulgierbar (d. h. in Wasser löslich) machen. Dies ist uns gelungen, und herausgekommen ist ein fast ideales universelles Reingungs- und Lösungsmittel, dem wir den Namen Oranex HT gegeben haben.

Es besteht aus

– 70% Orangenöl (davon ca. 1 Teil kaltgepreßtes Orangenöl und 2 Teile destilliertes Öl mit vorwiegend Orangenterpen) und

– 15% Isopropanol (das ist ein Isopropyl-Alkohol, der für den Menschen weitgehend ungiftig, aber trotzdem ungenießbar ist. Auch dieser Alkohol ist eine Art Lösungsmittel, allerdings bei weitem nicht mit den Eigenschaften des Orangenöls).

– Um das Orangenöl, das normalerweise in Wasser nicht löslich ist und wie Fettaugen aufschwimmt, emulgierbar zu machen, brauchen wir einen speziellen Emulgator, der aus Rizinusöl gewonnen wird und hervorragende Abbaueigenschaften besitzt.

Oranex ist wohl eins der erfolgreichsten Produkte, das die Hobbythek initiiert hat. Es ist ein Vielzweckmittel für fast alle Fälle und wird auch von Umweltschützern hochgelobt.

Leider mußten wir bemerken, daß einige Hersteller sich nicht an unsere verbindliche Rezeptur gehalten haben, die es ihnen ermöglicht, das Produkt Oranex zu nennen. Einer meinte, es vorwiegend auf Isopropanol aufbauen zu müssen. Aber das riechen Sie sofort, denn Isopropanol hat einen penetranten Geruch, im Gegensatz zu unserem nach Orangenschalen duftenden Oranex. Achten Sie also beim Kauf darauf. Sollte es zu sehr nach Isopro-

pyl-Alkohol riechen, so stellen Sie den Verkäufer zur Rede. Der eigentliche Grund für diese Panscherei liegt darin, daß mittlerweile Orangenöl auf dem Weltmarkt erheblich teurer geworden ist. Ursprünglich war es ein Überflußprodukt, das bei der Verwertung von Orangenschalen für die Tierhaltung abgefallen war. Nicht zuletzt auch durch die Hobbythek ist es zumindest in Deutschland außerordentlich bekannt geworden. Siemens beispielsweise setzt es mittlerweile anstelle von chlorierten Kohlenwasserstoffen ein, mit denen sie bei der Chip-Produktion Siliziumscheiben reinigen.

Putztips für den Alltag

Fußbodenreinigung

Mit Bawa flüssig können Sie Fußböden aus Keramikplatten, Kunststoff oder gut versiegeltem oder lackiertem Holz bzw. Parkett sehr gut reinigen. Starke Flecke weichen Sie am besten mit unverdünntem Bawa flüssig ein und wischen später mit lauwarmem Wasser darüber.

Für Naturparkett, dessen Versiegelung schon gelitten hat, ebenso für Steinfußböden und Linoleum empfehlen wir die Fluidseife. Das ist die Spezial-Flüssigseife der Hobbythek, die eine zusätzliche Rückfettungskomponente enthält. Nehmen Sie dazu auf

½ Tasse (50–75 ml) Fluidseife
10 Liter lauwarmes
Wasser.

Bei hartem Wasser empfehlen wir, zusätzlich noch ca. 20 ml Bawa flüssig hinzuzufügen. Dies, damit die Kalksei-

fenbildung nicht stört, die bei der Reaktion der Schmierseifen mit den Härtebildnern des Wassers entsteht.

Spülen von Hand

Zum Spülen des Geschirrs mit der Hand empfehlen wir unsere hautmilden Tenside, wie Face-Tensid und Glycin-Tensid. Ein bis zwei Spritzer der unverdünnten Tensidsubstanz im Spülwasser reichen aus. Falls Sie mögen, fügen Sie noch etwas ätherisches Öl zur Parfümierung hinzu. Sie können auch eine Spur Rückfettungssubstanz zur Pflege der Hände untermischen. Besonders geeignet ist dafür das Fluid Lecithin CM (wir haben es in „Cremes und sanfte Seifen" vorgestellt). Hier das Rezept:

100 ml Tensid (Face-Tensid)
2 ml Parfümöl
(ätherische Öle wie
Zitrone/Orange oder Basisnoten aus unserem speziellen Minibaukasten zur Raumbeduftung: die Duftbase Grünzitrus, Blumig-Fruchtig, Holzakkord, Oriental oder auch Mischungen wie Holzakkord und Grüncitrus eignen sich gut)
5 ml Fluid Lecithin CM oder super

Nehmen Sie von dieser Lösung 1–2 Spritzer pro Spülwanne. Um von Kaffee-, Tee- oder Thermoskannen Farbstoffflecke wegzubekommen, lösen Sie

1 Messerspitze Proweiß super in
1 Tasse warmem Wasser auf.

Spülen Sie die Kanne aus. Aber Vorsicht: Der freiwerdende Sauerstoff bleicht nicht nur Flecke, sondern kann auch die Haut angreifen. Deshalb Gummihandschuhe anziehen.

Mit dieser Lösung können Sie auch das Spülbecken von hartnäckigen Farbflecken befreien.

Kalkflecke entfernen Sie am besten mit unserem Kalweg flüssig (50%ige Zitronensäure). Verdünnen Sie dies im Verhältnis 1:1 bis 1:2 mit Wasser. Nehmen Sie einen Pinsel oder einen Pad und befeuchten Sie damit die Schmutzstellen mit der Kalweg-Lösung. Lassen Sie sie dann mindestens eine halbe Stunde einwirken und spülen Sie dann alles mit Wasser ab. Diese schonende Methode ist dem mechanischen Abschrubben mit Stahlwolle garantiert vorzuziehen.

Putzen von glatten oder unebenen Oberflächen

Dazu verwenden Sie am besten das Universalreinigungstuch oder den Handschuh. Als Reinigungsmittel verwenden Sie am besten Oranex HT.

Oranex können Sie in Verdünnungen von 1:10 bis 1:500 einsetzen. Geben Sie das Oranex ins Putzwasser, nach der in folgender Tabelle ausgewiesenen Verdünnung.

Sehr bequem ist für diese Zwecke auch unser Sprüh- und Wischhandling, bei dem die Sprühflasche in das Kissen eingebaut ist.

Abb. 10: Die optimale Pflege für Ihr Auto: Reinigen Sie Lackflächen mit dem Universalreinigungstuch und einer Oranex-Verdünnung 1:100.

Verdünnung	Oranexmenge	Wassermenge
1: 10	10 ml = 4 ML	100 ml
1: 50	5 ml = 2 ML	250 ml = ¼ Liter
1:100	2,5 ml = 1 ML	250 ml = ¼ Liter
1:100	10 Tropfen	30 ml
1:200	2,5 ml = 1 ML	500 ml = ½ Liter
1:500	10 ml = 4 ML	5 Liter = ½ Eimer

1 ML = 1 standardisierter Meßlöffel der Hobbythek à 2,5 ml; 1 Teelöffel = 2 ML = 5 ml

Je nach Verschmutzungsgrad nehmen Sie von Oranex HT eine mehr oder weniger starke Verdünnung. Bei empfindlichen lackierten Oberflächen sollte die Verdünnung mindestens 1:100 betragen, denn Lack und Ölfarben können bei höheren Konzentrationen von Orangenöl angegriffen werden. Die Verdünnung 1:100 erreichen Sie bei folgenden Mengen:

Mit dieser Lösung können Sie auch Autos von innen reinigen mit dem Nebeneffekt, daß selbst Autos von Kettenrauchern nach dieser gründlichen Reinigung als Nichtraucherautos verkauft werden können. Dabei können Sie ohne weiteres auch die Polster mit dem Mittel behandeln. Auch dazu eignet sich wieder unser Sprüh- und Wischhandling. Hartnäckige Flecke auf den Polstern entfernen Sie am besten mit dem Luffa-Schwamm oder dem Scheuerpad und der Oranex-Lösung.

Beginnen Sie bei der Reinigung stets mit einer hohen Verdünnung. Sollte der Reinigungseffekt nicht ausreichen, kann die Dosierung einfach durch weitere Zugabe von Oranex erhöht werden. Bei Verdünnungen ab 1:100 können Sie – sofern Sie nicht allergiegefährdet sind – mit bloßen Händen arbeiten. Ansonsten empfehlen wir Ihnen Gummihandschuhe, denn Oranex wirkt entfettend, so daß die Hände rauh werden könnten.

Die entfettende und lösende Wirkung kann allerdings auch genutzt werden, um Teer, Ölflecke oder Farbreste von Hemden oder der Haut zu entfernen. Die Oranex-Lösung ist wesentlich hautfreundlicher als Waschbenzin, Terpentin, Terpentinersatz usw.

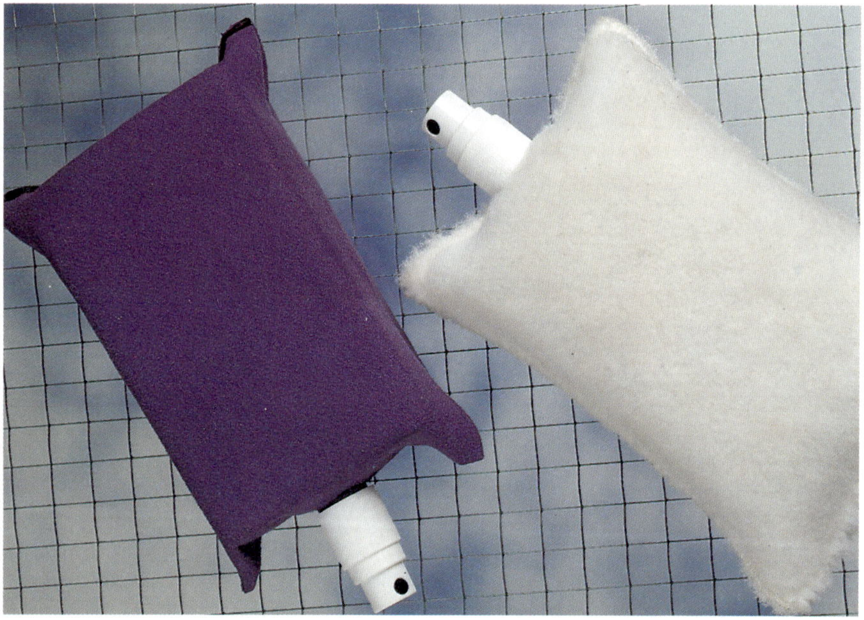

Geben Sie einfach ein paar Tropfen Oranex auf einen nassen Lappen und wischen Sie damit die Haut ab. Anschließend sollten Sie mit klarem Wasser und Seife nachwaschen.

Oberflächen aus Glas, Fliesen, Keramik, Hartkunststoff, Edelstahl und der bereits erwähnte Autolack können mit Oranex gesäubert werden. Bei besonders hartnäckigen Flecken können Sie Oranex auch unverdünnt benutzen.

Den Anwendungsmöglichkeiten für Oranex sind kaum Grenzen gesetzt. Mit unseren Tips wollen wir eigentlich nur Starthilfen geben. Probieren Sie es selbst aus und finden Sie neue Anwendungsmöglichkeiten. Auch wir staunen immer wieder, was Oranex alles löst. Selbst Kaugummi, das bisher bekanntlich jeglichem Reinigungsversuch widerstand, kann mit Oranex abgelöst werden und zwar sowohl von Textilgewebe als auch von Holz, Kunststoff, Keramik und Glas. Nach der Reinigung einfach mit Wasser nachwaschen.

Geruchsprobleme?

Menschen, die wegen einer Krankheit oder aus anderen Gründen einen Nachttopf benötigen, sollten ein paar Tropfen Oranex in das Gefäß geben, und schon ist das Geruchsproblem erheblich verringert.

Oranex erweist sich auch bei chemischen Camping- und Schiffstoiletten als äußerst nützlich. Geben Sie einfach 10 bis 20 ml Oranex pur in die Spülflüssigkeit. (Weitere Tips finden Sie unter „Orangen-Odex", Seite 93).

Beseitigung von Harz- und Wachsflecken

Flecke durch überlaufende Kerzen auf Tischtüchern oder durch Schuhcreme

Abb. 11: In diese Sprüh- und Wischhandlinge können Sie Oranex in jeder beliebigen Verdünnung füllen.

Abb. 12: Kerzenwachsflecken rücken Sie am besten mit Oranex pur zu Leibe.

an der Kleidung waren bisher das Kreuz so mancher Hausfrau und so manchen Hausmannes. Jetzt gibt es zumindest eine Chance: Oranex pur auf die Flecke geben, einreiben, einwirken lassen und anschließend gründlich auswaschen.

Flecke auf Leder
Mit Oranex kann man auch Leder oberflächlich reinigen. Benutzen Sie dafür am besten unseren Sprüh- und Wischhandling.
Allerdings Vorsicht: Wenn das Leder nicht farbbeständig oder nicht durchgefärbt ist, kann sich die Farbe lösen. Machen Sie also vorher eine Probe, vor allem wenn es sich um Wildleder handelt. Wollen Sie Wildlederschuhe so reinigen, sollten Sie den ganzen Schuh gleichmäßig behandeln.

Oranex HT zur Teppich- und Polsterreinigung
Sie werden verblüfft sein: Selbst hartnäckige Flecke lösen sich mit Oranex. Allerdings müssen die Teppiche und Polsterstoffe unbedingt farbecht sein. Auch hier ist eine Probe angebracht. Während gewerbliche Reiniger hierfür eine maschinelle Ausrüstung benötigen, genügt im Haushalt eine Sprühflasche, wie man sie z. B. für Pflanzen benutzt.
Verdünnen Sie Oranex im Verhältnis 1:100 und besprühen Sie damit den Teppich oder den Polsterstoff gleichmäßig, so daß sich die Oberfläche leicht feucht anfühlt. Anschließend reiben Sie Teppich oder Stoff mit unserem Kombihandschuh mit Scheuerwirkung und mit Frottierhandtüchern ab. Der Handschuh und die Frottierhandtücher lassen sich später ohne Mühe in der Waschmaschine wieder reinigen.

Da beim Reinigen und Trocknen derart großer Flächen durchaus größere Mengen an ätherischen Ölen freiwerden können, empfiehlt es sich, bei der Arbeit und danach mindestens ein Fenster zu öffnen. Orangenöl ist zwar nicht giftig, bei zu hoher Raumluftkonzentration kann es bei empfindlichen Personen aber die Schleimhaut leicht reizen. In jedem Fall ist die Geruchsbelästigung weitaus geringer als bei chemischen Mitteln oder Terpentin, Waschbenzin usw.

Sollten Sie allergisch auf Orangenschalen reagieren, dann empfehlen wir Ihnen, vorsichtig mit dem Mittel umzugehen.

Reinigung von Fenstern, Spiegeln und Glasflächen
Speziell dafür haben wir unser Mikrofasertuch, den Sprüh- und Wischhandling mit integriertem Behälter für Reinigungsflüssigkeit und einen Fensterwischer mit integriertem, sehr saugfähigem Abwischtuch aus Plüschgewebe vorgesehen (vgl. *Abbildung 8, Seite 90*).
Für die eigentliche Reinigung können Sie sich zunächst einmal eine verdünnte Oranex-Lösung im Verhältnis 1:50 bis 1:100 mischen. Diese tragen Sie entweder mit dem Pumpspray-System aus dem Sprüh- und Wischhandling auf oder mit einer Pumpsprayflasche

(z. B. einer Blumensprayflasche), mit der Sie die Fensterscheiben dünn einsprühen. Dann ziehen Sie sie mit dem Fensterwischer ab. Abfließende Reinigungsflüssigkeit nimmt das saugfähige Plüschgewebe in sich auf, das sehr einfach mit einem Klettverschluß an dem Wischer befestigt ist, so daß es leicht abgetrennt und ausgewrungen werden kann. Mit dem Mikrofasertuch können Sie dann etwa noch übriggebliebene Wasserspuren ableдern.

Da Oranex nicht ganz billig ist, hier noch ein Rezept für eine andere Glasreinigungsflüssigkeit, genannt **Glasfein**. Nehmen Sie:

750 ml	Wasser (am besten entmineralisiertes Wasser, sonst
5–10 ml	Kalweg zufügen),
75 ml	Isopropylalkohol (Isopropanol) oder ca. 90 %iges Ethanol (Spiritus) oder unser Kosmetisches Basiswasser,
2–3 Tropfen	Bawa flüssig,
5 Tropfen	Parfüm oder ätherisches Öl.

Wir werden dafür sorgen, daß Sie dieses Fensterputzkonzentrat in den Läden, die im Anhang des Buches als Bezugsquellen aufgeführt werden, erhalten können. Darin sind alle Substanzen außer Wasser enthalten. Sie brauchen das Konzentrat dann nur noch zu verdünnen, und zwar im Verhältnis 1:3, d. h.:

250 ml	Glasfein-Konzentrat mit
750 ml	Wasser.

Scheuermilch für hartnäckige Zwecke

50 g	Scheuerpulver HT
2 g	Natron (Natriumhydrogencarbonat)
10 g	Stawa-Super
35 g	Wasser
1 Meßlöffel	Xanthan

Lösen Sie zunächst Natron und anschließend das Stawa-Super in warmem Leitungswasser auf. Dann vermischen Sie Xanthan mit dem Scheuerpulver möglichst gleichmäßig und rühren diese Mischung in die Flüssigkeit ein. (Xanthan ist ein Verdickungsmittel, das wir auch für unsere Kosmetikprodukte verwenden.)

Bei dem Scheuerpulver HT handelt es sich um ein feingemahlenes Marmormehl. Sein Korn ist so fein, daß Sie damit auf keinen Fall glatte Flächen zerkratzen.

Kampf dem Kalk

Wer kennt sie nicht, die ärgerlichen Kalkablagerungen in Boilern, Tee- und Wasserkesseln, auf Tauchsiedern etc. Bei Temperaturen über 60–70 °C schlägt sich bei mittelhartem bis hartem Wasser Kalk an den heißen Stellen nieder. Das liegt daran, daß gelöste Calciumsalze, die für die Wasserhärte verantwortlich sind, bei diesen Temperaturen aus der Lösung ausfallen. So ist es kein Wunder, daß an den Heizstäben und am Kesselboden die Kalkschicht mehrere Millimeter stark werden kann, sofern sie nicht regelmäßig entfernt wird. Die Kalkschicht besitzt eine schlechte Wärmeleitung und wirkt dadurch isolierend. Der Wärmeübergang zwischen Heizstab und Wasser funk-

tioniert nicht mehr optimal. Das verbraucht nicht nur Energie, die Heizstäbe können sich überhitzen und schneller durchbrennen. Kalk auf dem Kesselboden wirkt ebenfalls isolierend, so daß viel Wärme verlorengeht, die dann in den Raum statt ans Wasser weitergegeben wird.

Durch Säuren läßt sich der größte Teil der Kalkkruste entfernen. Hier eignet sich die relativ milde Säure unseres **Kalweg** besonders gut, das aus 50 %iger Zitronensäure besteht. Sie ist in niedriger Konzentration völlig ungiftig.

Geben Sie pro Liter Wasser 100 ml Kalweg hinzu und heizen Sie es in dem zu reinigenden Gefäß auf. Achtung: Es kann stark schäumen, weshalb Sie die Kalweg-Lösung erst nach und nach in das Gefäß geben sollten.

Kalweg läßt sich genauso handhaben wie jeder herkömmliche Kalkentferner. Lassen Sie die Lösung in dem Boiler, Kessel oder Gefäß eine Zeitlang einwirken und heizen Sie es eventuell von Zeit zu Zeit wieder auf. Während dieser Zeit wird der Kalk durch die Säure wieder wasserlöslich gemacht. 100 g Kalweg können ca. 50 g Kalk entfernen; wenn Sie mehr Kalk vermuten, müssen Sie noch etwas Kalweg hinzugeben.

Kaffeemaschinen lassen sich auf diese Weise ebenfalls gut entkalken. Geben Sie

4 Tassen	Wasser und
50 ml	Kalweg

in den Wasserbehälter. Stellen Sie dann den Automaten an, bis das Wasser schäumend aus der Heißwasserdüse herausläuft. Vergessen Sie nicht, die Kaffee- oder Teekanne darunterzustellen. Dann die Maschine sofort abstellen und die Säure fünf Minuten einwirken lassen. Anschließend wieder einschalten und etwa zwei Tassen herauslaufen lassen. Erneut abstellen und noch einmal fünf Minuten warten. Jetzt das restliche Wasser mit Kalweg durchlaufen lassen. Danach können Sie die aufgefangene Brühe nochmals für einen Entkalkungsvorgang verwenden, um die restliche Säure auszunutzen.

Sollte Ihr Gerät schon stark verkalkt sein, empfiehlt es sich, den Vorgang mit frischem Wasser und Kalweg mehrmals zu wiederholen. Zum Schluß sollten Sie mit einer kompletten Wasserfüllung des Geräts nachspülen, damit keine Säure zurückbleibt.

Zum Entfernen von Kalkresten an Wasserhähnen mit Ventilen (Perlator) und Duschköpfen geben Sie in ein feuerfestes Becherglas oder ein Emailtöpfchen

½ Tasse heißes Wasser
50 ml Kalweg.

Bringen Sie die Lösung zum Sieden und legen Sie anschließend die abgeschraubten Teile hinein. Lassen Sie die Säure etwa 5 bis 15 Minuten einwirken, und spülen Sie dann mit klarem Wasser nach.

Auf das Erhitzen können Sie verzichten, wenn Sie die Säure über Nacht einwirken lassen.

Zur Beseitigung von Kalk auf fest installierten Armaturen und Kacheln eignet sich eine Mischung von Wasser und Kalweg im Verhältnis von 1:1. Mit einem kleinen Lappen oder Schwamm können Sie die Lösung über die Flecke verteilen, bis sie beseitigt sind. Ziehen Sie sich dazu unbedingt Gummihandschuhe an, denn die Zitronensäure kann in dieser Konzentration für die Haut schon sehr unangenehm sein. Diese Behandlung ist auf jeden Fall wesentlich schonender für Ihre Kacheln als ein Abschrubben mit Scheuerpulver, Scheuerschwamm oder gar Stahlwolle. Die scheinbar so harte Chrom- oder Lackschicht der Armaturen und die Oberfläche der Kacheln sind keineswegs unverwüstlich. Zum Schluß mit einem feuchten Tuch nachwischen.

Toilettenreiniger
Geben Sie bei Verfärbungen

1–2 Teelöffel Proweiß super

in die Toilettenschüssel und verteilen Sie es mit der Toilettenbürste. Kalkränder in der Schüssel werden mit unverdünntem Kalweg entfernt. Es wird auf den Kalk geträufelt und sollte genügend lange einwirken.

Der Fleck muß weg!

Ein bißchen Historie

Wer hat sich nicht schon einmal über Flecke auf der Kleidung geärgert. Meist entdeckt man sie, wenn es einem überhaupt nicht in den Kram paßt oder man in Eile ist. Auf weißer Weste, auf Hemd, Abendkleid oder Anzug, auf dem Tischtuch, auf dem Teppich, auf dem Sofa – der Phantasie sind keine Grenzen gesetzt. Flecke sind ein alltägliches Ärgernis.

Mit diesem Kapitel möchten wir Ihnen helfen, Ärger zu vermeiden, Kosten zu sparen, sich das Leben leichter zu machen – gleichzeitig die Flecke auf die umweltfreundlichste Weise wegzubekommen. Wir wollen also nicht auf Karl Valentins Vorschlag eingehen, der als einzig wirksames Fleckenmittel „Scherolin" ansah: den Fleck ganz einfach mit der Schere herauszuschneiden.

Es gab ja einmal Zeiten, in denen man Flecken machtlos gegenüberstand. In einem alten Buch aus dem 15. Jahrhundert lasen wir: „Farbflecke lassen sich mit einem Absud aus Ameisenlarven behandeln und Pech- und Fett-

flecke sind durch Einreiben mit Eidotter zu entfernen."

Im 18. und 19. Jahrhundert galt Terpentin, das durch Wasserdampfdestillation aus Kiefernharz gewonnen wird, als universelles Fleckenentfernungsmittel. Nicht zu Unrecht, denn Terpentin löst hervorragend fetthaltige Flecke. Trotzdem empfehlen wir es heute nicht mehr uneingeschränkt, denn es kann unter Umständen die sogenannte Terpentinkrätze auslösen, die mittlerweile als Berufskrankheit der Anstreicher anerkannt ist.

Ob allerdings die Radikalkur zur Beseitigung von Wein-, Urin-, Rost- und Tintenflecken funktionierte, die wir in einem Buch aus dem Jahre 1839 gefunden haben? Wir haben es nicht ausprobiert. Hier wird mit für heutige Begriffe massiver chemischer Behandlung, z. B. mit Salzsäure und Salpetersäure, an die Flecke herangegangen, und es wird behauptet, daß sie herausgehen, ohne daß das Gewebe zerstört würde. Trotzdem war man sehr vorsichtig und schlug immerhin und zum ersten Mal eine „Saumprobe" zur Vorprüfung vor (vgl. *Abbildung 1*).

> In manchen Fällen verrichtet auch ein Quentchen Weinsteinsalz, in zwei Loth reinem Wasser aufgelöst, gleiche Dienste, wenn der Flecken mit einem damit angefeuchteten leinenen Läppchen gelinde gerieben wird. Zur Vorsicht kann an einem kleinen Stückchen desselben Zeugs oder an einen ganz kleinen Flecken die Probe gemacht werden, um zu sehen, welches Mittel von beiden an derselben Farbe die besten Dienste leistet.

Abb. 1: Aus: Johann Heinrich Moritz v. Poppe, Neuer Wunderschauplatz der Künste und interessantesten Erscheinungen ..., Stuttgart 1839. Die hier beschriebene Saumprobe wird heute noch genauso durchgeführt.

Auch heute ist die Saumprobe nicht veraltet, denn bei manchen Fleckenmitteln können synthetische Stoffe ähnlich reagieren wie früher Stoffe auf die Salzsäure oder das „Scherolin". Manche Lösungsmittel fressen einfach ein Loch in Stoffe aus empfindlichen Fasern, denn sie lösen die Fasern auf (Nagellackentferner (= Aceton) zum Beispiel löst Acetatfasern).

Absonderliche und gefährliche Tips zum Entfernen von Flecken gab es auch noch zu Anfang unseres Jahrhunderts. So sollte man z.B. „Rostflecke auf galvanischem Wege" tilgen oder „Kupferfleckbeseitigung mit Zyankali" vornehmen.

Die größten Probleme schienen damals Fettflecke zu bereiten. Die wasserlöslichen Flecke brachte man leicht heraus, aber die Fettflecke in der Oberbekleidung machten Schwierigkeiten. Aus dieser Not entstand ein neuer Berufsstand, der sich ausschließlich damit befaßte, Flecke aus der Kleidung zu entfernen. Man nannte ihn „Dégraisseur" (frz. dégraisser = entfetten). Im 18. und 19. Jahrhundert zogen sie über Land und übten ihr Handwerk meist auf Straßen und Plätzen aus. Aus dem Dégraisseur wurde im Lauf der Zeit der „Détacheur" (frz.; der Entflecker).

In gleichem Maße, in dem die Chemie an Bedeutung gewann, entwickelte sich auch die Technik des Détacheurs weiter. Zu Beginn des 20. Jahrhunderts war er bereits mit den Methoden der chemischen Reinigung vertraut.

Abb. 2: Fleckputzer zogen im 18. und 19. Jahrhundert über Land und übten ihr Handwerk auf Straßen und Plätzen aus.

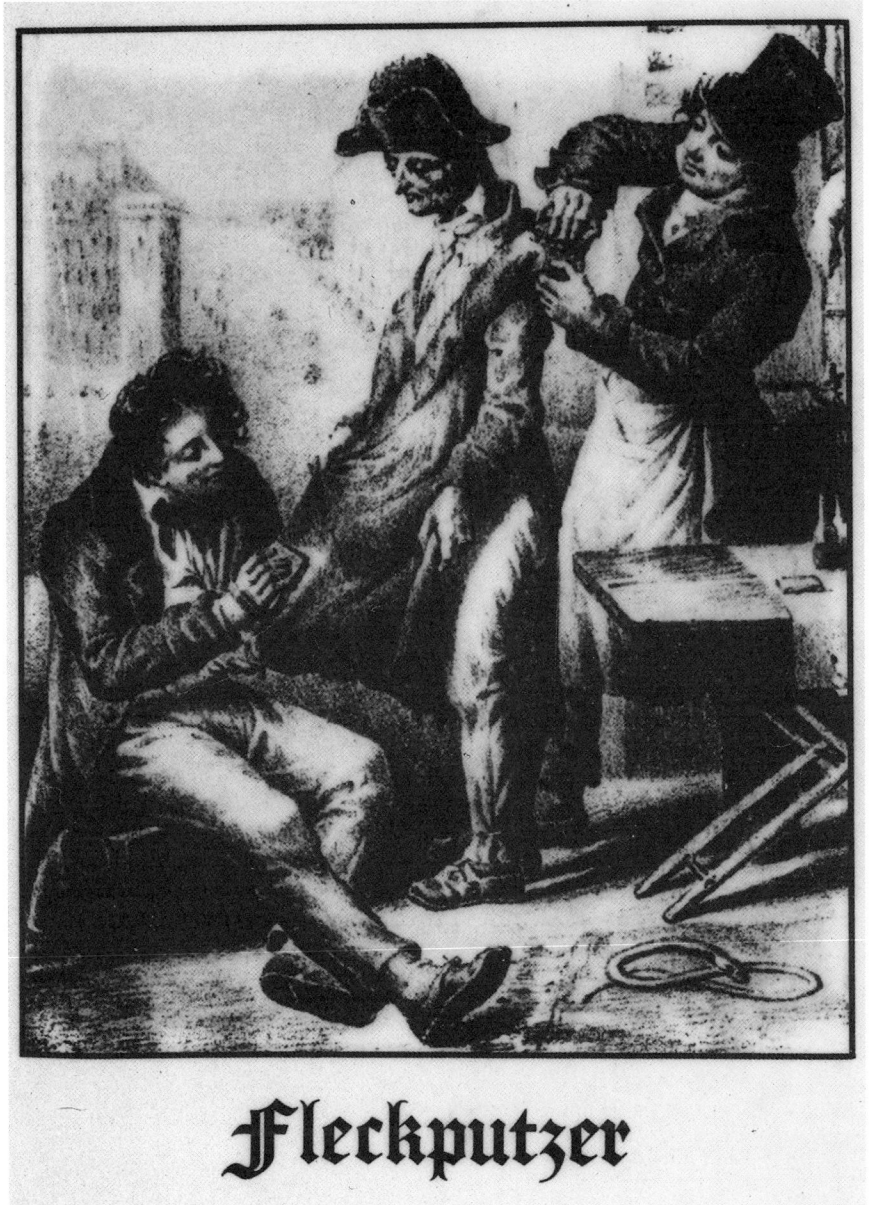

Fleckputzer

Wer heute ein Problem mit Flecken hat, gibt sein Kleidungsstück in der Regel in die chemische Reinigung. Textilreinigungen haben heute, zumindest was die Umwelt anbelangt, keinen allzu guten Ruf. Sie liegen häufig mitten in Wohnvierteln und setzen mehr oder weniger große Mengen des chemischen Lösungsmittels Perchlorethylen (PER) frei. Dies führte zwangsläufig zu negativen Schlagzeilen. Der Grund: PER ist eine organische Chlorverbindung, die im Verdacht steht, bei Tieren Krebs zu erregen. Seit 1993 wurden daher diesen chemischen Reinigungen strengere Auflagen erteilt, die seit Januar 1995 noch verschärft wurden. Chemische Reinigungen dürfen jetzt nur noch mit weitgehend geschlossenen Systemen arbeiten, bei denen PER nicht mehr frei werden kann.

Zu ihrem schlechten Ruf kamen die Reinigungen aber auch, weil zumindest kleinere früher bevorzugt ein auf den ersten Blick ungiftiges Lösungsmittel, und zwar Fluorchlorkohlenwasserstoff (FCKW) benutzten. Die FCKWs, so ungiftig sie im täglichen Umgang auch sein mögen, richten in den oberen Schichten der Atmosphäre großes Unheil an, weil sie die Ozonschicht abbauen, welche die gesundheitsschädliche Ultraviolettstrahlung der Sonne herausfiltert. Sie sind jetzt zum Glück verboten. Neuerdings gibt es Reinigungen, die andere Kohlenwasserstoffe einsetzen. Diese sind jedoch brennbar, und daher sind für den sicheren Betrieb dieser Anlagen hohe Investitionen nötig. So bleibt dies vor allem Großreinigungen vorbehalten. Mittlerweile gibt es recht umweltfreundliche Reinigungen, die an dem in *Abbildung 3* gezeigten Symbol erkennbar sind.

Abb. 3: Reinigungen, die dieses Zeichen führen, arbeiten relativ umweltfreundlich.

Wir haben uns die Frage gestellt, ob es wirklich nötig ist, wegen eines Flecks in jedem Fall eine chemische Reinigung aufzusuchen. Der neuste Trend im Reinigungsgewerbe ist nach einem Bericht der *Wirtschaftswoche*, daß immer mehr chemische Reinigungen klammheimlich dazu übergehen, die zur Reinigung abgegebenen Kleidungsstücke einfach in Waschmaschinen zu stecken und mit Wasser zu waschen. Dagegen ist nichts einzuwenden, wenn es fachmännisch ausgeführt wird. Daran ist aber auch zu erkennen, daß heutzutage viel zu viele Textilien mit dem Zeichen „Nicht waschbar" gekennzeichnet sind. Es wird langsam Zeit, daß auch die Modeschöpfer stärker an ihre Verantwortung denken und ihre Modelle so konfektionieren, daß sie zu Hause mit Wasser gewaschen werden können. Dazu müßten sie die Oberstoffe, die Verarbeitungsmaterialien wie Nähgarne oder Futter- und Ein-

lagestoffe entsprechend auf Waschbarkeit auswählen und kombinieren. Das Obermaterial macht nämlich in den seltensten Fällen Probleme, vor allem wenn bei niederen Temperaturen gewaschen wird. So wird oft mit der chemischen Kanone auf kleine Fleckenspatzen geschossen. Zum Nachteil unseres Geldbeutels und – noch viel schlimmer – der Umwelt.

Früher war übrigens der sogenannte Fleckputzer genauso hoch angesehen wie die Weber, die Tuchscherer, die Färber, die Schneider und die Wäscher. Auch heute gibt es durchaus noch solche Fachleute. Allerdings findet man sie viel zu selten in den chemischen Reinigungen. Es ist schon ein Qualitätszeichen für den jeweiligen Reinigungssalon, wenn es dort einen gelernten Détacheur gibt. Der arbeitet dann allerdings selten mit harter Chemie. Der Détacheur hat in guten Textilreinigungen seinen Détachur-Tisch, auf dem man mit Dampf, einer speziellen Absaugung und Preßluft die Flecke entfernt.

Natürlich kann man auch zu Hause Flecke entfernen. Fast jeder von uns tut es mehr oder weniger erfolgreich. Und damit dabei weniger Fehler passieren – auf die man in Reinigungen oft hingewiesen wird – geben wir Ihnen die richtigen Tips. Eine erfolgreiche Fleckentfernung beginnt zunächst einmal mit der Fleckerkennung.

Abb. 4: Ein Fleck – was nun? Als erstes sollten Sie versuchen, seiner Herkunft auf die Spur zu kommen!

Fleckarten und Fleckerkennung

Die meisten Flecke entstehen durch Lebensmittel wie Obstsaft auf der Bluse oder dem Hemd, Salatöl auf der Krawatte, Rotwein auf Tischdecken, Tee auf einem T-Shirt, Bockwurstsaft auf dem Jackett, Ketch-up auf der Weste, Bratensoße in der Küchenwäsche. Ergiebige Fleckquellen finden sich sowohl auf der Straße als auch im Haushalt und an Ihrem Arbeitsplatz, wo sich plötzlich Motorenöl auf der Man-

schette, Filzstift im Jackettfutter, Kugelschreiber in der Oberhemdentasche, Anstrichfarbe auf dem Pullover oder Kerzenwachs auf der Weihnachtstischdecke findet. Auch das gibt es: Arzneimittel in der Bettwäsche, Schuhcreme in Schürzen, Nagellack im Handtuch, Make-up am Blusenkragen, Lippenstift auf Servietten, Straßenschmutz im Mantel.

Das Problem ist, daß solche Flecke meist nicht nur aus einer einzigen Substanz bestehen. So sind in Soßenflecken Anteile von Fett, Mehl, Stärke, Eiweiß und Gewürzen enthalten, aber

auch Farbstoffe aus Rotwein, der in vielen Soßen nicht fehlen darf. Auf dieses vielseitige Gemisch müssen Sie sich beim Fleckenputzen einstellen, wobei der am schwierigsten zu entfernende Fleckanteil die Behandlungsmethode bestimmt.

Hier nun eine Einteilung der Fleckarten nach der Art und Weise, wie sie sich entfernen lassen:

Öl- und Fettflecke

Sie können von pflanzlichen bzw. tierischen Fetten und Ölen (Speiseöle und -fette) stammen, oder von Mineralölen/-fetten, die aus Erdöl gewonnen werden.

Öle und Fette sind **nicht wasserlöslich**. Sie lassen sich aber mit Tensiden (Waschmitteln) emulgieren oder direkt in Lösungsmitteln lösen. Dazu gehören die meisten Kohlenwasserstoffe wie Benzin, Terpentin, aber auch so schlimme Substanzen wie Trichlorethylen. Wir von der Hobbythek halten es da mit natürlichen Substanzen, z.B. mit ätherischem Orangenöl, das beispielsweise in unserem Orafleck (siehe *Seite 93*) gelöst ist sowie in unserem Oranex HT (vgl. *Seite 93 f.*).

Wasserlösliche Flecke

Dazu gehören Zucker, der beispielsweise in Sirup und in Honig enthalten ist oder in vielen Früchten, dort allerdings meist verbunden mit pflanzlichen oder künstlichen Farbstoffen, und Salze, die z.B. aus Urin oder Schweiß stammen.

Bleichbare Flecke (Pflanzen- und Lebensmittelfarbstoffe)

Hierzu gehören Flecke von Obst und Gemüse, Wein, Bier, Cognac, Limo-

Abb. 5: Fett emulgiert durch den Zusatz von Tensiden im Wasser und löst sich von der Faser.

nade, Coca-Cola, Kaffee, Tee und Fruchtsäfte. Viele dieser Säfte oder Getränke sind mehr oder weniger gerbstoffhaltig.

Schon hier dazu ein Tip: Der Gerbstoff muß vor dem Bleichen durch eine Säurebehandlung gelöst werden. Dies geschieht durch eine Vorbehandlung mit einer schwachen Säure, z.B. mit Zitronensäure aus unserem Kalweg. Erst danach kann eine erfolgreiche Bleiche mit Proweiß super oder Wasserstoffperoxid – Perweiß – vorgenommen werden.

Anmerkung: Nicht alle farbigen Flecke sind bleichbar. Farbpigmente lassen sich durch Bleichen nicht entfärben. Sie sind z.B. in Schuhcremes oder Ölfarben verarbeitet. Aber auch in der Wachsmasse von Kugelschreibern und in der waschfesten Farbe von Filzschreibern sind nichtbleichbare Farbpigmente enthalten. Bei solchen Flecken müssen die Farbpigmente erst durch Lösungsmittel freigelegt werden. Danach lassen sich die Farbpigmente durch waschaktive Substanzen (Tenside) fein zerteilen, abheben und mit Wasser wegspülen. Das ist oft eine mühsame Arbeit und erfordert viel Geduld. Allerdings muß bei waschfesten Filzschreiberfarben die Fleckentfernung passen.

Enzymlösliche Flecke (Eiweiß oder Stärke)

In vielen Speisen kommen Eiweiß und Stärke vor. Eiweiß, welches bei Flecken Probleme bringt, ist meist tierischen Ursprungs (Ei, Tierblut, Milch). Frische Eiweißflecke lassen sich mit Bawa flüssig in kaltem Wasser auswaschen. Ältere Eiweißflecke müssen hingegen in Enzymlösung (Biozym SE) längere Zeit eingeweicht werden.

Achtung: Auf keinen Fall das Wasser erhitzen, denn durch Wärmeeinwirkung über 40 °C gerinnt das Eiweiß und wird unlöslich! Deshalb Blutflecke nicht mit heißem Wasser auswaschen. Kein Kalweg anwenden.

Stärke ist in Kartoffeln, Reis, Nudeln, Mais usw. enthalten. In vielen Flecken, die durch Speisen entstehen, finden wir Stärke als Verdickungs- und Bindemittel.

Wie bereits erwähnt, kommen Stärke, Eiweiß und Fett oft gemischt vor. Sie lassen sich durch die Enzyme der Hobbythek (Biozym SE flüssig und Biozym F flüssig) beseitigen. Die oft in den Flecken zusätzlich enthaltenen Farbstoffe müssen nach einer gründlichen Enzymbehandlung durch Bleichen beseitigt werden.

Besondere Flecke wie Kaugummi, Kerzenwachs und Rostflecke

Bei Kaugummiflecken gibt es einen Trick: Einfach im Tiefkühlfach einfrieren und dann durch Abkratzen entfernen. Anschließend Fleckstelle mit Oranex nachbehandeln (vgl. *Seite 116*).

Kerzenwachs wird zwischen Filterpapier ausgebügelt oder mit Oranex gelöst (vgl. *Seite 119*).

Rostflecke werden durch Behandeln mit heißer Kleesalzlösung entfernt (vgl. *Seite 119*).

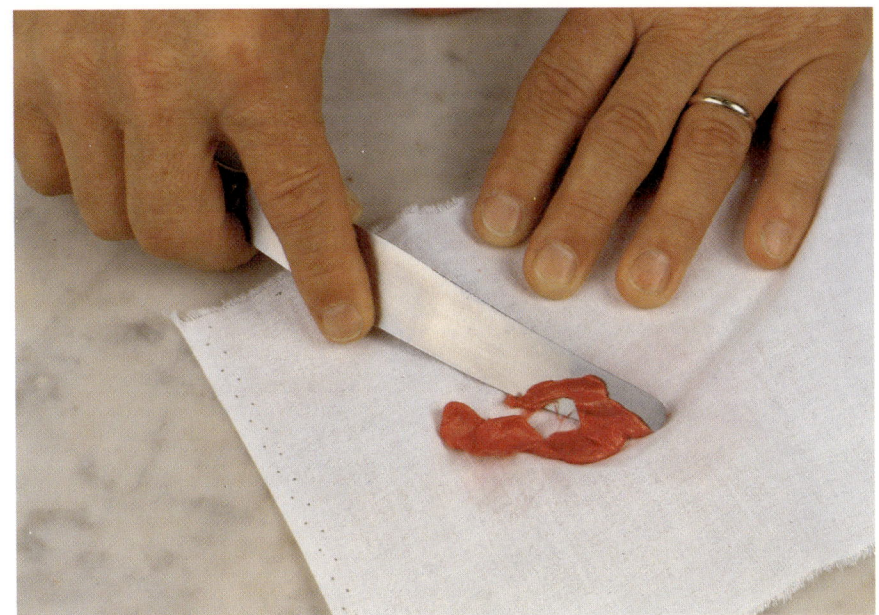

braune Flecke. Ähnlich ist es bei Fertiggerichten, die als Verdickungsmittel Guarmehl oder ähnliche Verbindungen enthalten. Beim Waschen mit Universalwaschmitteln kommt es durch Borverbindungen im Bleichmittel Perborat zu bräunlichen Flecken. Mit unserem Bleichmittel Proweiß aus Percarbonat kann das nicht passieren.

Wissen Sie nicht, wodurch Flecke entstanden sind, können Ihnen kleine Tests oder das Aussehen des Flecks weiterhelfen. Nachfolgend einige Beispiele:

- **Speiseölflecke** auf Baumwolle oder Leinenstoffen machen das Gewebe transparent. Sie verlaufen ohne scharfe Ränder. Je älter der Fleck, um so weiter breitet er sich aus. Bei schmutzigen und farbigen Ölen nimmt die Farbintensität von der Mitte zum Rand ab. Fettflecke bleiben

Wie erkennt man Flecke?

Haben Sie einen Fleck erst einmal richtig erkannt, dann hat er – mit unseren Mitteln angegangen – kaum noch eine Chance. Meist ist bekannt, wann und wodurch ein Fleck entstanden ist. Schwieriger wird es, wenn Flecke erst nach dem Waschen erkennbar werden. Sie haben sich dann durch die Einwirkung von Substanzen aus dem Waschmittel „entwickelt", d.h. sie werden sichtbar. Das kann bei gerbstoffhaltigen Flecken passieren, z.B. bei

Obstflecken von Bananen, Aprikosen, Pfirsichen. Sie fallen vor dem Waschen nicht besonders auf. Nach dem Waschen jedoch sind es deutliche grau-

Tabelle 1: Anhand der Farbe eines Flecks können Sie häufig seinen Ursprung erkennen.

Gelb	Tee, Urin, Rost, Medikamente, Parfüm, Weinbrand
Braun	Rost, Kaffee, Kakao, Soße, Make up, Magenbitter, Blut, Schreib- und Malfarben
Rot	Rotwein, Kugelschreiber, Blut, Schreib- und Malfarben, Lippenstift, Nagellack, Campari, Marmelade, Obst, Gemüse
Grün	Gras, Salat, Filzstifte, Schreib- und Malfarben, Likör
Blau	Holunder- und Johannisbeersaft oder -likör, Schreib- und Malfarben
Grau/Schwarz	Tusche, Tinte, Bleistift, Teer, Straßenstaub, Insektenschmutz, Gummiabrieb, Schuhcreme, Ruß

beim Auftropfen von Wassertropfen unbenetzt. Die Tropfen bleiben auf dem Fleck stehen und dringen nicht in den Stoff ein.

- **Blutflecke:** Diese roten bis dunkelroten Flecke haben scharfe Ränder, die etwas dunkler sind als die Mitte. Je dunkler die Blutflecke, desto älter sind sie und desto schwerer ist das Entfernen. Bei Blutflecken tritt durch eine längere Alterung ein Verhärten der Eiweißsubstanzen ein. Daher sollten Flecke möglichst frisch behandelt werden, am besten gar nicht erst eintrocknen lassen.
- **Ölfarben, Klebstoffe, Lacke, Eigelb und Kakao** haben ebenfalls scharf abgegrenzte Ränder.

Auch die Farbe der Flecke kann Hinweise auf die Fleckart geben. Mehr dazu finden Sie in *Tabelle 1.* Dies sind nur einige Beispiele für farbige Flecke. Für alle gilt jedoch:

Je älter sie sind, desto schwieriger wird die Beseitigung.

Rostflecke immer vor dem Waschen beseitigen. Durch die Bleiche beim Waschen kommt es beim Fleck zu starker Faserschädigung, es kann sogar ein Loch entstehen (vgl. *Seite 23f.*).

Fleckentfernungsmittel aus der sanften Chemie der Hobbythek

Die meisten Mittel bekommen Sie in einem Set in den Läden, in denen die Substanzen der Hobbythek geführt werden. Mittlerweile gibt es auch schon viele Apotheken und vor allen

Abb. 7: Dies sind die Lösungsmittel unseres Fleckentfernungssets.

Dingen Drogerien, in denen Sie zumindest einige dieser Mittel erhalten. Viele der Substanzen haben wir bereits im Zusammenhang mit anderen Themen und anderen Hobbythek-Büchern ausführlich besprochen. Daher hier nur Kurzinformationen, damit Sie wissen, womit Sie es zu tun haben.

Isopropanol

Ein weitgehend ungiftiger Alkohol, der allerdings ungenießbar ist. Er ist in geringem Anteil im Oranex, aber auch im Bawa flüssig als mildes antibakterielles Mittel enthalten. Er dient in reiner Form als Lösungsmittel für Flecke, die alkohollöslich sind.

Orafleck

Dieses aus farblosen Orangenterpenen bestehende, sehr gute universelle natürliche Lösungsmittel wird aus Orangen- und Zitronenschalen gewonnen. Es löst alle Öl-, Fett- und Wachsbestandteile aus Textilien, die nicht mit Wasser und Tensiden behandelt werden dürfen.

Oranex HT

Darin sind neben kaltgepreßtem Orangenöl und Orangenöldestillat auch 15 % Isopropanol und 10 % eines milden Tensids, das aus Rizinusöl gewonnen wird, enthalten. Es löst nicht nur Fette, Wachse und Öle, sondern ent-

Abb. 8: Mit diesen Ingredienzien machen Sie fast jedem Fleck den Garaus.

| 200 ml | Kalweg auf |
| 10 Liter | heißes Wasser |

Die verkalkten Teile darin über Nacht einlegen. Anschließend gut spülen oder nachwaschen.

Probunt

Das darin enthaltene PVP hilft Farbübertragungen auf farbige Baumwolltextilien zu verhindern und Pflanzenfarbstoffe aus Flecken zu binden.

Proweiß bzw. Proweiß super

Es dient zum Beseitigen von bleichbaren Farbstoffen (Rotwein und Kaffee) durch Oxidation. Proweiß super ist durch einen Bleichaktivator verstärkt, der bei niedrigen Behandlungstemperaturen bleichaktivierend wirkt.

Perweiß flüssig

Es ist verdünntes Wasserstoffperoxid, das oxidierend wirkt wie Proweiß. Es ist etwas einfacher bei Flecken einzusetzen und dient zur Fleckbehandlung bei Stoffen, die alkaliempfindlich sind (Wolle) und das alkalische Proweiß nicht vertragen. Es liegt in einer Konzentration von ca. 20 % vor.
Achten Sie allerdings beim Einsatz darauf, daß Wasserstoffperoxid eine Chemikalie ist, die mit Vorsicht zu genießen ist. Sie darf auf keinen Fall in die Augen und auf die Haut geraten (führt zu weißen Flecken). Sollte dies geschehen, so spülen Sie es sofort mit viel klarem Wasser aus den Augen (dann Arzt aufsuchen) oder von der Haut ab. Unnötig zu erwähnen, daß es natürlich auch nicht in die Hände von Kindern geraten darf. Deshalb müssen Ihnen

fernt auch Farb- und Schmutzpigmente.
Zuerst werden die Fettstoffe durch das Lösungsmittel gelöst, dann entfernen die Tenside als waschaktive Substanzen die Farb- und Schmutzpigmente. Sie werden sehen, daß Sie mit etwas Geduld unter Umständen sogar Kugelschreiberflecke damit lösen können. Oranex ist das Mittel, das im Rahmen der Hobbythek von uns entwickelt worden ist und auf das wir ganz besonders stolz sind.

Bawa flüssig

Ein äußerst waschkräftiges Basiswaschmittel, mit dem Sie auch Flecke entfernen können, indem Sie Bawa auftragen, einwirken lassen und nach entsprechender mechanischer Bearbeitung (siehe *Seite 113*) lokal herausspülen können.

Kalweg flüssig

Unser Mittel auf Zitronensäurebasis wird eingesetzt, wenn eine saure Vorbehandlung zur Fleckentfernung notwendig ist (bei gerbstoffhaltigen Flecken). Kalweg löst den Gerbstoff und hilft so, den Fleck zu beseitigen. Die Zitronensäure in Kalweg löst aber auch Kalkverkrustungen aus der Wäsche, durch die vor allem fetthaltige Flecke festgehalten werden.

die Läden diese Substanz auch in Flaschen mit kindersicherem Verschluß anbieten.

Bleichaktivator:
Flüssiges Glyzerintriacetat

Für Perweiß flüssig gibt es einen flüssigen Bleichaktivator, das Glyzerintriacetat, welches beim Bleichen mit 1–3 Tropfen Perweiß zugesetzt wird. Es beschleunigt die Bleichwirkung von Perweiß flüssig bei niedrigen Behandlungs-Temperaturen (ähnlich wie TAED).

Prored – Entfärber

Hierbei handelt es sich um handelsübliche Produkte, die Sie in der Drogerie bekommen, aber auch in den Läden, die unsere Substanzen anbieten. Sie entfernen Farbstoffe aus der Wäsche, die nur durch eine spezielle Bleiche – die sogenannte Reduktionsbleiche – entfernbar sind. Dafür geeignete Chemikalien heißen Natriumdithionit oder Natriumsulfit (vgl. *Seite 117f.*). Wir haben diesen Entfärber Prored (für Reduktionsbleiche) genannt.

Das Natriumdithionit wird in Färbereibetrieben in Verbindung mit stark alkalischen Stoffen und hohen Temperaturen als starkes Reduktionsmittel zum Entfärben benutzt. Mit Natriumdithionit können aber auch im Haushalt Wäscheverfärbungen oft behoben werden. Die verfärbten Teile werden in eine 60–70 °C heiße Lösung aus 2–5 g Prored pro Liter Wasser in einem Kunststoffbehälter eingelegt und bis zur Farbbeseitigung darin gelassen. Eventuell muß man die Behandlung wiederholen.

Vorsicht: Prored-Spritzer entfärben auch andere Textilien, darum zur Sicherheit eine Gummischürze umbinden.

Natriumsulfit ist ein weniger intensives Reduktionsbleichmittel. Auch hier ist die Lösung nach oben genanntem Rezept vor dem Gebrauch frisch anzusetzen.

Achtung: Prored nicht in der Waschmaschine anwenden! (Die Waschtrommel aus Edelstahl könnte anlaufen, d. h. sich verfärben.)

Fixiersalz zum Entfernen von Metallflecken

Das von Fotografen zum Fixieren von entwickelten Filmen und Vergrößerungen gebrauchte Natriumthiosulfat eignet sich gut zur Entfernung von Metallflecken, die jod- und silberhaltig sind.

Die Flecke werden mit einer kalten Lösung aus 3–5 g Fixiersalz pro Liter Wasser behandelt.

Kleesalz – auch Oxalsäure (Kaliumbioxalat) genannt – bindet Eisen und beseitigt Rostflecke. Die Wirkung der Oxalsäure nimmt mit steigender Temperatur zu. Mit kochendheißer Lösung ist der beste Effekt zu erzielen. Weichen Sie die Rostflecke $1/2$ bis 1 Stunde in einer 70–95 °C heißen Lösung aus 2–5 g Kleesalz pro Liter Wasser ein.

Achtung: Oxalsäure wird als „minder giftig" ausgezeichnet und ist mit ent-

Abb. 9: Fön, Bügeleisen und Bürste vervollständigen Ihre „Fleckenwerkstatt".

sprechender Vorsicht zu verwenden. Nach der Behandlung gut spülen.

Biozym SE flüssig

Beseitigt Stärke und Eiweiß. Die Enzymwirkung ist von der Dauer der Einwirkung abhängig. Geben Sie mit einem Pinsel oder mit einem Schwämmchen Biozym SE auf den Fleck und lassen Sie es mindestens 12 Stunden einwirken. Am besten decken Sie die verfleckte Stelle mit einer Kunststoffolie ab, damit Sie nicht austrocknet. Wenn möglich waschen Sie danach das ganze Wäschestück, oder Sie spülen die behandelte Stelle gut mit Wasser nach.

Biozym F flüssig

Hier gilt das gleiche wie bei Biozym SE. Biozym F beseitigt Fette. Um Waschmittel zu sparen, empfiehlt es sich zusätzlich, Kragen oder stark mit Hautfett oder mit Fetten aus kosmetischen Cremes verschmutzte Stellen einige Stunden vor dem Waschen vorzubehandeln.

Biozym SE und F können gemeinsam aufgetragen werden, aber in der Flasche dürfen die beiden Substanzen nicht zusammenkommen, weil sonst die Wirkung mit der Zeit vermindert wird.

Sicherheitshinweise zu Fleckentfernungschemikalien

Einige dieser Substanzen werden mit dem Hinweis „reizend", „mindergiftig", „ätzend" oder „leicht entflammbar" gekennzeichnet. Auf diese Eigenschaften müssen Sie bei der Anwendung und Aufbewahrung Rücksicht nehmen. Kinder dürfen damit nicht umgehen. Die Lieferfirmen sind von uns dazu angehalten, die von uns empfohlenen Substanzen in Flaschen oder Behältern mit kindersicherem Verschluß anzubieten. Trotzdem mindert dies nicht die Verantwortung der Erziehungsberechtigten.

Achtung: Beim Arbeiten mit organischen Lösungsmitteln (Isopropanol, Orangen-Odex und Oranex HT) Räume immer gut belüften!

Die Fleckentfernung und ihre Wirkung auf Textilien

Leider verhalten sich Flecke von Textil zu Textil unterschiedlich.

Weiße **Baumwoll- oder Leinen-Stoffe** machen die wenigsten Probleme. Trotzdem ist es nicht immer möglich, z. B. Tusche, wasserfeste Filzschreiber, schmutziges Motorenöl oder Holzbeize zu entfernen. Oft ist die Fleckentfernung auch von der Stoffausrüstung abhängig. Auch gealterte und eingebrannte Flecke (Blut und Eiweiß) sind problematisch.

Erschwert wird eine Fleckentfernung bei „verkalkten" Baumwollstoffen. Die Verkalkung entsteht durch Ablagerungen von unlöslichen Salzen aus der Wasserhärte beim Waschen mit seifenhaltigen Waschmitteln und ohne ausreichende Bindung der Wasserhärte, d. h. zu niedrige Dosierung. Die Niederschläge lagern sich als Kalk (Calciumcarbonat) bzw. Gips (Calciumsulfat) auf den Fasern in kristallartigen Formen ab.

Solche Ablagerungen auf Textilfasern halten fettige und ölige Flecke sehr fest. In diesen Fällen muß man durch Entkalken mit Kalweg zuerst den Kalk entfernen und danach die Fettflecke beseitigen.

Auch ungünstige Textilkonstruktionen können die Fleckentfernung erschweren. So werden in sehr dichten Geweben Flecke besonders festgehalten. Dies kann bei rustikal gearbeiteten Baumwoll- oder Leinentischdecken mit Speisefett- oder Speiseölflecken vorkommen. Nach dem Waschen solcher Tischdecken sind die Fettflecke zunächst nicht mehr zu erkennen. Wird jedoch anschließend gemangelt oder gebügelt, kommen die Fettreste aus dem Fadeninneren nach oben.

Bei zu lockeren Geweben oder Wirkwaren können sich durch unsachgemäßes Reiben bei der Fleckbehandlung Fäden verschieben oder Aufrauhungen eintreten. Der Fleck ist zwar weg, aber die behandelte Stelle wirkt unschön.

Im übrigen ist Baumwolle nicht gleich Baumwolle. Sie wird oft mit Kunstharzen ausgerüstet. Bei solcher pflegeleichter Baumwolle erschweren die knitterarm machenden Ausrüstungen die Fleckentfernung. Durch die in die Fasern eingelagerten Kunstharze wird die Wasseraufnahme behindert und Flecksubstanzen werden stärker festgehalten.

Bei Fasermischungen von Synthesefasern mit Baumwolle bestimmt die saugfähigere Baumwollfaser (oft pflegeleicht ausgerüstet) das Verhalten gegenüber den Flecken.

Synthesefasern lassen sich in der Regel gut entflecken. Eine besondere Eigenschaft haben die Polyesterfasern

(Diolen, Terylene, Tergal, Trevira u. a.). Sie halten Fette und Öle stärker zurück. Auf diesen Fasern wandert das Öl des Flecks und die Flecke breiten sich beim Lagern stark aus.

Acetatfasern sind empfindlich gegenüber Lösungsmitteln. So löst ein Nagellackentferner mit Aceton diese Fasern auf. Das Aceton führt in der ersten Stufe zu einer starken Quellung der Acetatfasern. Nach einer schleimartigen Phase tritt dann vollständige Auflösung ein. Tupft man das Lösungsmittel schnell ab, kommt es an der mit Lösungsmittel benetzten Stelle zu einer mehr oder weniger starken Verhärtung durch das Verkleben der angelösten Acetatfasern.

Aus Holzzellstoff gewonnene **Chemiefasern** wie Viskose, Rayon und Zellwolle, verhalten sich ähnlich wie Baumwolle. Da diese Fasern von Haus aus stark quellen und damit auch stark einlaufen können, werden sie mit Kunstharzausrüstungen einlauffest und knitterarm gemacht. Dadurch werden jedoch die Flecke stark festgehalten. Deshalb gehen aus knitterarmen, pflegeleichten Baumwoll- und Zellwollstoffen Flecke schwer heraus.

Bei seidenähnlichen Stoffen aus Rayon und Acetatfilamenten können durch unsachgemäßes Reiben erkennbare Veränderungen im Stoffbild (Aufrauhen oder Fadenverschiebungen) auftreten. Bei Fleckentfernung mit Hilfe von Wasser kann es durch Faserquellungen zu sogenannten „Wasserflecken" kommen.

Zu Wasserflecken neigt auch **reine Seide**. Diese Fasern sind sehr empfindlich. Bereits ein Wassertropfen kann auf Seidensatin einen Fleck hinterlassen, der sich nicht oder nur ungenügend wieder beseitigen läßt. Durch die Quellung der Seide an den benetzten Stellen treten Faserveränderungen auf, die durch unterschiedliche Lichtbrechung zu erkennen sind. Fleckige wertvolle Seidenstoffe sollten deshalb besser in die chemische Reinigung gegeben werden, obwohl man mit Wasserflecken auch dort Schwierigkeiten hat.

Fett- oder Ölflecke auf **Wolle** verschwinden manchmal nach einiger Zeit von selbst. Das Fett wandert auf den Fasern und verteilt sich im Gewebe, bis es nicht mehr sichtbar ist. Solche Fettflecke lassen sich aber auch durch Lösungsmittel (Orafleck) schnell beseitigen. Bei insgesamt verschmutzter Wäsche kommt es allerdings häufig zu Randbildungen, denn die Fleckränder verlaufen mit den Lösungsmitteltropfen.

Kleidungsstücke aus wertvollen **Tierhaaren** wie Kaschmir-, Lama- oder Alpakahaaren sollten nur von Fachleuten gereinigt werden. Es macht keinen Sinn, an der falschen Stelle Geld zu sparen.

Die Entfernung von Flecken aus **bunten Stoffen** hängt von der Echtheit der Färbungen ab. Hier hilft nur die vielfach empfohlene Farbprobe, auch Saumprobe genannt, an einer Innennaht oder einem verdeckten Saum weiter. An dieser Stelle wird das Fleckenmittel ausprobiert, wobei zum Aufsaugen des Mittels weißer Stoff unterlegt werden muß. Zeigen sich keine Abfärbungen auf dem weißen Stoff und ergeben sich keine Farbveränderungen, so kann das Mittel ohne Risiko verwendet werden.

Richtige Probleme bringen unechte Färbungen und Stoffdrucke. Je vielfarbiger und leuchtender die verwendeten Farbstoffe sind, um so kritischer ist es mit der Farbechtheit. Besonders Volkskunstdrucke aus den ostasiatischen, afrikanischen und mittel- und südamerikanischen Ländern bringen beim Waschen und Entflecken große Schwierigkeiten durch Farbabschwemmungen und Farbausbluten (siehe *Seite 39*).

Hilfreich für die Beurteilung des Risikos sind die internationalen Pflegekennzeichen (vgl. *Seite 42*). Wenn weder Waschen, noch chemisch Reinigen per Symbol erlaubt sein sollte, sind Fleckentfernungen auch nicht möglich.

Erste Hilfe bei der Fleckentfernung

Wenn Sie frische Flecke sofort behandeln, geht es meist leicht. Trocknet der Fleck erst ein und altert, erschwert dies die Fleckentfernung.

Das alte Rezept, auf einen frisch entstandenen **Rotweinfleck** Weißwein oder Kochsalz und Wasser zu geben, hat schon einen Sinn: Damit wird die Flecksubstanz verdünnt und ein Eintrocknen oder Altern verhindert.

Und so machen Sie es: Legen Sie unter den Stoff eine saugfähige Unterlage (z. B. weißes Papiertuch oder Handtuch), tropfen dann etwas Weißwein oder besser Wasser und ein paar Kristalle Salz oder einen Tropfen Bawa flüssig darauf, geben noch etwas Wasser dazu und drücken es mit einem anderen Tuch von oben gegen die saugfähige Unterlage. Wenn Sie das zwei- bis dreimal wiederholen, sind die Spuren des Rotweinflecks häufig schon beseitigt. Später können Sie ihn dann, falls notwendig, mit Proweiß nachbehandeln. Dieses Prinzip gilt für viele Flecke, die im weitesten Sinne wasserlöslich sind.

Eine weitere, sofort wirksame Entfleckungsmethode ist die **Behandlung von Flecken mit Speichel**. Das Benetzen mit Speichel verhindert das Eintrocknen eines Soßenspritzers auf einem Hemd oder einer Bluse. Gleichzeitig werden die im Speichel enthaltenen Enzyme wirksam, so daß bei wiederholter Benetzung und Abtupfen mit einem sauberen, angefeuchteten oder trockenen Tuch der Fleck schwächer wird und später leichter beseitigt werden kann.

Menschlicher Speichel enthält in großen Mengen die für die Verdauung notwendigen Enzyme Amylase (für Stärke), Maltase (für Zucker) und in geringeren Anteilen Lipase (für Fett) sowie Protease und Peptidase (für Eiweiß). Da unser Körper pro Tag etwa 1,5 Liter Speichel produziert, können wir ruhig etwas von diesem Enzymgemisch zur Fleckentfernung abzweigen.

Häufig vorkommende Flecke wie **Spritzer von Straßenschmutz**, die oberflächlich und locker auf dem Gewebe sitzen, kann man nach dem Eintrocknen ausbürsten oder durch Reiben von Stoff gegen Stoff leicht beseitigen.

Nasse und feuchte Flecke nicht verreiben, denn dabei wird der Schmutz nur noch tiefer in den Stoff eingerieben und ist anschließend viel schwerer zu entfernen.

Teerflecke oder solche von gebrauchtem **Motorenöl** lassen sich sehr schwer beseitigen. Meist hilft aber unser Orafleck.

Bei **Tintenflecken** (Schultinte) sollten Sie zunächst versuchen, die Tinte mit Wasser zu verdünnen, danach mit Perweiß oder Proweiß bleichen.

Kugelschreiberflecke sind besonders hartnäckig. Da hilft allenfalls Orafleck. Beträufeln Sie die Stelle mit Orafleck, lassen Sie es etwas einwirken, tupfen Sie dann mit einem Frottiertuch oder unserem Scheuerpad den Fleck aus dem Gewebe heraus. Vergessen Sie auch hier nicht die saugfähige Unterlage. Bei intensiveren Flecken ist die Behandlung mit Lösungsmitteln mehrfach zu wiederholen.

Bei **farbigen Obstflecken** oder sonstigen bleichbaren Flecken empfiehlt sich dieselbe Methode wie bei Rotweinflecken. Später können Sie dann mit unseren Bleichmitteln und Bleichpasten I und II nachbehandeln.

Dies sind erste Maßnahmen, deren Erfolg natürlich auch vom Charakter des jeweiligen Flecks abhängt. Eine wichtige Regel für das Fleckentfernen ist Geduld mitzubringen. Denn Flecke haben es an sich, daß sie eine gewisse Art von Zuneigung brauchen.

Gehen Sie immer in der Reihenfolge von der einfachen zur starken Behandlung vor.

Allgemeines zum Fleckentfernen

Zur Fleckbeseitigung brauchen Sie:

- Die Chemie in Form von verschiedenen Fleckentfernungsmitteln (waschaktive Substanzen, Enzyme, Bleiche, Lösungsmittel).
- Die Mechanik durch vorsichtiges Tupfen oder Klopfen mit einer Bürste oder einem Tupfpinsel. Sie kann mit Wattebausch, Stoffbausch oder speziellem Scheuerpad, weicher, kurzborstiger Bürste auf weicher, saugfähiger Unterlage unterstützt werden.
- Die Temperatur von kalt bis kochend (immer kalt bis lauwarm beginnen und je nach Notwendigkeit die Temperatur mit heißem Wasser oder einem Fön steigern).
- Die Dauer der Einwirkung (z. B. lange Einwirkung bei Enzymen, kürzere Behandlungsdauer bei der Anwendung von Lösungsmitteln).

Es gilt auch hier der Waschkreis nach Sinner (vgl. *Abbildung 14, Seite 5*), wobei beim Fleckentfernen der Chemie der Fleckentfernungsmittel eine wesentliche Bedeutung zukommt.

Die Unterlage

Eine saugfähige Unterlage ist Voraussetzung für eine gute Fleckentfernung. Der gelöste Fleck muß aus dem Textilteil in die Unterlage transportiert werden. Hierzu eignen sich ältere, saubere, farbechte Frottiertücher sowie ausgediente Bett- und Tischwäsche. Aber auch Küchen-, Papiertaschentücher oder Toilettenpapier kann in mehreren Lagen verwendet werden. Unter diese Unterlagen kann ein Luffaschwamm gelegt werden (vgl. *Abb. 10*). Haben die untergelegten Stoffe die Flecksubstanzen und die Fleckenmittel aufgenommen, so verschieben Sie sie oder wechseln Sie sie aus. Frottiertuch, Luffa usw. können danach natürlich wieder ausgewaschen werden.

Wie man mit den Fleckentfernungsmitteln umgeht

Die Fleckentfernungsmittel der Hobbythek gibt es in einem Set. Darin sind die einzelnen Mittel in praktischen Tropffläschchen abgefüllt.

Da die Behandlung immer vom einfachen zum komplizierten Mittel erfolgen soll, werden Flecke, die wasserlöslich zu sein scheinen, zuerst mit Wasser, besser mit destilliertem Wasser behandelt.

Läßt sich der Fleck nicht beseitigen, wird in der zweiten Stufe die flüssige Tensidlösung (Bawa flüssig mit Wasser im Verhältnis 1:1 verdünnt) auf den Fleck aufgetropft.

Bringt auch das keinen Erfolg, folgen dann bei bleichbaren Flecken Kalweg, Probunt und dann die Bleiche mit Proweiß super oder mit Perweiß (ohne oder mit Glyzerintriacetat als flüssigem Bleichaktivator). Die pulverförmigen Bleichmittel werden vor der Anwendung mit Bawa flüssig und Probunt in einem Schälchen (kein Metall!) angerührt und als Paste aufgestrichen (Probunt hilft bei Obstflecken).

Bei fetthaltigen Flecken brauchen wir Lösungsmittel. Wir beginnen mit dem Auftropfen von Isopropanol. Sobald in der Unterlage keine Fleckreste mehr erscheinen, der Fleck aber noch nicht ganz beseitigt ist, geht's mit Orafleck weiter. Ist auch dann der Fleck noch nicht ganz weg, folgt Oranex HT. Auch dieses Produkt solange anwenden, bis keine Fleckreste mehr in der Unterlage erscheinen oder der Fleck entfernt ist. Dann wird mit Isopropanol gespült und zum Schluß mit Bawa flüssig und evtl. mit Proweiß oder Perweiß nachgewaschen.

Anstelle der einfachen Tropfflaschen können bei größeren Flecken auch

Abb. 10: Richtiges Vorgehen bei der Fleckentfernung: *a)* Auftropfen des Lösungsmittels. *b)* Vorsichtiges Tupfen mit dem Scheuerpad oder einem abgebundenen Pinsel.

Sprühflaschen verwendet werden. Für Wasser – besser destilliertes Wasser – empfiehlt sich eine Sprühflasche, deren Strahl mehr oder weniger gespreizt werden kann (z.B. Pflanzenspritzflasche).

Vorsicht beim Reiben

Je empfindlicher der Stoff, desto vorsichtiger müssen Sie bei der Fleckentfernung sein.

Nicht reiben und nicht bürsten, sondern mit Wattebausch, Scheuerpad oder Stoffballen auf der saugfähigen Unterlage tupfen.

Die notwendige Mechanik wird durch Klopfen mit einer weichen kurzborstigen Bürste oder Pinsel mit kurzen Kunststoffborsten erzielt (Pinsel mit tierischen Borsten werden von alkalischen Mitteln wie Proweiß mit der Zeit aufgelöst). Die Pinsel mit Kunststoffborsten, die üblicherweise im Handel erhältlich sind, haben meist sehr lange Borsten.

Sie können den Pinsel durch Abbinden mit Zwirn oder Abkleben mit Klebstreifen einfach in einen fürs Fleckentfernen geeigneten Tupfpinsel mit kurzen starken Borsten „umbauen".

Beim Klopfen dringen die Borsten senkrecht in den fleckigen Stoff ein. Dabei wird der Stoff gelockert und die Fasern werden vorsichtig bewegt. Das Fleckenmittel kann dadurch bis an die einzelnen Fasern gelangen.

(c) Mit dem Pinsel werden die Fasern gelockert und das Fleckenmittel kann besser in das Gewebe eindringen. Dieses Vorgehen so lange fortführen, bis keine Fleckreste mehr in der Unterlage erscheinen *(d)*.

Bei manchen Flecken geht's nur mit Wärme

Manche Fleckenmittel wirken bei Wärme besser als im kalten Zustand. Dies gilt vor allem für die Bleiche.

Die benötigte Temperatur kann durch Erwärmen der aufgebrachten Lösungen oder durch Zugeben von warmem bis heißem Wasser erreicht werden. Zum Erwärmen benutzen Sie einen ganz normalen Fön. Er wird zunächst auf die Heizstufe 1 eingestellt. Denn wenn der Fön zu heiß bläst, trocknet das Fleckentfernungsmittel zu rasch ein, und Sie müssen das verdunstete Wasser ersetzen.

Beim Eindampfen von wäßrigen Lösungen konzentriert sich das eigentliche Fleckentfernungsmittel und alle Reaktionen laufen schneller ab. Dies können Sie vor allem beim Bleichen beobachten.

Die Wärmezufuhr kann auch durch Dampf erfolgen. Dabei hilft der Dampfstrahl eines Dampfbügeleisens.

Die einfachste Methode, Dampf zuzuführen, ist aber ein Wasserkessel. Über das kochende dampfende Wasser wird der zu behandelnde Fleck gehalten, so daß der Dampf durch den Fleck dringt und die nötige Erwärmung eintritt. Aber seien Sie vorsichtig und verbrühen Sie sich nicht!

Zum Beispiel Wachsflecke sind auf diese Weise zu beseitigen, das geschmol-

Abb. 11a + b: Fleckentfernungsmittel werden wiederholt auf den Fleck aufgetropft, bis dieser verschwunden ist (hier wird ein Jodfleck – Jodtinktur – mit einer Fixiersalzlösung entfernt). Wichtig: die saugfähige Unterlage.

Abb. 12: Wärmebehandlung: Am besten geht's über Wasserdampf (Wachsfleck).

Bei der Anwendung von Lösungsmitteln ist es oft schwer zu erkennen, ob der behandelte Fettfleck bereits beseitigt ist. In solchen Fällen wird mit dem Fön zwischendurch zwischengetrocknet. Sie erkennen nach dem Verdampfen des Lösungsmittels, ob noch eine weitere Behandlung notwendig ist. Achtung: In belüfteten Räumen arbeiten.

Bei insgesamt verschmutzter Kleidung ist die Gefahr sehr groß, daß Flecke zwar beseitigt sind, aber nun ein heller – sauberer – Fleck zurückbleibt oder Ränder entstehen. In solchen Fällen hilft entweder eine nachträgliche Wäsche oder Sie müssen den entfleckten und sauberen Stoffabschnitt „künstlich" soweit wieder anschmutzen, bis zwischen der gereinigten Stelle und dem schmutzigen Stoff keine Unterschiede mehr bestehen. Das Anschmutzen geschieht mit Zigarettenasche oder durch Nachschminken mit farbigen Schminkstiften oder Ölkreiden. Dies ist aber für Laien schwierig.

zene Wachs tropft dann ab und kann zusätzlich mit Löschpapier oder Haushaltstüchern aufgesaugt werden. Verbleibende Farbreste müssen dann noch durch Bleichen aus dem Stoff entfernt werden.

Ausspülen der Entfleckungssubstanzen

Zum Schluß werden die Fleckentfernungsmittel aus dem Stoff entfernt. Gründliches Spülen verhindert Rand- oder Kranzbildung durch Reste der Fleckentfernungsmittel. Bei wäßrigen Fleckentfernungsmitteln wird mit Wasser gespült. Dazu gehört auch Oranex, weil es von uns wasserlöslich gemacht worden ist, was sein großer Vorteil ist.

Nach einer Lösungsmittelbehandlung spült man mit den entsprechenden Lösungsmitteln, z.B. Isopropanol, Orafleck usw., an den Rändern verlaufend, d.h. mit wenig Lösungsmittel abtupfen. Waschbare Textilien können nach der Behandlung gewaschen oder zumindest mit viel Wasser abgetupft werden.

Randloses Trocknen

Die Behandlungsfläche ist zwangsläufig größer als der Fleck, sie sollte aber möglichst klein gehalten werden. Nach gründlichem Ausspülen wird mit dem Fön erst kalt, dann warm von außen nach innen getrocknet. So lassen sich Trocknungsränder vermeiden. Sie können den Stoff von beiden Seiten fönen.

Das Fleckenalphabet der Hobbythek

Wer hat nicht schon einmal bei einem Fleck gedacht: Mein Gott, ausgerechnet jetzt. Und dann das lange Warten, bis man das gute Stück aus der Reinigung zurückbekommt, ganz zu schweigen vom Hin- und Rückweg. Schließlich wissen wir: je schneller ein Fleck behandelt wird, desto leichter geht es.

Deshalb wollen wir Ihnen hier einen schnellen Überblick geben. Und damit

Fleckenkategorie I (Lösungsmittel):

1. Schritt	Isopropanol	Auftropfen und reiben, bis keine Flecklösung mehr stattfindet
2. Schritt	Orafleck	Auftropfen und Mechanik, bis keine Flecklösung mehr stattfindet
3. Schritt	Oranex HT pur oder verdünnt im Verhältnis 1:1 bis 1:5	Auftropfen und Mechanik, bis keine Flecklösung mehr stattfindet
4. Schritt	Isopropanol	Lösungsmittel und Fleckreste ausspülen
5. Schritt	weiter mit Fleckenkategorie III, Schritt 4 oder Fleckenkategorie II, Schritt 4 und 7	

Tabelle 2

Fleckenkategorie II (Bleichen):

1. Schritt	Wasser (am besten destilliertes Wasser)	Auftropfen und Fleck benetzen
2. Schritt	Bawa flüssig + Probunt	Auftropfen und tupfen, bis keine Flecklösung mehr stattfindet
3. Schritt	Bawa flüssig + Kalweg	Auftropfen und tupfen, bis keine Flecklösung mehr stattfindet
4. Schritt	1 TL Proweiß super mit 1 TL Bawa zu Bleich- mischung (vgl. *Rezept S. 117*) anrühren	Paste auftragen, mit Fön erwärmen, klopfen mit Tupfpinsel, wiederholen, bis Fleck verschwindet
5. Schritt	Perweiß, Bawa und Aktivator (einige Tropfen)	Bleichmittel auftropfen, mit Fön erwärmen, klopfen mit Tupfpinsel oder Scheuerpad, wiederholen bis Fleck ausgebleicht ist
6. Schritt	Prored-Entfärberlösung (2–5 g/l Wasser) + Bawa, mit Fön erwärmen oder Bleichpaste II (vgl. *Rezept S. 117f.*)	Lösung auftropfen, mit Fön erwärmen, klopfen mit Tupfpinsel oder Scheuerpad, bis Fleck verschwindet. Falls kein Erfolg: Dieser Fleck ist nicht entfernbar. Anschließend in jedem Fall
7. Schritt	Nachwaschen mit Bawa und spülen mit Wasser	

Tabelle 3

wir uns bei dem, was zu tun ist, nicht ständig wiederholen müssen, stellen wir unserem Fleckenalphabet ein paar grundsätzliche Hinweise voran, auf die wir uns bei den einzelnen Fleckarten beziehen.

Fleckarten und Behandlungsschritte

Allgemein gilt: Nächster Schritt jeweils nur dann, wenn der Fleck noch nicht weg ist.

I.) Öl- und Fettflecke
Man behandelt sie mit Lösungsmitteln in den Schritten, die in *Tabelle 2* aufgeführt sind

II.) Gerbstoffhaltige Obst-, Gemüse-, Kaffee- und Teeflecke
Man behandelt sie durch Bleichen in den Schritten, die in *Tabelle 3* aufgeführt sind.

Herstellen von Fleckpasten
Hilfreich beim Bleichen können unsere Bleichmischung und Bleichpasten sein. Um sich die zeitaufwendigen Behandlungsreihenfolgen zu ersparen, können vielseitig wirkende Bleichpasten selbst hergestellt werden. Die Bleichpasten I und II halten sich ca. 2 bis 3 Tage. Danach läßt ihre Wirkung nach.

Abb. 13: Für bleichbare Flecke können Sie sich eine Bleichpaste oder unsere Bleichmischung aus Bawa flüssig und Proweiß super anrühren. Hier wird ein Tintenfleck damit behandelt.

Achtung: Bleichpasten können Farbstoffe zerstören. Deshalb bei farbigen Textilien unbedingt eine Saumprobe machen, und zwar in der voraussichtlichen Behandlungsdauer. Die Bleichmischung muß immer frisch angerührt und sofort angewendet werden.

Bleichmischung:

1 Teelöffel	Bawa flüssig
1 Teelöffel	Proweiß super (oxidierend)

Vermischen Sie alles miteinander, bis das Proweiß super angelöst ist. Sobald Sie die Mischung auf den Fleck aufgetragen haben, beginnt die Reaktion. Dies können Sie beschleunigen, indem Sie auf den Fleck etwas heißes Wasser tropfen oder den Fleck mit heißer Luft aus dem Fön anblasen.

Handelt es sich um Textilien, die Proweiß super nicht vertragen (Saumprobe), so können Sie eine Bleiche mit Perweiß versuchen. Auch hier kann eine Bleichbeschleunigung durch Erhitzung mit dem Fön erfolgen.

Ganz hartnäckige Flecke, die durch Proweiß super und Perweiß nicht bleichbar sind, sollten Sie mit dem Entfärber Prored ebenfalls im Verhältnis Bawa 1:1, d.h.

1 Teelöffel	Bawa flüssig
1 Teelöffel	Prored (Natriumsulfit; reduzierend)

behandeln. Wie oben erwähnt, muß man dann bei farbigen Textilien größte Vorsicht walten lassen, denn viele Farbstoffe werden durch Prored angegriffen. Auch diese Entfärberlösung sollte auf dem Fleck mit dem Fön erhitzt werden.

Nach den Bleichbehandlungen ist wie immer sehr gründlich mit Wasser zu spülen oder auf dem üblichen Wege nachzuwaschen.

Bleichpaste I (oxidierend)
Zu einer Paste gemischt werden:

10 ml	Bawa flüssig
10 ml	Probunt
20 ml	Oranex HT
40 ml	Proweiß super

Diese Paste wird mit einem Kunststofflöffel zusammengerührt, auf den mit Wasser vorbehandelten Fleck aufgetragen und mit dem Löffelrücken verstrichen. Soll die Wirkung erhöht werden, kann entweder mit heißem Wasser betupft oder mit dem Fön erhitzt werden. Das Auftragen von Bleichpaste I und das Erwärmen mit heißem Wasser oder heißer Luft so oft wiederholen, bis der Fleck entfernt ist. Anschließend gründlich mit Wasser spülen, eventuell mit Bawa waschen und danach nochmals mit Wasser spülen.

Bleichpaste II (reduzierend)
Eine intensiver wirkende Bleichpaste ergibt sich aus folgender Mischung:

10 ml	Bawa flüssig
10 ml	Probunt
20 ml	Oranex HT
40 ml	Entfärber
	(Prored = Natriumsulfit)

Die Bleichpaste II wird genau wie die Bleichpaste I angewandt. Sie ist gegenüber farbigen Textilien aggressiver als die Bleichpaste I. Daher ist, wie bei Entfärber erwähnt, bei der Anwendung entsprechende Vorsicht bei farbigen Textilien nötig. Anschließend gründlich mit Wasser spülen, eventuell mit Bawa nachwaschen und danach nochmals mit Wasser spülen.

Achtung: Die Bleichmischungen und die Bleichpasten I und II dürfen nicht auf Wolle oder Seide angewandt werden.

III.) Eiweiß-, Blut- und Stärkeflecke
Man behandelt sie mit Enzymen in den Schritten, die in *Tabelle 4* angegeben sind.

IV.) Pigmentschmutz-, Kaugummi-, Wachs- und Metallflecke
Hier brauchen wir eine Sonderbehandlung. Im Gegensatz zu I. bis III. wird die Entfernung dieser Flecke (*Tabelle 5*) nicht in Schritten dargestellt, da es sich um verschiedene Fleckarten handelt.

Die Entfernung der im folgenden angegebenen Fleckarten wurden auf weißen Baumwollstoffen erprobt.

Fleckenkategorie III (Enzyme):

1. Schritt	Wasser (am besten destilliertes Wasser)	Auftropfen und klopfen mit Tupfpinsel oder Scheuerpad, wiederholen, bis keine Flecklösung mehr stattfindet
2. Schritt	Bawa flüssig + Wasser im Verhältnis 1:10	Auftropfen und klopfen mit Tupfpinsel oder Scheuerpad, wiederholen, bis keine Flecklösung mehr stattfindet
3. Schritt	Biozym SE	Auftropfen und längere Zeit einziehen lassen, klopfen mit Tupfpinsel oder Scheuerpad. Zeitreaktion. Falls keine Flecklösung stattfindet
4. Schritt	Biozym F	Auftropfen und längere Zeit einziehen lassen, klopfen mit Tupfpinsel oder Scheuerpad. Zeitreaktion. Falls keine Flecklösung stattfindet
5. Schritt	Spülen mit Wasser	
6. Schritt	Weiter mit II, Schritte 4, 5 oder mit Bawa waschen und mit Wasser spülen	

Tabelle 4

Die einzelnen Fleckarten in alphabetischer Reihenfolge:

Apfelsaftflecke (siehe Fruchtsäfte)

Apfelsinensaftflecke (siehe Fruchtsäfte)

Asphalt

Die Fleckfarbe ist dunkelbraun bis schwarz. Die Flecke sind hart, teilweise als Erhebung auf dem Stoff aufsitzend. Asphalt besteht aus Bitumen, Kohlenwasserstoffen, Mineralstoffen und Pigmenten. Der Fleck hat einen harten Griff und ist teilweise klebrig.

Entfernung:

> Zunächst nach der Fleckenkategorie IV, 1. und anschließend nach Flekkenkategorie I, Schritte 1–4.

Die Asphaltreste also zunächst abkrat-

zen und dann wie Fettflecke zuerst mit Isopropanol und danach Orafleck solange mechanisch mit Tupfpinsel behandeln, bis der Fleck entfernt ist. Evtl. mit Bawa nachwaschen.

Manchmal hilft bei frischen Flecken ein altes *Hausmittel:* Asphalt mit Butter oder Margarine ausreiben. Die Butter mit Waschbenzin oder Oranex HT entfernen und nachwaschen.

Autoöl

Es besteht aus Mineralöl mit Metallabrieb und Ruß.

Entfernung:

> Fleckenkategorie I, Schritte 1–4.

Je nach Fleckstärke die Lösungsmittel, zuerst Isopropanol und danach Orafleck, einwirken lassen und mit Tupfpinsel bearbeiten. Vorgang mehrfach wiederholen. Danach mit Orafleck oder Oranex HT behandeln, bis kein Öl

mehr in die Unterlage gespült wird, dann Bawa und Wasser aufbringen und mit Tupfpinsel klopfen. Zum Schluß wird gründlich gespült bzw. mit Bawa nachgewaschen.

Bei intensiven Flecken mehrfach wiederholen.

Bei frischen Flecken hilft manchmal das etwas aufwendige *Hausmittel:* Öl mit Butter ausreiben, anschließend Butter mit Waschbenzin oder Oranex HT entfernen und nachwaschen.

Bier

Es besteht aus Malz, Zucker, gerbstoffhaltigen Bitterstoffen aus dem Hopfen, Alkohol und natürlichen Farbstoffen.

Entfernung:

> Fleckenkategorie II, Schritte 1, 3, 4, 7.

Bleichen bei weißen und farbechten Stoffen: Fleck mit Wasser vorbehandeln, dann Bawa und Kalweg tropfen-

Fleckenkategorie IV (Sonderbehandlungen):

1. angetrockneter Pigmentschmutz	abkratzen, abbürsten, abreiben, Stoff gegen Stoff
2. Kaugummiflecke	einfrieren im Tiefkühlfach, dann mit stumpfem Messer abkratzen
3. Kerzenwachs	abkratzen oder mit stumpfem Messer abschaben, über Wasserdampf schmelzen oder zwischen Löschpapier bügeln. Falls Farbreste bleiben, Fleckenkategorie II, Schritt 4
4. Metallflecke (Jod/Silber)	20%ige Fixiersalzlösung auftropfen, bis der Fleck entfernt ist (evtl. erwärmen)
5. Metallfleck – Rost	20%ige Kleesalzlösung auf 60–95 °C erhitzen, Fleck 30–60 Minuten ziehen lassen
Anschließend gilt für alle o. g. Fleckarten (1.–5.):	
6. Fleckstelle mit Bawa nachwaschen	
7. Spülen mit Wasser	

Tabelle 5

weise zum Lösen der gerbstoffhaltigen Anteile aufbringen, anschließend mit Bleichmischung mit Proweiß super bleichen, wobei mit dem Fön die Bleichmischung erhitzt wird. Anschließend mit Wasser spülen und nachwaschen.

Blumenflecke (wie Fruchtsäfte)

Blut
Es besteht aus der Blutflüssigkeit und dem Blutfarbstoff und enthält Eiweißstoffe (Albumine, Fibroin).
Frisches Blut mit kaltem Wasser möglichst rasch ausspülen. Eingetrocknetes Blut:

Entfernung:

Fleckenkategorie III, Schritte 1–3.

Blutflecke dürfen nur mit kalten oder schwach warmen Lösungen behandelt werden, Temperaturen über 40 °C führen zum Gerinnen der Eiweißstoffe. Die Behandlung erfolgt erst mit Wasser, dann mit Bawa und schließlich mit Biozym SE. Biozym SE in feuchtem Zustand längere Zeit einwirken lassen.

Blutorangensaft (wie Fruchtsäfte)

Bockwurstsaft (wie Butter)

Bohnerwachs
Es besteht aus Paraffinen, Wachsen, Terpentinöl, Farbstoffen und -pigmenten.

Entfernung:

Fleckenkategorie I, Schritte 1–4.

Die Flecke mit Isopropanol, Orafleck oder Oranex HT behandeln. Farbstoff-

reste durch Bleichen mit Proweiß super entfernen. Nachwaschen mit Bawa und gründlich spülen.

Bratensoße (wie Soßen)

Butter
Sie besteht aus tierischem Fett mit Naturfarbstoffen.

Entfernung:

Fleckenkategorie I, 1–4. Wenn das nicht hilft, Fleckenkategorie III, Schritte 1, 2, 4, 5.

Frische Flecke mit Isopropanol und anschließend mit Orafleck oder Oranex HT behandeln, anschließend mit Bawa nachwaschen und mit Wasser spülen.
Wenn Sie Fleckenkategorie III anwenden: mit Biozym F einstreichen und mehrere Stunden einwirken lassen, dann mit Bawa nachwaschen und gründlich spülen.
Bleiben farbige Rückstände zurück, nach Fleckenkategorie II, Schritte 4 und 7, mit Proweiß super bleichen und mit Bawa nachwaschen.
Bei gealterten Flecken von ranziger Butter Behandlung mit Oranex HT mehrfach wiederholen. Bei weißen und farbechten Stoffen Naturfarbstoffreste durch Bleichen mit der frischen Bleichmischung (Proweiß super und Bawa flüssig 1:1) entfernen. Gut spülen.
Hausmittel: Waschbenzin zum Lösen.

Celluloselack (wie Nagellack)

Cognac
Er besteht aus Alkohol und natürlichen Farbstoffen.

Entfernung:

Fleckenkategorie II, Schritte 1, 3, 4, 7.

Danach bleichen wie bei Bier.

Cola-Getränke
Sie bestehen aus Extrakten von Colanüssen, Gerbstoffverbindungen, Zukker, Geschmacksstoffen und pflanzlichen Farbstoffen.

Entfernung:

Fleckenkategorie II, Schritte 1, 3, 4, 7.

Die Behandlung erfolgt zuerst mit Wasser, danach mit Bawa und Kalweg, anschließend eine Bleiche mit der Bleichmischung Proweiß super oder Bleichpaste I zum Oxidieren, wobei die Bleiche bei erhöhter Temperatur (heißes Wasser oder mit Fön erhitzen) durchgeführt werden muß.
Farbige Stoffe, die eine alkalische Behandlung mit Proweiß super nicht vertragen, oder waschbare weiße Seide oder Wolle werden mit Perweiß, Fleckenkategorie II, Schritte 1–3, 5, 7 bei mäßiger Temperatur (bis 40 °C) behandelt.
Gealterte Flecken müssen Sie mehrfach behandeln.

Desodorantien
Sie enthalten häufig schweißhemmende Substanzen aus Metallsalzen (Aluminium- und Zinkchlorid) und zusätzlich Bakterizide (quaternäre Ammoniumverbindungen), Alkohol und Duftstoffe. Einige dieser Bestandteile können Textilfarbstoffe angreifen und Fasern wie Wolle bzw. Seide schädigen.

Entfernung:

Fleckenkategorie III, Schritte 1, 2. Dann mit Fleckenkategorie II, Schritt 3 und Fleckenkategorie III, Schritte 3 und 5 weiterbehandeln.

Die Behandlung erfolgt zuerst mit Wasser, danach Bawa. Anschließend sollte eine Säurebehandlung mit Kalweg erfolgen, da quaternäre Ammoniumverbindungen, die sich mit Anionentensiden zu unlöslichen Verbindungen umgesetzt haben, gelöst werden sollen. Diese Säurebehandlung wird, wie in Fleckenkategorie II, Schritt 3 beschrieben, mit Bawa und Kalweg durchgeführt. Dieser Schritt ist besonders wichtig und sollte mehrfach wiederholt werden. Danach kommt eine Enzymbehandlung mit Biozym SE. Das Enzym längere Zeit wirken lassen (vgl. Fleckenkategorie III, Schritt 3). Anschließend wird mit Wasser gründlich gespült bzw. mit Bawa nachgewaschen.

Druckerschwärze (wie Autoöl)

Eigelb/Eiweiß
Es besteht aus tierischem Eiweiß (Protein), tierischem Fett und natürlichem Farbstoff.

Entfernung:

Fleckenkategorie III, Schritte 1–3, 5.

Die Flecke werden mit Wasser und Bawa behandelt. Danach wird Biozym SE aufgetragen. Die Temperatur bei der Eiweißentfernung darf höchstens handwarm sein, sonst gerinnen die Eiweißbestandteile. Es gelten die Regeln, die bei Blut genannt worden sind. Bei eiweißhaltigen Flecken kein Kalweg benutzen.
Eingetrocknete Eigelbflecke durch Reiben (Stoff gegen Stoff) zu pulverisieren versuchen, abbürsten oder abkratzen (vgl. Fleckenkategorie IV, 1.).
Hausmittel: Eiweiß-/Eigelbflecken möglichst gleich kalt ausspülen oder einweichen (siehe auch Blutflecke).

Eiscreme
Bestandteile sind: Milch, Sahne (Eiweiß, Fett), Zucker, Gelatine, Fruchtfarbstoff und Fruchtessenzen (gerbstoffhaltig), Aroma- und Lebensmittelfarbstoffe.

Entfernung:

Fleckenkategorie III, Schritte 1–4. Außerdem Fleckenkategorie II, Schritt 4 und Fleckenkategorie III, Schritt 5.

Behandeln mit Wasser, anschließend mit Bawa, danach mit Biozym SE und Biozym F in Mischung 1:1. Enzym längere Zeit wirken lassen. Die Entfernung von Farbstoffresten geschieht nach Fleckenkategorie II, Schritt 4 mit Bleichmischung Proweiß super und Bawa bei erhöhter Temperatur (Fön). Anschließend wird gründlich gespült bzw. vor dem Spülen mit Bawa nachgewaschen.

Eiter (wie Eigelb/Eiweiß)

Entwicklerflecke (wie Jodtinktur)

Fett
Dazu gehören natürliche Pflanzenfette und tierische Fette.
(zu Mineralölen und Fetten vgl.: Autoöl)

Entfernung:
Erfolgt wie bei Butter angegeben.
Fett mit Paprika und Tomate: Solche Fettspritzer bzw. -flecke entstehen, wenn nach mediterraner Art gekocht wird.
Entfernung:
Wie bei Butter. Jedoch kommt bei farbigen Rückständen ein Bleichen nach Fleckenkategorie II, Schritt 4 mit Bleichmischung Proweiß super oder Bleichpaste I zum Oxidieren oder eine Behandlung mit heißer Entfärbermischung Prored in Frage.

Filzstiftflecke (wie Kugelschreiber)
Die Farbstoffe in Filzschreibern sind teilweise sehr hartnäckig gegenüber Fleckentfernungsmitteln, so daß auch nach mehrfacher Behandlung Fleckschatten zurückbleiben. Beste Chancen bietet Oranex, vor allem, wenn die Farbe nur oberflächlich aufliegt. Wichtig ist dabei intensives Bearbeiten mit Tupfpinsel.

Fliegenschmutz
Er besteht aus Verdauungsrückständen von Fliegen. Diese enthalten Eiweißstoffe, Farbstoffe und unlösliche Pigmente.

Entfernung:

Zunächst mechanische Entfernung mit Scheuerpad oder Luffaschwamm. Danach Fleckenkategorie III, Schritte 1–3, 5 und Fleckenkategorie II, Schritte 1, 4, 7.

Beginnen Sie mit einer Wasserbehandlung und Biozym SE, danach Bawa und Probunt. Dabei kräftig mit dem Tupfpinsel bearbeiten.

Bei weißen und echtfarbigen Stoffen folgt eine Bleiche mit der Bleichmischung (Proweiß super und Bawa, 1:1) bei angehobenen Temperaturen. Sollte die Stoffarbe eine Proweißbleiche nicht vertragen, so kann mit Perweiß gebleicht werden. Danach Bawa flüssig auf den Fleck auftropfen und gründlich mit Wasser spülen.

Fruchtsäfte

Sie bestehen aus Wasser, Fruchtzucker, Fruchtfleisch (Cellulose), Gerbstoffen, organischen Säuren, Farb- und Geschmacksstoffen.

Entfernung:

> Fleckenkategorie II, Schritte 1–4, 7.

Die Behandlung beginnt mit Wasser und geht über Bawa mit Probunt zu Bawa mit Kalweg. Sollte eine Bleiche mit der Bleichmischung Proweiß super notwendig sein, muß bei farbigen Textilien die Saumprobe durchgeführt werden. Die Bleiche mit Proweiß super und Bawa oder Bleichpaste I oder mit Perweiß wird durch Zugabe des Bleichaktivators Glyzerinacetat und Erhitzen mit dem Fön intensiviert, anschließend ausreichend spülen.

Gras

Es enthält Chlorophyll und Gerbstoffe.

Entfernung:

> Fleckenkategorie III, Schritte 1–3, 5 und Fleckenkategorie II, Schritt 3, 7.

Beginnen Sie mit Wasser, dann mit Bawa und Biozym SE. Enzym längere Zeit einwirken lassen. Danach wird mit

Wasser gespült. Sollten noch Farbflecke zurückgeblieben sein, wird mit der frischen Bleichmischung (Proweiß super und Bawa, 1:1) bei angehobener Temperatur behandelt. Anschließend ist gründlich zu spülen.
Hausmittel: Zitronensaft

Harze

Zähflüssige pflanzliche Ausscheidungsprodukte, die aus Harzsäuren, ätherischen Ölen und Bitterstoffen bestehen.

Entfernung:

> Fleckenkategorie IV, Schritte 1, 2 und Fleckenkategorie I, Schritte 1–4.

Das Harz zunächst mechanisch abheben, evtl. tiefkühlen, um es spröde zu machen. Dann mit Isopropanol, danach mit Orafleck, anschließend mit Oranex HT behandeln. Zum Schluß mit Bawa waschen und gründlich spülen.
Hausmittel: Lackverdünner, der allerdings ungesund ist.

Hautcremes

Sie bestehen aus Fetten, Ölen und Wachsen, die mit Emulgatoren pastenförmig gemacht wurden. Außerdem sind Zusätze von Farbstoffen, Pflanzenextrakten, Duftstoffen enthalten.

Entfernung:

> Fleckenkategorie I, Schritte 1–4 und evtl. – falls Spuren zurückbleiben – Fleckenkategorie II, Schritte 4 und 7.

Fettflecke wie bei Butter angegeben mit Lösungsmitteln entfernen. Farbstoffreste müssen durch Bleichen mit der

frischen Bleichmischung (Proweiß super und Bawa, 1:1) oder Bleichpaste I bei hoher Temperatur entfernt werden. Anschließend mit Bawa nachwaschen und gründlich spülen.
Hausmittel: Waschbenzin.

Höllenstein (wie Silberflecke)

Honig

Er besteht hauptsächlich aus Zucker und natürlichen Farbstoffen.

Entfernung:

> Fleckenkategorie II, Schritte 1, 2, 4, 7.

Auch hier beginnen wir mit Wasser. Es erfolgt eine Bawa- und Probunt-Behandlung, anschließend wird mit der frischen Bleichmischung (Proweiß super und Bawa, 1:1) oder Bleichpaste I gebleicht. Dies geschieht jedoch nur, wenn der Fleck bis dahin noch nicht entfernt ist. Danach wird mit Bawa nachgewaschen und mit Wasser gespült.

Jodtinktur

Eine alkoholische Lösung von Kaliumjodid und Jod.

Entfernung:

> Fleckenkategorie IV, Schritte 4, 6, 7. (Abschnitt Metallflecke mit Fixiersalzlösung.)

Es wird eine 20%ige Fixiersalzlösung (Natriumthiosulfat) hergestellt, diese wird kalt auf den Fleck aufgetropft. Bei hartnäckigen Flecken mit Fön erwärmen. Danach mit Bawa waschen und gründlich spülen.

Kaffee/Milchkaffee

Er enthält wäßrige Auszüge der gerösteten Kaffeebohnen, natürliche Farbstoffe, Gerbstoffe, Koffein und Kohlehydrate. Süßer Milchkaffee enthält zusätzlich Eiweiß, Fett und Zucker.

Entfernung:

Fleckenkategorie III, Schritte 1–4, 5 und – falls nicht spurlos entfernt – Fleckenkategorie II, Schritte 1–4 anwenden.

Bei Milchkaffee beginnen Sie mit einer Wasserbehandlung, gefolgt von Bawa und einer Enzymmischung von Biozym SE im Verhältnis 1:1 mit Biozym F. Nach entsprechender Einwirkungszeit wird mit Wasser gespült. Sind noch Farbreste vorhanden und handelt es sich bei den Flecken um Kaffee ohne Milchzusatz, bleichen Sie nach Fleckenkategorie II. Nach der Wasser- bzw. Bawa- und Probunt- bzw. Bawa- und Kalweg-Behandlung wird mit der frischen Bleichmischung (Proweiß super und Bawa, 1:1) oder Bleichpaste I heiß gebleicht. Anschließend gründlich mit Wasser spülen.

Kakao/Milchkakao

Er besteht aus Pulver von getrockneten Kakaobohnen. Wird er mit Wasser oder Milch aufbereitet, enthält er Eiweiß, Fett, Zucker, Stärke und Farbstoffe.
Entfernung: Wie bei Milchkaffee.

Kaugummi

Es besteht aus eingedicktem Milchsaft des Sapotilbaumes und enthält Zucker und Geschmacksstoffe.

Entfernung:

Fleckenkategorie IV, 2., 6., 7. Fleckenkategorie I, Schritt 3.

Kaugummi im Gefrierfach kühlen, bis er spröde wird und abgekratzt werden kann. Kaugummireste lassen sich u.U. auch mit Oranex und Luffa entfernen. Oranex HT pur oder Verdünnung mit Wasser im Verhältnis 1:1 bis 1:5. Anschließend mit Bawa waschen und gründlich spülen.

Kerzenwachs

Natürliche oder synthetische Wachse mit Farbstoffen.

Entfernung:

Fleckenkategorie IV, 1. und 3. Fleckenkategorie I, Schritte 1–4. Fleckenkategorie II, Schritte 4, 7.

Zuerst das Wachs durch Abkratzen entfernen. Danach mit heißem Dampf behandeln. Die klassische Methode ist das Bügeln zwischen Küchenpapier oder Löschblättern. Nach Fleckenkategorie I, Schritte 1–4 werden mit Orafleck oder Oranex HT pur die letzten Wachsreste und Farbstoffe entfernt. Zurückbleibende Farbstoffreste mit Bleichmischung Proweiß super oder Bleichpaste I bleichen, mit Bawa waschen und dann gründlich spülen.

Kirschsaft (wie Fruchtsaft)

Kleister

Er besteht aus wasserlöslichen Klebstoffen auf Basis wasserlöslicher Zellulosen.
Entfernung: Wie Methylzellulose.

Konfitüre (wie Marmeladeflecke)

Kragen- und Manschettenschmutz

Dieser Schmutz besteht hauptsächlich aus Hautfett und eingeriebenen Schmutzpigmenten wie Ruß und Staub.

Entfernung:

Fleckenkategorie III, Schritte 4, 5. Fleckenkategorie II, Schritte 4, 7.

Auch gut geeignet als Vorbehandlung von verschmutzten Kragen. Streichen Sie Kragen- und Manschettenränder mit Biozym F mit einem Pinsel ein und lassen Sie das Enzym 3–4 Stunden oder über Nacht einwirken. Damit es nicht so schnell trocknet, decken Sie es mit einer Plastikfolie ab. Danach spülen Sie das Enzym aus und waschen mit Bawa und Proweiß super-Bleiche nach.

Kugelschreiber

Die Farbpaste besteht aus einer Öl-Harz-Wachs-Mischung mit öllöslichen Farbstoffen.

Entfernung:

Fleckenkategorie I, Schritte 1–4, Fleckenkategorie II, Schritte 4, 7.

Beginnen Sie mit Isopropanol, danach mit Orafleck weiterbehandeln, anschließend folgt Oranex HT. Bei den Lösungsmittelbehandlungen muß intensiv mit dem Tupfpinsel gearbeitet werden. Nachdem die Fettgrundlage der Kugelschreiberflecke weitgehend entfernt ist, folgt eine Behandlung mit der frischen Bleichmischung (Proweiß super und Bawa, 1:1) oder Bleichpaste I bei möglichst hoher Temperatur. Anschließend wird mit Bawa nachgewaschen und mit Wasser gespült.

Anmerkung: Schwierig wird die Entfernung von Kugelschreiber aus Synthesefasern. Dort ist eine vollständige Entfernung häufig nicht möglich, da diese Fasern die Kugelschreiberfarbstoffe aufnehmen und sehr festhalten.

Likör (wie Bier)

Lippenstift
In einer Fettgrundmasse (Wachse, Lanolin) sind Fettfarbstoffe und Duftstoffe enthalten.

Entfernung:

> Fleckenkategorie I, Schritte 1–4 und Fleckenkategorie II, Schritte 2 und 4.

Mit Oranex oder Isopropanol wird der Fleck solange von links behandelt, bis kaum noch Farbstoff entfernt wird. Mit dem Tupfpinsel nachhelfen. Danach kommt Orafleck und Oranex HT. Anschließend mit Isopropanol ausspülen. Den verbleibenden Farbstoff mit Bawa und Probunt behandeln. Anschließend mit der frischen Bleichmischung (Proweiß super und Bawa, 1:1) oder Bleichpaste I bei erhöhter Temperatur bleichen.
Anmerkung: Wichtig ist hier, daß Sie kräftig mit dem Tupfpinsel arbeiten. Hausmittel: Spiritus. Er hilft aber meist nicht.

Magenbitter (z.B. Fernet)
Magenbitter enthält Trinkalkohol mit Zucker, Aromastoffen, Pflanzen- und Fruchtauszüge neben Gerbstoffen und organischen Lebensmittelfarbstoffen.

Entfernung:

> Fleckenkategorie II, Schritte 1, 2, 4, 7.

Fleck gründlich mit Wasser benetzen, anschließend mit Bawa und Probunt und mit Tupfpinsel behandeln. Dann wird auf Bawa mit Kalweg übergegangen und zum Schluß mit frischer Bleichmischung (Proweiß super und Bawa, 1:1) oder Bleichpaste I bei angehobener Temperatur gebleicht. Anschließend nachwaschen mit Bawa und gründlich mit Wasser spülen.

Make-up
Kosmetische Präparate (Puder, Creme oder Milch), die Öle, Fett und Wachse, Farbstoffe und Farbpigmente sowie Duftstoffe enthalten.

Entfernung:

> Fleckenkategorie I, Schritte 1–4.
> Fleckenkategorie III, Schritte 4, 6.

Behandeln Sie die Flecke am besten von links (von der Rückseite des Stoffs). Beginnen Sie mit Isopropanol und behandeln Sie den Fleck kräftig mit dem Tupfpinsel. Sobald kein Farbstoff mehr abgegeben wird, machen Sie mit Orafleck weiter. Anschließend wird mit Oranex HT weitergearbeitet. Sollte bis dahin nicht alles Fett entfernt sein, empfiehlt sich Biozym F, das aber länger einwirken muß. Danach waschen mit Bawa, gründlich mit Wasser spülen.

Mandarinensaft (siehe Fruchtsaft)

Marmelade
Sie besteht aus Fruchtfleisch, Pektinen, Gerbstoffen, Gelatine, Zucker und Farbstoffen.

Entfernung:

> Fleckenkategorie II, Schritte 1–4, 7.

Dicke Marmeladeflecke (frisch oder gealtert) durch Abkratzen entfernen. Danach mit Wasser bzw. Bawa und Probunt weichen lassen, anschließend Bawa und Kalweg auftropfen. Dabei mit dem Tupfpinsel mechanisch bearbeiten. Im nächsten Behandlungsschritt wird mit der Bleichmischung (Proweiß super und Bawa, 1:1) bei angehobener Temperatur gebleicht. Am Schluß mit Bawa nachwaschen und gründlich mit Wasser spülen.

Mayonnaise
Sie besteht aus Öl, Eigelb, Essig, Salz, Gewürzen und Stärkeprodukten.

Entfernung:

> Fleckenkategorie I, Schritte 1, 3, 4, danach Fleckenkategorie III, Schritte 1–4 und Fleckenkategorie II, Schritt 4, 7.

Begonnen wird mit Isopropanol, anschließend folgt die Behandlung mit Oranex HT. Wenn noch Spuren zurückbleiben, empfiehlt sich eine Mischung von Biozym SE und Biozym F im Verhältnis 1:1. Wenn noch Farbstoffreste erkennbar sind, erfolgt Behandlung mit frischer Bleichmischung (Proweiß super und Bawa, 1:1) oder Bleichpaste I bei angehobener Temperatur. Danach wird gründlich mit Wasser gespült.

Methylzellulose, Stärke oder Pflanzengummi

Entfernung:

Fleckenkategorie III, Schritte 1–5.

Die Flecke werden mit Wasser und Bawa behandelt. Bearbeiten mit dem Tupfpinsel. Anschließend wird eine Mischung von Biozym SE und F aufgestrichen und nach entsprechender Einwirkungszeit wird mit Bawa gewaschen und gründlich mit Wasser gespült.

Milch (Kondensmilch)

Sie ist eine feine Verteilung von tierischem Fett in Wasser (Emulsion), die Eiweiß und Milchzucker enthält.

Entfernung:

Fleckenkategorie III, Schritte 1–5.

Benetzen Sie den Fleck gründlich mit Wasser, anschließend mit Bawa. Den Fleck kräftig mit dem Tupfpinsel bearbeiten. Darauf mit Biozym SE und Biozym F, gemischt im Verhältnis 1:1, behandeln. Die Enzymlösungen müssen einige Stunden einwirken.
Sollten sich die Eiweißflecken nicht vollständig gelöst haben, dann zwischendurch Bawa auftropfen, mit dem Tupfpinsel kräftig klopfen und anschließend noch einmal mit der Enzymkombination arbeiten. Danach mit Bawa nachwaschen (40°C, Eiweißreste können sonst gerinnen) und gründlich spülen.
Anmerkung: Schwierigkeiten macht eingetrocknete Kondensmilch. Da hilft nur ein sehr langes Einweichen bis zu drei Tagen und mehrmalige Behandlung mit frischer Biozym-SE und F-Lösung.

Nagellack

Das ist in Aceton oder Amylacetat gelöste Nitrozellulose mit Ölen, Farb- und Duftstoffen.

Entfernung:

Erst mit Nagellackentferner den Hauptanteil der Nitrozellulose entfernen, dann nach Fleckenkategorie I, Schritte 1–4 mit Isopropanol oder Orafleck die Behandlung fortsetzen. Farbige Fleckreste werden durch Bleichen mit frischer Bleichmischung (Proweiß super und Bawa, 1:1) heiß beseitigt.

Anschließend wird gründlich gespült.
Vorsicht: Nagellackentferner löst Acetatfasern und ist enorm feuergefährlich!

Obst/Gemüse

Dabei handelt es sich um Fruchtfleisch, Gerbstoffe, organische Säuren, Zucker und natürliche Farbstoffe.

Entfernung:

Fleckenkategorie II, Schritte 1–4, 7.

Die Behandlung beginnt mit Wasser und wird durch Verwendung von Bawa und Probunt und anschließend Bawa mit Kalweg mit dem Tupfpinsel fortgesetzt. Danach mit der frischen Bleichmischung (Proweiß super und Bawa, 1:1) oder Bleichpaste I heiß bleichen. Bei weißer Wolle und Seide nehmen Sie Perweiß. Abschließend gründlich mit Wasser spülen.
Anmerkung: Gealterte Obstflecke auf kunstharzveredelter knitterarmer Baumwolle lassen sich sehr schwer entfer-

nen, deshalb Obstflecke nicht altern lassen.

Öl (siehe Autoöl/Fette)

Orangensaft (wie Fruchtsaft)

Parfüm

Sie sind meistens alkoholische Lösungen von pflanzlichen und tierischen oder synthetischen Duftstoffen. Dazu kommen Farbstoffe und Fixative zur Verbesserung des Dufthaftvermögens.

Entfernung:

Fleckenkategorie I, Schritte 1–4 und Fleckenkategorie II, Schritte 3 und 4.

Nach einer Behandlung mit Isopropanol mit dem Tupfpinsel klopfen, dann wird Orafleck und danach Oranex HT eingesetzt. Sind noch Fleckreste vorhanden, wird naß weitergereinigt. Nach einer Wasserbehandlung mit Bawa und Kalweg mit der frischen Bleichmischung (Proweiß super und Bawa, 1:1) oder Bleichpaste I bei angehobener Temperatur bleichen. Abschließend gründlich mit Wasser spülen.

Pfirsich (wie Obst)

Photoentwickler

Er besteht aus organischen Reduktionsmitteln und Silbersalzen.

Entfernung:

Fleckenkategorie IV, 4.

Die Flecke werden mit einer 20%igen Fixiersalzlösung erst kalt, dann evtl. heiß behandelt.

Rost

Er besteht aus braunem Eisenoxyd.

Entfernung:

Fleckenkategorie IV, 5.

Rostflecke mit heißer 20%iger Kleesalzlösung behandeln. Je nach Alter und Intensität der Rostflecke müssen Sie längere Zeit in der heißen Kleesalzlösung einweichen. Abschließend wird mit Bawa nachgewaschen und mit Wasser gründlich gespült.

Rotwein

Er besteht aus natürlichen Farbstoffen, Gerbstoffen, Fruchtsäure und Zucker.

Entfernung:

Fleckenkategorie II, Schritte 1–4.

Die Fleckentfernung erfolgt wie bei Fruchtsäften angegeben.
Hausmittel: Salz und Weißwein (vgl. *Seite 110*).

Ruß

Er besteht aus mehr oder weniger feinen Kohlenstoffteilchen, vermischt mit Teer und Fettanteilen.

Entfernung:

Fleckenkategorie I, Schritte 1–4.

Mit Isopropanol die Fleckenrückseite behandeln, mit Tupfpinsel kräftig bearbeiten, danach mit Orafleck und dann Oranex HT weiterbehandeln. Abschließend mit Bawa und unter kräftigem Tupfen mit dem Tupfpinsel nachwaschen. Waschen mit Bawa mehr

mals wiederholen. Abschließend gründlich mit Wasser spülen.

Sahne

Eine sehr fetthaltige Emulsion von tierischem Fett in Wasser, Eiweiß und Milchzucker.
Entfernung: wie Milch, Fett.
Hausmittel: Waschbenzin.

Schminke (wie Make-up)

Schokolade

Sie besteht aus Kakaopulver, Kakaobutter, Fetten, Ölen, Zucker, Eiweiß und Aromastoffen.

Entfernung:

Fleckenkategorie IV, 1., danach Fleckenkategorie I, Schritte 1–4 und Fleckenkategorie II, Schritte 1–4, 7.

Die eingetrockneten und oft auf der Textiloberfläche sitzenden Schokoladenreste werden abgekratzt, dann der Fleck zunächst mit Isopropanol von links kräftig mit dem Tupfpinsel bearbeitet. Das gleiche geschieht danach mit Orafleck und Oranex HT. Anschließend wird der Schokoladenfleck mit Bawa und Probunt und mit Kalweg behandelt. Dann mit Bleichmischung (Proweiß super und Bawa 1:1) oder Bleichpaste I bleichen. Zum Schluß mit Bawa nachwaschen und gründlich mit Wasser spülen.

Schuhcreme

Sie besteht aus Wachsen, Lösungsmittel und Farbstoffen.

Entfernung:

Fleckenkategorie I, Schritte 1–4.
Fleckenkategorie II, Schritte 4, 7.

Zunächst gründlich mit Lösungsmitteln und mit dem Tupfpinsel bearbeiten (von links), und zwar in der Reihenfolge Isopropanol, Orafleck und Oranex HT. Anschließend wird mit Bleichmischung (Proweiß super und Bawa 1:1) oder mit Bleichpaste I zum Oxidieren heiß (mit Fön erhitzen) gebleicht. Zum Schluß wird mit Bawa nachgewaschen und gründlich mit Wasser gespült.
Anmerkung: Schuhcremes sind unterschiedlich schwierig zu entfernen. Bei manchen Flecken bleibt ein farbiger Fleckschatten zurück.

Schweiß

Er enthält Fettsäuren, Hautfett, Harnstoff und Kochsalz. Alte Flecke sind gelb gefärbt.

Entfernung:

Fleckenkategorie II, Schritte 1–4, 7.

Die Flecke werden mit Wasser behandelt, danach mit Bawa und Probunt. Je nach Größe wird der Fleck betropft oder in eine Lösung eingelegt. Anschließend Bawa und Kalweg anwenden. Dann heißes Bleichen mit Bleichmischung (Proweiß super und Bawa 1:1) oder Bleichpaste I zum Oxidieren. Auch dies erfolgt bei großen Flecken in einer Bleichlösung (40 ml Proweiß, 20 ml Bawa flüssig für 10 l Wasser, bei 60 °C über Nacht ziehen lassen). Bei hartnäckigen Verfärbungen muß mehrfach gebleicht werden. Zum Schluß wird gründlich mit Wasser gespült.

Bei stark verschwitzter Wäsche mit gealtertem Schweiß werden die Teile in Plastikeimer oder -wanne über Nacht eingeweicht. Anschließend gründlich waschen.

Senf

Ein Gewürz aus gemahlenen Senfkörnern, enthält Öle und andere Gewürze sowie Gerbstoffe und organische Farbstoffe.

Entfernung:

Fleckenkategorie II, Schritte 1–4, 7

Eingetrockneten Senf länger in Wasser einweichen, danach Bawa und Probunt und kräftig mit dem Tupfpinsel bearbeiten. Danach Bawa und Kalweg zum Lösen der Gerbstoffe. Wenn noch farbige Fleckreste zu sehen sind, wird mit der frischen Bleichmischung (Proweiß super und Bawa, 1:1) oder Bleichpaste I gebleicht. Abschließend mit Bawa waschen und gründlich mit Wasser spülen.

Sengstellen

Sie entstehen beim Bügeln durch zu große Hitze. Beim Versengen werden die Fasern leicht (hellgelb) bis stark (braun-schwarz) geschädigt.

Entfernung:

Fleckenkategorie II, Schritte 1, 4, 6.

Möglichst sofort mit Bleichmischung (Proweiß super und Bawa 1:1) bei hoher Behandlungstemperatur bleichen. Diese Behandlung mehrmals bei ca. 60 °C wiederholen. Zum Schluß gründlich spülen.

Hier kann man auch die Reduktionsbleiche mit Bleichmischung Prored (Natriumsulfit und Bawa 1:1), Fleckenkategorie II, Schritt 7) anwenden. *Anmerkung:* Starke Sengstellen (dunkelbraun bis schwarz lassen sich nicht mehr bleichen.

Silberflecke

Es handelt sich um Silberoxid.

Entfernung:

Fleckenkategorie IV, 4., 6. und 7.

Die schwarz-silbrigen Oxidflecke werden mit Fixiersalzlösung, die heiß einwirken muß, entfernt.

Sirup (wie Fruchtsaft)

Soßen

Sie bestehen aus Fetten, Eiweiß, Stärke und Gewürzen.

Entfernung:

Fleckenkategorie III, Schritte 1–4 und Fleckenkategorie II, Schritte 4, 7.

Die Behandlung von Soßenflecken beginnt mit Wasser, Bawa und Klopfen mit dem Tupfpinsel. Anschließend wird mit einem Gemisch von Biozym SE und Biozym F im Verhältnis 1:1 weitergearbeitet. Enzyme lange einwirken lassen. Bei hartnäckigen Flecken mit frischer Biozymlösung wiederholen. Die Farbreste werden durch Bleichen mit der frischen Bleichmischung (Proweiß super und Bawa, 1:1) oder Bleichpaste I bei hoher Temperatur beseitigt. Anschließend gründlich mit Wasser spülen.

Speiseöle (wie Fette)

Stockflecke

Sie entstehen durch verschiedene Schimmelpilzarten bei feuchter Lagerung von Textilien. Stockflecke gibt es in allen Farben, vorwiegend aber grau und schwarz.

Entfernung:

Fleckenkategorie II, Schritte 1–4, 6, 7.

Es wird sofort mit der frischen Bleichmischung (Proweiß super und Bawa, 1:1) erst warm (40 °C), dann heiß (60 °C) begonnen. Bei alten Stockflecken muß die Behandlung mehrfach bei 60–95 °C wiederholt werden. Hier kann auch die Reduktionsbleiche nach Fleckenkategorie II, Schritt 6 mit Prored angewendet werden. Große, stockverfleckte Teile werden in der Wanne gebleicht. Dosierung von Proweiß super wie für sehr stark verschmutzte Wäsche (siehe *Seite 36*). Anschließend nachwaschen und gründlich mit Wasser spülen.

Straßenschmutz

Er besteht aus unlöslichen Pigmenten und Rußteilchen.

Entfernung:

Fleckenkategorie IV, 1 und 6 und Fleckenkategorie II, Schritte 3 und 4.

Zunächst versuchen Sie, die Flecke mit einer Bürste zu beseitigen. Hilft das nicht, versuchen Sie es mit Wasser. Anschließend lassen Sie Bawa und Kalweg einwirken. Danach wird mit der frischen Bleichmischung (Proweiß super und Bawa, 1:1) bei hohen Temperaturen gebleicht. Wesentlich ist bei diesen Behandlungen die „Mechanik", die durch intensives Klopfen erreicht wird.

Tabak

Tabaksaft enthält Nikotin, Teerprodukte, Gerbstoffe und Salze.

Entfernung:

Fleckenkategorie I, Schritte 1–4 und Fleckenkategorie II, Schritte 3 und 4.

Teerprodukte werden durch Isopropanol, Orafleck und Oranex HT unter entsprechend intensiver Bearbeitung mit dem Tupfpinsel beseitigt. Danach wird mit Isopropanol, dann mit Wasser gespült. Abschließend Behandlung mit Bawa und Kalweg und dann mit der frischen Bleichmischung (Proweiß super und Bawa, 1:1) oder Bleichpaste I heiß bleichen. Zum Schluß gründlich mit Wasser spülen.

Tee

Er enthält hauptsächlich natürliche Farbstoffe und Gerbstoffe.

Entfernung:

Fleckenkategorie II, Schritte 1–4, 7.

Teeflecke gründlich mit Wasser benetzen, danach mit Bawa und Probunt und anschließend mit Bawa und Kalweg betropfen und mit dem Tupfpinsel bearbeiten. Anschließend wird mit der frischen Bleichmischung (Proweiß super und Bawa, 1:1) oder Bleichpaste I bei hohen Temperaturen gebleicht. Die Bleiche muß bei hartnäckigen Flecken

wiederholt werden. Abschließend gründlich mit Wasser spülen.
Anmerkung: Teeflecke nicht altern lassen. Teeflecke auf pflegeleichten, hochveredelten Baumwolltextilien lassen sich sehr schwer beseitigen.

Teer

Er entsteht als Destillationsrückstand von Mineralölen, Holz- oder Braunkohle und ist ein Gemisch aus schwerlöslichen Substanzen (siehe auch Asphalt).

Entfernung:

Fleckenkategorie IV, 1., Fleckenkategorie I, Schritte 1–4. Fleckenkategorie II, Schritte 4, 7.

Teerfleckreste abkratzen und mit Lösungsmittel behandeln, wobei mit Isopropanol begonnen wird. Gearbeitet wird von links, damit die abgelösten Teersubstanzen nicht durch das Gewebe ziehen. Danach kräftig mit dem Tupfpinsel und mit Orafleck und danach Oranex HT bearbeiten. Dies mehrfach wiederholen. Wird kein Teer mehr ausgespült, muß mit Bawa nachgewaschen werden. Abschließend empfiehlt es sich, mit frischer Bleichmischung (Proweiß super und Bawa, 1:1) oder Bleichpaste I bei hohen Temperaturen zu bleichen. Abschließend mit Wasser gründlich spülen.

Textilfarbstoffe (Baumwolle, Leinen, Viskose – nicht in Wolle und Seide)

Abfärbungen durch unechte Textilfärbungen.
Zuerst waschen mit Bawa bei 60 °C mit Probunt (2–3fache der üblichen Menge = 2–3 Tabl. pro Maschine). PVP egalisiert ausgelaufene Färbungen.

Entfernung:

Fleckenkategorie II, Schritte 1, 4, 6, 7.

Flecke mit frischer Bleichmischung (Proweiß super und Bawa, 1:1) bei hohen Temperaturen (bis kochend) arbeiten. Sind die Flecke noch zu sehen, muß der Prozeß wiederholt werden. Gelingt keine ausreichende Farbbeseitigung, muß mit Prored und Bawa (bis kochend) gearbeitet werden. Abschließend mit Bawa nachwaschen und gründlich mit Wasser spülen.
Diese Behandlungen erfolgen nacheinander am ganzen Stück in einer Plastikwanne. Zwischen den Behandlungsschritten immer wieder gründlich spülen und zum Schluß nachwaschen.

Tinte

Sie besteht aus Farbstofflösungen. Die Farbstoffe sind zum Teil sehr echt (Dokumententinte). Am leichtesten läßt sich Schülertinte entfernen.

Entfernung:

Fleckenkategorie II, Schritte 1, 2, 4, 7.

Tintenflecke mit Wasser benetzen, dann mit Probunt behandeln. Anschließend mit der frischen Bleichmischung (Proweiß super und Bawa, 1:1) oder Bleichpaste I bei hohen Temperaturen bleichen.
Bei schwarzer Tinte ist eine Sonderbehandlung (s. Fleckenkategorie IV, 5) mit heißer bis kochender 20%iger Kleesalzlösung notwendig (manche dieser Tinten enthalten Eisenverbindungen). Bei Fleckaufhellung Behandlung wiederholen. Abschließend mit Bawa waschen und mit Wasser spülen.

Abb. 14: Tintenflecke aus blauer Schülertinte können Sie mit unserer Bleichmischung fast immer vollständig entfernen (Saumprobe machen!).

Tomatenketchup
Besteht aus Fruchtfleisch und dem Saft der Tomaten und enthält natürliche Farbstoffe, Gerbstoffe, Salz und Gewürze.

Entfernung:

Fleckenkategorie II, 1–4, 7.

Der Fleck wird mit Wasser benetzt und anschließend mit Bawa und Probunt mit dem Tupfpinsel kräftig behandelt. Anschließend wird mit Bawa und Kalweg betropft, und danach bleichen Sie mit der frischen Bleichmischung (Proweiß super und Bawa, 1:1) oder Bleichpaste I bei hohen Temperaturen. Abschließend gründlich mit Wasser spülen.

Urin
Er besteht aus Harnstoff, Harnsäure und Harnfarbstoffen.

Entfernung:

Fleckenkategorie II, Schritte 1 und 4.

Die Flecke werden mit der frischen Bleichmischung (Proweiß super und Bawa 1:1) oder Bleichpaste I bei ho-hen Temperaturen gebleicht. Hartnäckige alte Urinflecke müssen mehrfach gebleicht werden. Große Teile in Kunststoffeimer oder -wanne behandeln (siehe Schweiß).

Wein (wie Bier)

Wimperntusche (wie Make-up)

Zahnpasta
Sie besteht aus scheuernden Stoffen, Verdickungs- und Netzmitteln, Aroma- und Farbstoffen und eventuell medizinischen Zusätzen.

Entfernung:

Fleckenkategorie I, Schritt 1, Fleckenkategorie II, Schritte 1, 3, 4, 7.

Eingetrocknete Zahnpasta vor der Fleckentfernung abkratzen.
Beginnen Sie mit Wasser, dann werden Bawa und Kalweg aufgetropft, wobei diese Behandlung wegen der Säureeinwirkung mehrfach wiederholt und mit dem Fön erwärmt werden sollte. Kräftig mit dem Tupfpinsel klopfen. Dann wird mit der frischen Bleichmischung (Proweiß super und Bawa, 1:1) oder Bleichpaste I heiß gebleicht. Abschließend gründlich mit Wasser spülen.
Bei manchen Zahnpasten empfiehlt sich eine Sonderbehandlung mit heißer, 10%iger Kleesalzlösung (s. auch Fleckenkategorie IV, 5). Danach mit Bawa und Proweiß super waschen und gründlich mit Wasser spülen.

Zelluloselack (siehe: Nagellack)

Zinksalbe

besteht aus Salbenmasse (Fette, Wachse) und Zinkoxid.

Entfernung:

Mit Wasser Fleckenkategorie IV, 1, 5 und 6 und Fleckenkategorie I, Schritte 1–4.

Salbenmasse soweit möglich abkratzen. Danach mit Lösungsmittel Isopropanol behandeln, bis keine Abschwemmung mehr eintritt. Kräftiges Tupfen mit dem Tupfpinsel ist wichtig. Anschließend mit Orafleck und danach mit Oranex HT betropfen und jeweils kräftig tupfen. Verbleiben noch Zinkrückstände, mit heißer Kleesalzlösung behandeln. Abschließend mit Bawa waschen und gründlich mit Wasser spülen.

Zucker

Rohr- und Rübenzucker, Milch- und Malzzucker enthalten zum Teil natürliche Farbstoffe.

Entfernung:

Fleckenkategorie II, Schritte 1, 2, 4, 7.

Zuckerflecke werden mit Wasser benetzt und anschließend mit Bawa und Probunt behandelt. Kräftig mit dem Tupfpinsel tupfen. Anschließend mit der frischen Bleichmischung (Proweiß super und Bawa, 1:1) oder Bleichpaste I heiß bleichen. Zum Schluß gründlich mit Wasser spülen.

Handelt es sich um alte Fruchtzuckerflecke, ist eine Behandlung mit Biozym SE nötig (s. Fleckenkategorie III, Schritt 3). Enzym lange einwirken lassen. Sollten Farbstoffreste zurückgeblieben sein, mit der frischen Bleichmischung (Proweiß super und Bawa, 1:1) oder Bleichpaste I bleichen. Gründlich mit Wasser spülen.

WASCHTABELLEN

Auf den folgenden Seiten finden Sie alle Waschanleitungen für Maschinenwäsche in übersichtlicher Tabellenform zusammengefaßt. Die **grüne** Tabelle (*Seite 132/133*) bezieht sich auf unser neues Waschmittelbaukasten-System, das wir in diesem Buch vorgestellt haben. Da aber einige von Ihnen sicherlich noch die Substanzen des bisherigen Baukastens verwenden möchten, haben wir auf *Seite 134* die dafür geltende **blaue** Tabelle auch noch einmal mit aufgenommen.

Unser Tip:
Schneiden Sie mit einem Teppichmesser oder einer Papierschere vorsichtig die für Sie relevanten Seiten an der gestrichelten Linie, die unten mit einem Scherensymbol versehen ist, aus dem Buch heraus. Stecken Sie diese Seiten in eine entsprechend große Klarsichthülle (gibt es in jedem Schreibwarenladen) und hängen Sie sie über Ihre Waschmaschine. So haben Sie alle wichtigen Dosierungsanleitungen stets gut im Blick!

Baukastenelement und Funktion	WEISSE WÄSCHE		BUNTE WÄSCHE	
	Baumwolle, Leinen, Viskose *Rezept 1, Seite 68*	Pflegeleichtes aus Baumwolle und Fasermischungen *Rezept 3, Seite 69*	Baumwolle, Leinen, Viskose *Rezept 2, Seite 68*	Pflegeleichtes aus Baumwolle und Fasermischungen *Rezept 4, Seite 69*
Vorbehandlung	vgl. Seite 68	vgl. Seite 68	vgl. Seite 68	vgl. Seite 68

HAUPTWASCHGANG

Baukastenelement und Funktion	WEISSE WÄSCHE		BUNTE WÄSCHE	
Waschprogramm	40 - 60°C	Pflegeleichte Wäsche 40 - 60°C	40 - 60°C	Pflegeleichte Wäsche 40 - 60°C
Wasserenthärter **Waweich** (nur bei Bawa Pulver)	I-II: 0 Beutel III: 1 Beutel IV: 2 Beutel	I-II: 0 Beutel III: 1 Beutel IV: 2 Beutel	siehe: Weiße Wäsche	siehe: Weiße Wäsche
Tenside **Bawa Pulver** o. **Bawa flüssig Konz.** / **Bawos**	80 ml (2 MB*) **Bawa Pulver** oder 25 ml **Bawa flüssig Konz.**	80 ml (2 MB*) **Bawa Pulver** oder 25 ml **Bawa flüssig Konz.**	80 ml (2 MB*) **Bawa Pulver** oder 25 ml **Bawa flüssig Konz.**	80 ml (2 MB*) **Bawa Pulver** oder 25 ml **Bawa flüssig Konz.**
Enzyme •stärke- u. eiweißlösend: **Biozym SE** •fettlösend: **Biozym F**	**Biozym SE** 1 Beutel evtl.+ **Biozym F** 1 Beutel	**Biozym SE** 1 Beutel evtl.+ **Biozym F** 1 Beutel	**Biozym SE** 1 Beutel evtl.+ **Biozym F** 1 Beutel	**Biozym SE** 1 Beutel evtl.+ **Biozym F** 1 Beutel
Bleichmittel **Proweiß Proweiß super**	60 ml = 2 mb* **Proweiß super**	60 ml = 2 mb* **Proweiß super**	evtl. 30 ml = 1 mb* **Proweiß**	evtl. 30 ml = 1 mb* **Proweiß**
Vergrauungsschutz **Prosyn**		1 Beutel		1 Beutel
Farbschutz **Probunt**			1 - 2 Tabl. (2 Tabl. bei gr. Ausblutungsgefahr)	1 - 2 Tabl. (2 Tabl. bei gr. Ausblutungsgefahr)
nur in Sonderfällen: optischer Aufheller **Prohell**	evtl. 1 Beutel	evtl. 1 Beutel		

LETZTER SPÜLGANG

Baukastenelement und Funktion	WEISSE WÄSCHE		BUNTE WÄSCHE	
Entkalkung **Kalweg**	20 - 30 ml		20 - 30 ml	
Weichspüler **Proweich**		20 - 30 ml		20 - 30 ml
Waschmittelparfüm	10 - 20 Tropfen Waschmittelparfüm			
Appretur	evtl. Appretur oder Reisstärke (s. Seite 20)			
Nachbehandlung	vgl. Seite 68	vgl. Seite 69	vgl. Seite 68	vgl. Seite 69

*1 mb = 1 Meßbecher à 30 ml; 1 MB = 1 Meßbecher à 40 ml

WOLLE filzarm (maschinenwaschbar)	SEIDE (nur waschbare)	SPORTWÄSCHE saugfähig u. pflegeleicht aus Baumwolle u. Synthesefaser	SPORTBEKLEIDUNG aus Mikrofasern auch mit Daunen- und Vliesfüllung	GARDINEN aus Polyesterfasern
Rezept 5, Seite 70	*Rezept 7, Seite 71*	*Rezept 8, Seite 71*	*Rezept 9, Seite 72*	*Rezept 11, Seite 73*
vgl. Seite 68	vgl. Seite 71	vgl. Seite 68	vgl. Seite 57	vgl. Seite 73
Wollwaschprogramm 30°C	Feinwäsche 30 - 40°C	Pflegeleichte Wäsche 40 - 60°C	Pflegeleichte Wäsche 40 - 60°C	Feinwäsche 30 - 40°C
		siehe: Weiße Wäsche		siehe: Weiße Wäsche
60 ml (2 mb*) **Bawos**	60 ml (2 mb*) **Bawos**	80 ml (2 MB*) **Bawa Pulver** oder 25 ml **Bawa flüssig Konz.**	80 ml (2 MB*) **Bawos**	80 ml (2 MB*) **Bawa Pulver** oder 25 ml **Bawa flüssig Konz.**
Biozym F 1 Beutel	**Biozym F** 1 Beutel	**Biozym F** 1 Beutel	**Biozym F** 1 Beutel	**Biozym F** 1 Beutel
		60 ml = 2 mb* **Proweiß super**	nur, wenn Bleiche notwendig 30 ml = 1 mb **Proweiß**	60 ml = 2 mb* **Proweiß super**
		1 Beutel	1 Beutel	1 Beutel
		nur bei bunter Wäsche 1 - 2 Tabl.	nur bei bunter Wäsche 1 Tabl.	
				evtl. 1 Beutel
		20 - 30 ml		40 ml
Keinen Weichspüler verwenden!	Keinen Weichspüler verwenden!	**Vorsicht:** keinen Weichspüler verwenden!		1/2 Teelöffel Parfüm
10 - 20 Tropfen Waschmittelparfüm				
evtl. Appretur oder Reisstärke (s. Seite 20)		Keine Appretur verwenden	Keine Appretur verwenden	
vgl. Seite 70	vgl. Seite 71	vgl. Seite 71	vgl. Seite 72	vgl. Seite 73

Weiße Wäsche 30 - 60 °C		 Parfüm 10-15 Tropfen	Bunte Wäsche 30 - 60 °C		Flecken-vorbehandlung
Naturfaser Baumwolle, Leinen, Viskose, Acetat	**Synthetik + Mischgewebe** Nylon, Perlon usw.		**Naturfaser** Baumwolle, Leinen, Viskose, Acetat	**Synthetik + Mischgewebe** Nylon, Perlon usw.	
20-30 ml Kalweg ✳ ins letzte Spülwasser	**20-30 ml Kalweg** ✳ ins letzte Spülwasser		**20-30 ml Kalweg** ✳ ins letzte Spülwasser	**20-30 ml Kalweg** ✳ ins letzte Spülwasser	**Biozym F** gegen Fettflecken z.B.: Butter, Öl, Schmiere, Hautfett, Lippenstift
40-60 ml Proweiß bei Bedarf in den Hauptwaschgang zugeben	**30 ml Proweiß** bei Bedarf in den Hauptwaschgang zugeben		**40 ml Proweiß** bei Bedarf in den Hauptwaschgang zugeben	**30 ml Proweiß** bei Bedarf in den Hauptwaschgang zugeben	**Biozym SE** gegen Stärke und eiweiß-haltige Flecken z.B.: Saucen, Eigelb, Pudding, Milch, Hautschuppen, Blut
	10 ml Prosyn		**10ml Probunt**	**10ml Probunt** / **10 ml Prosyn**	
20 ml Biozym SE	**20 ml Biozym SE**		**20 ml Biozym SE**	**20 ml Biozym SE**	Einweichen mit Biozym SE:
50 ml Bawa	**50 ml Bawa**		**50 ml Bawa**	**50 ml Bawa**	Wäsche mit **10 ml Biozym SE** mindestens 12 Stunden einweichen lassen. Dadurch wird die Menge der anderen Waschsubstanzen halbiert.
					Nur bei vergilbter Wäsche in den Hauptwaschgang: **10 ml Prohell** bei Synthetik und Mischge-webe anteilig verringern

Bawa = Bawa-Konzentrat gemischt mit Leitungswasser 1:1

Register

Bezugsquellen

* ALC COSMETIC, 27804 Berne, Kranichstr. 2, Tel. 04406-6144.
ALTAMIRA, 82319 Starnberg, Söckingerstr. 7, Tel.08151-28571.
BAUMGARTEN, 82377 Penzberg, Hochfeldstr. 56, Tel. 08856-1429.
BELLA CURIOSA, 24937 Flensburg, Nordergraben 24, Tel. 0461-29826.
BELLA DONNA Kosmetik zum Selbermachen, 72764 Reutlingen, Museumsstr. 10, Tel. 07121-321416.
* BERGMANN Kosmetik, 38304 Wolfenbüttel/Groß Stöckheim, Juliusweg 1a, Tel. 05331-29385.
* BIOLINE, 70435 Stuttgart, Hohenloherstr. 3, Tel. 0711-876231.
* BIOTHEK, 74348 Lauffen a. N., Brückenstr. 19, Tel. 07133-22544.
BIOTRUHE, 73728 Esslingen, Katharinenstr. 29, Tel. 0711-354604.
BRANDSMÜHLE, 46483 Wesel, Caspar-Baur-Str. 31, Tel./Fax 0281-23357; 47533 Kleve, Hagsche Str. 47, Tel./Fax 02821-21112; 46509 Xanten, Poststr. 24, Tel./Fax 02801-5658.
BRENNESSEL, 80799 München, Türkenstr. 60, Tel. 089-280303; 85345 Freising, Luckengasse 16, Tel. 08161-41999.
CALENDULA, 40217 Düsseldorf, Friedrichstr. 7, Tel. 0211-378655; 46539 Dinslaken, Sterkrader Str. 237, Tel. 02064-92739; 47051 Duisburg, Tonhallenpassage, Tel. 0203-284543; 47441 Moers, Wallzentrum, Tel. 02841-29388.
CARLOTTA NATURA, 73312 Geislingen-Weiler, Hofstett am Steig 5, Tel. 07331-42820.
* Fa. C & M DIE ÖKOTHEK, 73430 Aalen, Spitalstr. 14, Tel./Fax 07361-680176.
CLEOPATRA KOSMETIK, 82362 Weilheim, Kirchplatz 11, Tel. 0881-64961.
* COLETTE, 23552 Lübeck, Kapitelstr. 5, Tel. 0451-7070869.
* COLIMEX-ZENTRALE, 50996 Köln, Ringstr. 46, Tel. 0221-352072, Fax 0221-352071; Auslieferungsläden: 26506 Norden, Osterstr. 160, in Schwanen-Apotheke, Tel. 04931-2197; 32312 Lübbecke, Lange Str. 1, in Stern-Apotheke, Tel. 05741-7707; 33102 Paderborn, Bahnhofstr. 18, in St.-Christophorus-Drogerie, Tel. 05251-10520; 34414 Warburg, Hauptstr. 46, in St.-Erasmus-Apotheke, Tel. 05641-60467; 35576 Wetzlar, Langgasse 68, in Langgass-Apotheke, Tel. 06441-46900; 41812 Erkelenz, P.-Rüttchen-Str., im KONTRA-Center, Tel. 02431-81071; 41849 Wassenberg, Brabanter-Str. 50, im KONTRA-Center, Tel. 02432-81011; 42105 Wuppertal, Rathaus-Galerie L119, Karlsplatz 3, Tel. 0202-443988; 45259 Essen, Schangstr. 13, Dromarkt, Tel. 0201-462259; 47798 Krefeld, Ostwall 146, Tel. 02151-615648; 48527 Nordhorn, Schuhmachershagen 15, Tel. 05921-721072; 50321 Brühl, Mühlenstr. 37; 50667 Köln, Brüderstr. 7, Tel. 0221-2580862; 50858 Köln-Weiden, Aachener Str. 1253, Rhein Center Köln-Weiden; 51143 Köln-Porz, Josefstr./Ladenzeile Karstadt, Tel. 02203-55242; 52064 Aachen, Alexianergraben 9/City-Center, Tel. 0241-30327; 52428 Jülich, Am Markt 2, in Parfümerie am Markt, Tel. 02461-2580; 53797 Lohmar, Broich-Weber, Breiterstegmühle 1, Tel. 02246-4245; 57462 Olpe, Bruchstr. 13, Tel. 02761-5190; 63739 Aschaffenburg, Steingasse 37, Tel. 06021-26464; 66901 Schönenberg-Kübelberg, Glanstr. 42, in Linden-Apotheke, Tel. 06373-1360; 67482 Altdorf, Hauptstr. 78 Colimex/Naturkosmetik; 73730 Esslingen, Hirschlandstr. 1, Tel. 0711-314856; 74653 Künzelsau, Keltergasse 13, in Hohenlohe Apotheke; 94032 Passau, Am Schanzl 10, Turm-Apotheke, Tel. 0851-33377.
* COSMEDA, 41460 Neuss, Neumarkt 4, Tel. 02131-277212; 46535 Dinslaken, Altmarkt 17, Tel. 02064-15178; 40668 Meerbusch, Gonellastr. 13, Tel. 02150-6625; 47495 Rheinberg, Römerstr. 16, Tel. 02843-6116; 47198 Duisburg, Augustastr. 31, Tel. 02066-55104.
* COSMETIC-BAUKASTEN, 33615 Bielefeld, Arndtstr. 51, Tel. 0521-131008.
* COSMETIX, 48143 Münster, Salzstr. 46b, Tel. 0251-44662.
CREATIV KOSMETIK, 82008 Unterhaching, Bahnhofsweg 3, Tel. 089-6115916.
* DONAUWÖRTHER KOSMETIKSTUBE, 86609 Donauwörth, Kapellstr. 24, Tel. 0906-23365.
* DUFT & SCHÖNHEIT, 80331 München, Sendlinger Str. 46, Tel. 089-2608259.
GOLD RICHTIG, 65929 Frankfurt-Unterliederbach, Alemannenweg 60.
* HANNI'S BIOSHOP, 86456 Gablingen, Achsheimerstr. 10, Tel. 08230-9897.
HELGAS HOBBY SHOP, 63584 Gründau, Gartenstr. 19, Tel. 06058-2135.
* HEXENKÜCHE, 82152 Krailling, Luitpoldstr. 25, Tel. 089-8593135.
* HOBBY-KOSMETIK, 86153 Augsburg, Lechhauserstr. 3, Tel. 0821-155346; 70806 Kornwestheim, Stauffenbergstr. 26, Tel. 07154-3744; 97456 Dittelbrunn, Erlenstr. 25, Tel. 09721-44190; 84478 Waldkraiburg, Pürtenerstr. 34, Tel. 08638-7073; 84559 Kraiburg am Inn, Hochreit 1, Tel. 08638-7073.

HOBBY-KOSMETIK HAAG, 74821 Mosbach, Entengasse 4, Tel. 06261-14020.

* INATURA, 42551 Velbert, Friedrichstr. 303, Tel. 02051-23355.

JAKOBUS-APOTHEKE, 33397 Rietberg, Lippstädter Str. 17a, Tel. 02944-7554.

* JANSON GmbH, 76133 Karlsruhe, Kaiserpassage 16, Tel. 0721-26410, Fax 0721-27780.

Fa. JOACHIM OTT; 45657 Recklinghausen, Reitzensteinstr. 50, Tel. 02361-16216.

JOJOBA, 35066 Frankenberg, Auf der Nemphe 2, Tel. 06451-4621.

* JOJOBA NATURPRODUKTE, 57076 Siegen-Weidenau, Bismarckstr. 5/Siegerlandzentrum, Tel. 0271-790201.

* KNACK-PUNKT, 73277 Owen/Teck, Hopfenweg 16, Tel. 07021-56568; 27472 Cuxhaven, Präsident-Herwig-Str. 40, Tel. 04721-62820.

* KOSMETIK-BAZARE: Interessengemeinschaft der Kosmetik-Bazare e.V. Dientzenhofer Str. 14, 63924 Kleinheubach, Tel. 09371-68861, Fax 09371-67567; 10115 Berlin, Habersaathstr. 34, Tel. 030-2825928; 24103 Kiel, Eggerstedtstr. 1, Tel. 0431-92923; 24986 Satrup, Glücksburgerstr. 11, Tel. 04633-1021; 26721 Emden, Neutorstr. 58, Tel. 04921-24646; 27580 Bremerhaven, Lange Str. 25, Tel. 0471-802316; 27711 Osterholz-Scharmbeck, Loger Str. 4, Tel. 04791-8326; 28203 Bremen, Ostertorsteinweg 25-26, Tel. 0421-701699; 30159 Hannover, Konochenhauer Str. 6, Tel. 0511-326236; 31582 Nienburg, Burgmannshof 2, Tel. 05021-12825; 31785 Hameln, Thiewall 4, Tel. 05151-22576; 32257 Bünde, Bahnhofstr. 31, Tel. 05223-5133; 32756 Detmold, Paulinenstr. 9, Tel. 05231-39614; 33330 Gütersloh, Friedrich-Ebert-Str. 57, Tel. 05241-26700; 33615 Bielefeld, Arndtstr. 51, Tel. 0521-131008; 35037 Marburg, Augustinergasse 4, Tel. 06421-161363; 35390 Gießen, Frankfurterstr. 1, Tel. 0641-76979; 42289 Wuppertal, Kleestr. 42, Tel. 0202-620898; 45130 Essen, Alfredstr. 43, Tel. 0201-796413; 48143 Münster, Ludgeristr. 68, Tel. 0251-518505; 48431 Rheine, Matthiasstr. 5, Tel. 05971-15421; 50226 Frechen, Joh.-Schmitz-Platz 10, Tel. 02234-13230; 53721 Siegburg, Holzgasse 47, Tel. 02241-590942; 53879 Euskirchen, Hochstr. 62, Tel. 02251-73308; 58285 Gevelsberg, Mittelstr. 101, Tel. 02332-83005; 58511 Lüdenscheid, Ringmauerstr. 5, Tel. 02351-358018; 58636 Iserlohn, Friedrichstr. 3, Tel. 02371-24260; 59555 Lippstadt, Kahlenstr. 2, Tel. 02941-78466; 63924 Kleinheubach, Dientzenhoferstr. 14, Tel. 09371-68861; 65183 Wiesbaden, Wagemannstr. 3, Tel. 0611-379370; 67655 Kaiserslautern, Grüner Graben 3, Tel. 0631-92527; 70806 Kornwestheim, Bahnhofsplatz 14, 07154-16319; 73728 Esslingen, Kupfergasse 13, Tel. 0711-355605; 75172 Pforzheim, Bahnhofstr. 9, Tel. 07231-33254; 97464 Oberwerrn, Bergstr. 7, Tel. 09726-3319.

KOSMETIK KREATIV, 36304 Alsfeld, Schwabenröderstr. 61, Tel. 06631-6225.

KOSMETIK ZUM SELBERMACHEN, 85049 Ingolstadt, Sauerstr. 9, Tel. 0841-33711.

KOSMETIK ZUM SELBERMACHEN, 93133 Burglengenfeld, R.-Schumann-Str. 10, Tel. 09471-6835.

KOSNA VERA, 59174 Kamen, Märkische Str. 28, Tel. 02307-4772; 59423 Unna, Markt 16, Tel. 02303-21337.

* KRÄUTER FISCHER, 33378 Rheda-Wiedenbrück, Markt 3, Tel. 05242-55958.

KREATIV, 55595 Hargesheim, Schulstr. 3, Tel. 0671-32333.

KREUZHERRN APOTHEKE, 87700 Memmingen, Kalchstr. 12, Tel. 08331-4667.

MANUELA'S KOSMETIK-SHOP, 31655 Stadthagen, Klosterstr. 8, Tel. 05721-77708.

McQUEENS'S NATURSHOP, 22880 Wedel, EKZ Rosengarten 6b, Tel. 04103-14950.

NATUR PUR, 06108 Halle, Schülershof 1, Tel. 0345-652061.

NATUR-ECKE, 46509 Xanten, Poststr. 24, Tel. 02801-5658/4847.

NATURPARTNER, 63820 Elsenfeld, Marienstr. 2, Tel. 06022-7834.

NATURTÖPFLA, 95194 Regnitzlosau, Trogenau 25, Tel. 09294-1713.

* NATURWARENLADEN, 97447 Gerolzhofen, Weiße-Turm-Str. 1, Tel. 09382-4115+7989

* OMIKRON, 74382 Neckarwestheim, Marktplatz 5, Tel. 07133-17081; 74072 Heilbronn, Postpassage, Tel. 07131-166443; 73635 Rudersberg-Schlechtbach, Bahnhofsplatz 41, Tel. 07183-8565; 77815 Bühl, Hauptstr. 15, Tel. 07223-901129.

* PIMPINELLA (Walter und Schneider), 14471 Potsdam, Clara-Zetkin-Str. 6, Tel. 0331-970302.

* PLATH PARFUMS, 24161 Kiel, Dreiangel 31, Tel. 0431-92923.

* POTPOURRI Umweltladen, 71032 Böblingen, Marktgässle 8, Tel. 07031-236914; 71263 Weil der Stadt, Katharinenstr. 4, Tel. 07033-33929.

* PURA NATURA, 90402 Nürnberg, Johannesgasse 55, Tel. 0911-209522.

* rein & fein, 82256 Fürstenfeldbruck, Münchner Str. 25, Tel. 08141-4548; 81241 München-Pasing, Planegger-Str. 9a, Tel./Fax. 089-830693.

RINGELBLUME NATURKOSMETIK GMBH, 92224 Amberg, Lederergasse 5, Tel. 09621-22110.

* SPINNRAD GMBH/ZENTRALE, 45886 Gelsenkirchen, Am Luftschacht 3a, Tel. 0209-17000-0, Tx. 824726 natur d, Fax. 0209-17000-40; Auslieferungsläden: 01257 Dresden, Löwen Center Prohlis/Nickern/Dohnauer Str.; 04329 Leipzig, Paunsdorf Center, Paunsdorfer Allee 1,Tel. 0341-2518906; 07743 Jena, Goethe Galerie/Jenaer Str. ; 09125 Chemnitz, Annaberger-Str. 315, Alt-Chemnitz-Center, Tel. 0371-514226; 10247 Berlin,

Frankfurter Allee 53, Tel. 030-4276161; 10719 Berlin, Uhlandstr. 43-44, Tel. 030-8814848; 10789 Berlin, Europacenter/Breitscheidplatz, Tel. 030-2616106; 12163 Berlin-Steglitz, Schloßstr. 1, Tel. 030-7911080;12555 Berlin-Köpenick, Forum Köpenick; 12619 Berlin, Spree-Center, Hellersdorferstr. 79-81, Tel. 030-5612081; 18055 Rostock, Rostocker Hof/Kröpeliner Str.; 20146 Hamburg, Grindelallee 42, Tel. 040-4106096; 21335 Lüneburg, Grapengießer-Str. 25, Tel. 04131-406427; 21614 Buxtehude, Brücken-Apotheke, Zwischen den Brücken 7, Te. 04161-52233; 22143 Hamburg-Rahlstedt, Rahlstedt-Center, Schweriner-Str. 8-12, Tel. 040-6779044; 22459 Hamburg-Niendorf, Tibarg-Center; 22765 Hamburg-Ottensen, Mercado-Center/Ottenser Hauptstr. ; 23552 Lübeck, Mühlenstr. 11, Tel. 0451-7063307; 24103 Kiel, Ahlmann-Haus, Holstenstr. 34, Tel. 0431-978728; 24534 Neumünster, Marktpassage EKZ, Großflecken 51-53, Tel. 04321-41633; 24937 Flensburg, Große Str. 3, Tel. 0461-13761; 26122 Oldenburg, Gaststr. 26, Tel. 0441-25493; 27568 Bremerhaven, Bürgermeister-Smidt-Str. 53, Tel. 0471-44203; 27749 Delmenhorst, City-Point, Lange Str. 96, Tel. 04221-129331; 28195 Bremen, Bremer Carré, Obernstr. 67, Tel. 0421-691932; 28203 Bremen, Ostertorsteinweg 90, Tel. 0421-74318; 30159 Hannover, Steintorstr. 9, Tel. 0511-329093; 30823 Garbsen, Nord-West-EKZ, Realkauf, Tel. 05131-95769; 30853 Langenhagen, City Center, Marktplatz 5, Tel. 0511-772056; 31134 Hildesheim, Angoulemeplatz 2, Tel. 05121-57311; 32052 Herford, Lübbestr. 12-20, Tel. 05221-529654; 32423 Minden, Bäckerstr. 72, Tel. 0571-87580; 33098 Paderborn, EKZ Königsplatz 12, Tel. 05251-281759; 33330 Gütersloh, Münsterstr. 6, Tel. 05241-237071; 33602 Bielefeld, Marktpassage/EG, Bahnhofstr., Tel. 0521-66152; 34117 Kassel, Hedwigstr. 9, Tel. 0561-14911; 35390 Gießen, Kaplansgasse 2-4, Tel. 0641-792393; 35576 Wetzlar, Langgasse 39, Tel. 06441-46952; 37073 Göttingen, Gronerstr. 57/58, Tel. 0551-44700; 38100 Braunschweig, Vor der Burg 8, Tel. 0531-42032; 38440 Wolfsburg, Südkopfcenter, Porschestr.102, Tel. 05361-15004; 39326 Hermsdorf bei Magdeburg, Elbe Park EKZ, Tel. 039206-52207; 40212 Düsseldorf, Schadowstr. 80, Tel. 0211-357105; 40721 Hilden, Bismarck-Passage, Mittelstr., Tel. 02103-581937; 41061 Mönchengladbach, Hindenburgstr. 173, Tel. 02161-22728; 41460 Neuss, Oberstr./Zollstr., Tel. 02131-276708; 41539 Dormagen, Rathaus Galerie; 41747 Viersen, Hauptstr. 85, Tel. 02162-350449; 42103 Wuppertal-Elberfeld, Herzogstr. 28, Tel. 0202-441281; 42275 Wuppertal-Barmen, Alter Markt 7, Tel. 0202-551753; 42651 Solingen, Hauptstr. 28, Tel. 0212-204041; 42853 Remscheid, Alleestr. 30, Tel. 02191-420867; 44135 Dortmund, Lütge-Brück-Str. 12, Tel. 0231-578936; 44575 Castrop-Rauxel, EKZ Widumer Platz, Tel. 02305-27215; 44623 Herne, Bebelstr. 8, Tel. 02323-53021; 44787 Bochum, Kortumstr. 33, Tel. 0234-66123; 44791 Bochum, Ruhrpark Shopping Center, Tel. 0234-238516; 45127 Essen, City Center, Porsche Platz 21, Tel. 0201-221295; 45329 Essen-Altenessen, EKZ Altenessen, Altenessener Str. 411, Tel. 0201-333617; 45468 Mühlheim, Forum City, Hans-Böckler-Platz 10, Tel. 0208-34907; 45472 Mülheim, Rhein-Ruhr-Zentrum, Tel. 0208-498192; 45525 Hattingen, Obermarkt 1, Tel. 02324-55691; 45657 Recklinghausen, Kunibertistr. 28, Tel. 02361-24194; 45768 Marl, EKZ Marler Stern, Obere Ladenstr. 68, Tel. 02365-56429; 45879 Gelsenkirchen, Klosterstr. 13, Tel. 0209-208963; 45894 Gelsenkirchen-Buer, Breddestr. 8, Tel. 0209-398889; 45964 Gladbeck, Hochstr. 29-31, Tel. 02043-21293; 46049 Oberhausen, Bero-Center 110, Tel. 0208-27065; 46236 Bottrop, Kirchplatz 4, Tel. 02041-684484; 46282 Dorsten, Recklinghäuserstr. 4, Tel. 02362-45748; 46397 Bocholt, Osterstr. 51, Tel. 02871-186024; 46483 Wesel, Hohe Str. 26; 46535 Dinslaken, Duisburgerstr. 10, Tel. 02064-54557; 47051 Duisburg, Königstr. 42, Tel. 0203-339135; 47441 Moers, EKZ Neumarkt-Eck, Tel. 02841-23771; 47798 Krefeld, Neumarkt 2, Tel. 02151-22547; 48143 Münster, Alter Steinweg 39, Tel. 0251-42352; 48282 Emsdetten, EKZ/Bahnhofstr. 2-8; 48431 Rheine, Münsterstr. 6, Tel. 05971-13548; 49074 Osnabrück, Große Str. 84/85, Tel. 0541-201373; 50672 Köln, Bazaar de Cologne/Mittelstr. 12-14, Tel. 0221-256606; 50678 Köln, Severinstr. 53, Tel. 0221-3100018; 50823 Köln, Venloerstr. 336, Tel. 0221-5103342; 51373 Leverkusen, Hauptstr. 73, Tel. 0214-403131; 51643 Gummersbach, Wilhelmstr. 7, Tel. 02261-64784; 52062 Aachen, Rethelstr. 3, Tel. 0241-25254; 52062 Aachen, Adalbertstr. 110, Tel. 0241-20453; 52222 Stolberg, Steinweg 83-89; 52249 Eschweiler, Grabenstr. 66, Tel. 02403-15286; 52349 Düren, Josef-Schregel-Str. 48, Tel. 02421-10082; 53111 Bonn, Poststr. 4, Tel. 0228-636667; 53757 St. Augustin, HUMA EKZ/Rathausallee 16, Tel. 02241-27040; 53879 Euskirchen, Hochstr. 56, Tel. 02251-55521; 54290 Trier, Neustr. 66, Tel. 0651-48241; 55116 Mainz, Kirschgarten 4, Tel. 06131-228141; 56068 Koblenz, Löhrstr. 16-20, Tel. 0261-14925; 57072 Siegen, Marburgerstr. 34, 0271-54540; 58095 Hagen, Elberfelderstr. 64, Tel. 02331-17438; 58452 Witten, Bahnhofstr. 38, Tel. 02302-275122; 58511 Lüdenscheid, EKZ Stern Center/Altenaer Str., Tel. 02351-22907; 58636 Iserlohn, Alter Rathausplatz 7, Tel. 02371-23296; 59065 Hamm, Bahnhofstr. 1c, Tel. 02381-20245; 59227 Ahlen, Oststr. 44; 59555 Lippstadt, Lippe-Galerie/Langestr., Tel. 02941-58332; 60311 Frankfurt, Kaiserstr. 11, Tel. 069-291481; 60439 Frankfurt, Nord-West-Zentrum, Tituscorso-Str. 2b, Tel. 069-584800; 63065 Offenbach, Herrnstr. 37, Tel. 069-825648; 63739 Aschaffenburg, City-Galerie, Goldbachstr. 9, Tel. 06021-12662; 64283 Darmstadt, Wilhelminenpassage, Tel. 06151-22078; 65183 Wiesbaden, Mauritius Galerie 2, Tel. 0611-378166; 66111 Saarbrücken, Dudweiler Str. 12, Tel. 0681-3908994; 66424 Homburg/Saar, Saarpfalz-Center, Talstr. 38a, Tel. 06841-5351; 67059 Ludwigshafen, Bismarckstr. 106, Tel. 0621-526664; 67547 Worms, Obermarkt 12, Tel. 06241-88462; 67655 Kaiserslautern, Pirmasenser Str. 8, Tel. 0631-696114; 68159 Mannheim, Kurpfalzpassage K1, Tel. 0621-154662; 69115 Heidelberg, Das Carée, Rohrbacherstr. 6-8d, Tel. 06221-166825; 70173 Stuttgart, Lautenschlagerstr. 3, Tel. 0711-291469; 71638 Ludwigsburg, Marstall-Center, Tel. 07141-902879; 72764 Reutlingen, Metzgerstr. 4, Tel. 07121-320415; 73733 Esslingen, Neckar Center, Weilstr. 227, Tel. 0711-386905; 74072 Heilbronn, Sülmerstr. 34, Tel. 07131-962138; 75172 Pforzheim, Bahnhofstr. 10; 76133 Karlsruhe, Kaiserstr. 170, Tel. 0721-24845; 76829 Landau, Rathausplatz 10, Tel. 06341-85818; 78224 Singen,

Scheffelstr. 9, Tel. 07731-68642; 78532 Tuttlingen, Hecht Carré, Königstr. 2, Tel. 07461-76961; 79098 Freiburg, Oberlindenpassage, Tel. 0761-381213; 80331 München, Sendlingerstr./Asamhof, Tel. 089-264159; 80797 München-Schwabing, Schleißheimer Str. 100, Tel. 089-1238685; 83022 Rosenheim, Stadtcenter/Kufsteiner Str. 7, Tel. 08031-33536; 85057 Ingolstadt, EKZ West Park; 86150 Augsburg, Viktoriapassage, Bahnhofstr. 26-30, Tel. 0821-155482; 87435 Kempten, Bahnhofstr. 1, Tel. 0831-24503; 88212 Ravensburg, Eisenbahnstr. 8, Tel. 0751-14489; 89073 Ulm, Neue Str. 93, Tel. 0731-60909; 90402 Nürnberg, Grand Bazar/Karolinenstr. 45, Tel. 0911-232533; 90762 Fürth, City-Center/Alexander-Str. 11, Tel. 0911-773663; 91054 Erlangen, Hauptstr. 46, Tel. 0913-201043; 91126 Schwabach, Königstr. 2, Tel. 09122-16849; 92637 Weiden, Mooslohstr. 123, Tel. 0961-27710; 95028 Hof, Ludwigstr. 47, Tel. 09281-3641; 96052 Bamberg, EKZ Atrium, Ludwigstr. 2, Tel. 0951-202588; 97070 Würzburg, Kaiserstr. 16, Tel. 0931-15608; 99085 erfurt, Thüringen Shopping Park.
* STELLA, 73066 Uhingen, Bleichereistr. 41, Tel. 07161-37321.
* STEPHAN, 59755 Arnsberg, Mendenerstr. 14, Tel. 02932-25000.
* STERNTALER NATURLADEN, 42651 Solingen, Am Neumarkt 27, Tel. 0212-10332; 42929 Wermelskirchen, Kölnerstr. 36, Tel. 02196-93982.
* SUNCOS, 61169 Friedberg, Kaiserstr. 113, Tel. 06031-62597.
SYLVI'S NATURLADEN, 47906 Kempen, Judenstr. 19, Tel. 02152-54590; 13595 Berlin, Pichelsdorferstr. 93, Tel. 030-3317878; 88489 Wain, Obere Dorfstr. 37, Tel. 07353-1465.
* DER UMWELTLADEN, 88427 Bad Schussenried, Keilbachstr. 7, Tel. 07583-4293 oder 4177.
Fa. URSULA SINGER, 86497 Horgau/Auerbach, Höhenweg 11, Tel. 08294-2358.
VITALIS-APOTHEKE, 59556 Lippstadt-Cappel, Beckumer Str. 214, Tel. 02941-78972.
* VON DER GATHEN BIOCOSMETIC, 40211 Düsseldorf, Am Wehrhan 24, Tel. 0211-1640355; 50672 Köln, Ehrenstr. 35, Tel. 0221-256636.
WASCHKÜCHE, Friedrich-Ebert-Str. 70, 95213 Münchberg.
WINDRAD, 61350 Bad Homburg, Landswehrweg 1, Tel. 06172-969500.

In der Schweiz:
DORF-LÄDELI, CH-8863 Buttikon, Kantonsstr. 49, Tel. 0041-55-671854.
DROGERIE LEHNER, CH-3097 Liebefeld, Kirchstr. 15, Tel. 0041-31-9714612.
* INTERWEGA Handels AG, CH-8863 Buttikon, Postfach 125, Tel. 0041-55-671854.

In Österreich:
* CREATIV-COSMETIK, A-5026 Salzburg, Waldburgergasse 46A, Tel. 0043-662-434228.
NATUR PUR, A-1070 Wien, Kirchengasse 25-27; Tel. 0043-1-5262129.

Die mit * gekennzeichneten Firmen betreiben auch Versandhandel.
Einige Substanzen erhalten Sie auch in Reformhäusern, Drogerien, Apotheken, Bioläden und Lebensmittelläden. Vergleichen Sie die Preise!

Hinweis:
Autoren und Verlag bemühen sich, in diesem Verzeichnis nur Firmen zu nennen, die hinsichtlich der Substanzen und Preise zuverlässig und günstig sind. Trotzdem kann eine Gewährleistung von Autoren und Verlag nicht übernommen werden. Irgendwelche Formen von gesellschaftsrechtlicher Verbindung, Beteiligung und/oder Abhängigkeit zwischen Autoren und Verlag einerseits und den hier aufgeführten Firmen andererseits existieren nicht.

Spinnrad
DIE DROGERIE

PARTNER
IN DER GANZEN WELT

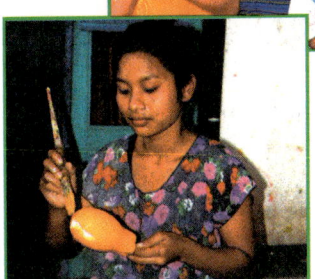

FÜR UMWELT UND SOZIALE VERANTWORTUNG
SPINNRAD, DIE DROGERIE
ÜBER 100 MAL IN DEUTSCHLAND

Spinnrad GmbH · Am Luftschacht 3 a · D - 45886 Gelsenkirchen · Tel: 0209/ 17 000 11

Weitere Hobbythekbücher

Richtige Ernährung in allen Lebenslagen

Falsche Ernährung ist noch immer ein Grund für unzählige vermeidbare gesundheitliche Beeinträchtigungen. Doch leider gibt es keine optimale »Universalernährung für jedermann«, denn jeder befindet sich in einer ganz speziellen Lebenssituation oder hat ein ganz bestimmtes Zipperlein. Viele der speziellen Fragen beantwortet dieses Hobbythek-Buch mit einer Fülle von praktischen Tips und Rezepten: Hier finden Sie gesunde Leckereien für

- Gesunde und solche, die es bleiben wollen
- Schwangere und Stillende
- Babys, Kinder und Jugendliche
- Vegetarier
- Fleischgenießer und
- Schleckermäuler

Essen Sie sich gesund

Außer vielen interessanten Tips und Hinweisen zu einer gesunden Ernährung allgemein finden Sie in diesem Buch Rezepte zu folgenden Themen:

- Richtige Ernährung für seelisches Wohlbefinden
- Mit richtiger Ernährung gegen Mineralstoffmangel
- Optimale Ernährung für Sportler
- Herzgesunde Kost
- Stärkung der Knochen: Aktiv gegen Osteoporose
- Richtige Ernährung bei Gicht
- Rheuma: Gibt es eine »richtige Ernährung«?
- Unerklärliche Bauchschmerzen
- Richtige Ernährung bei Milchzucker-unverträglichkeit
- Richtige Ernährung contra Candida
- Richtige Ernährung für guten Schlaf

Und natürlich bleibt das Hobbythekteam seinem höchsten Grundsatz treu: Essen muß nicht nur gesund sein, es soll auf jeden Fall auch gut schmecken!

*   *

Neue Aromatherapie

Ganzheitliche Heilmethoden finden heute immer mehr Anklang gegenüber den oft sehr einseitigen Methoden der klassischen Schulmedizin. Eine dieser sanfteren und umfassenderen Therapieformen ist die Aromatherapie.

In diesem Buch werden erstmals die einzelnen Bestandteile aller wichtigen ätherischen Öle aufgeführt und ihre jeweiligen Wirkungen auf den menschlichen Körper beschrieben. Dadurch werden Heilprozesse nachvollziehbar, Öle können gezielt angewendet werden. Anschaulich und übersichtlich erfährt der Leser außerdem alles Wesentliche über Anwendung, Qualitätsmerkmale und Auswahlkriterien ätherischer Öle. In den zahlreichen, von praktizierenden Ärzten erprobten Rezepten finden Sie die richtigen Mittel und angemessenen Behandlungsweisen z.B. für Brandwunden, Kopfschmerzen, Magen-Darm-Probleme oder eine schmerzhafte Blasenentzündung.

*

Mein ganz persönliches Parfum

Sinnlicher Selbstausdruck, Erweiterung der Persönlichkeit, Aura des Geheimnisvollen, erotische Ausstrahlung – das alles kann ein individueller Duft bedeuten. Doch Parfüm ist noch mehr als nur ein wunderbares persönliches Vergnügen: Es kann Sie entspannen oder beleben, kann eine gute Laune verstärken oder eine schlechte vertreiben, es kann Sie munter machen oder beruhigen ...

Mit Hilfe von mehr als 40 verlockenden Rezepten auf der Grundlage ätherischer Öle können Sie schnell und einfach Ihren persönlichen Duft aus einer der Duftkategorien in diesem Buch zusammenstellen und ganz nach Lust und Laune variieren, z.B. mehr weich und fruchtig, frisch und aufregend, sanft und würzig oder holzig und sinnlich. Anleitungen zur Veredelung von Körpercremes, Badeölen, Seifen usw. mit Ihrem Lieblingsduft eröffnen nahezu unendliche Variationsmöglichkeiten.

*